中/青/文/库

本书得到中国青年政治学院出版基金资助

法国高等教育质量保障体系研究
——基于政府层面的分析

高迎爽◎著

中国社会科学出版社

图书在版编目(CIP)数据

法国高等教育质量保障体系研究：基于政府层面的分析/高迎爽著. —北京：中国社会科学出版社，2014.2
ISBN 978 - 7 - 5161 - 3903 - 5

Ⅰ.①法… Ⅱ.①高… Ⅲ.①高等教育—教育质量—质量管理体系—研究—法国 Ⅳ.①G649.565

中国版本图书馆 CIP 数据核字(2014)第 016441 号

出 版 人	赵剑英
责任编辑	李炳青
责任校对	周　昊
责任印制	王　超

出　　版	中国社会科学出版社
社　　址	北京鼓楼西大街甲 158 号(邮编 100720)
网　　址	http://www.csspw.cn
	中文域名:中国社科网　010 - 64070619
发 行 部	010 - 84083685
门 市 部	010 - 84029450
经　　销	新华书店及其他书店

印　　刷	北京君升印刷有限公司
装　　订	廊坊市广阳区广增装订厂
版　　次	2014 年 2 月第 1 版
印　　次	2014 年 2 月第 1 次印刷

开　　本	710×1000　1/16
印　　张	18.75
插　　页	2
字　　数	308 千字
定　　价	56.00 元

凡购买中国社会科学出版社图书,如有质量问题请与本社联系调换
电话:010 - 64009791
版权所有　侵权必究

《中青文库》编辑说明

中国青年政治学院是在中央团校基础上于1985年12月成立的，是共青团中央直属的唯一一所普通高等学校，由教育部和共青团中央共建。中国青年政治学院成立以来，坚持"质量立校、特色兴校"的办学思想，艰苦奋斗、开拓创新，教育质量和办学水平不断提高。学校是教育部批准的国家大学生文化素质教育基地，中华全国青年联合会和国际劳工组织命名的大学生KAB创业教育基地。学校与中央编译局共建青年政治人才培养研究基地，与北京市共建社会工作人才发展研究院和青少年生命教育基地。

目前，学校已建立起包括本科教育、研究生教育、留学生教育、继续教育和团干部培训等在内的多形式、多层次的教育格局。设有中国马克思主义学院、青少年工作系、社会工作学院、法律系、经济系、新闻与传播系、公共管理系、中国语言文学系、外国语言文学系等9个教学院系，文化基础部、外语教学研究中心、计算机教学与应用中心、体育教学中心等4个教学中心（部），轮训部、继续教育学院、国际教育交流学院等3个教学培训机构。

学校现有专业以人文社会科学为主，涵盖哲学、经济学、法学、文学、管理学5个学科门类。学校设有思想政治教育、法学、社会工作、劳动与社会保障、社会学、经济学、财务管理、国际经济与贸易、新闻学、广播电视学、政治学与行政学、汉语言文学和英语等13个学士学位专业，其中社会工作、思想政治教育、法学、政治学与行政学为教育部特色专业。目前，学校拥有哲学、马克思主义理论、法学、社会学、新闻传播学和应用经济学等6个一级学科硕士授权点和1个专业硕士学位点，同时设有青少年研究院、中国马克思主义研究中心、中国志愿服务信息资料研究中心、大学生发展研究中心、大学生素质拓展研究中心等科研机构。

在学校的跨越式发展中，科研工作一直作为体现学校质量和特色的重要内容而被予以高度重视。2002年，学校制定了教师学术著作出版基金资助条例，旨在鼓励教师的个性化研究与著述，更期之以兼具人文精神与思想智慧的精品的涌现。出版基金创设之初，有学术丛书和学术译丛两个系列，意在开掘本校资源与迻译域外精华。随着年轻教师的剧增和学校科研支持力度的加大，2007年又增设了博士论文文库系列，用以鼓励新人，成就学术。三个系列共同构成了对教师学术研究成果的多层次支持体系。

十几年来，学校共资助教师出版学术著作百余部，内容涉及哲学、政治学、法学、社会学、经济学、文学艺术、历史学、管理学、新闻与传播等学科。学校资助出版的初具规模，激励了教师的科研热情，活跃了校内的学术气氛，也获得了很好的社会影响。在特色化办学愈益成为当下各高校发展之路的共识中，2010年，校学术委员会将遴选出的一批学术著作，辑为《中青文库》，予以资助出版。《中青文库》第一批（15本）、第二批（6本）出版后，有效展示了学校的科研水平和实力，在学术界和社会上产生了很好的反响。本辑作为第三批共推出六本著作，并希冀通过这项工作的陆续展开而更加突出学校特色，形成自身的学术风格与学术品牌。

在《中青文库》的编辑、审校过程中，中国社会科学出版社的编辑人员认真负责，用力颇勤，在此一并予以感谢！

序

20世纪中期以降，越来越多的国家步入高等教育的大众化与普及化阶段，高等教育质量保障日益演变为一项世界性的高等教育问题，各国对于高等教育规模与质量、类型与规模、本质与功能、课程与教学、学生与教师、学术标准与学术管理等进行了深入的理论思考和富有成效的实践探索。我国自1999年高等教育扩招以来，高等教育规模的快速扩大所催生的高等教育结构改革、质量提升和内涵式发展，均为迫切加强高等教育质量体系建设的具体表现。

法国为现代大学的发源地，中世纪诞生的巴黎大学被誉为世界大学的"母亲"。拿破仑创建帝国大学以来，法国实行中央集权型的教育管理体制，创建了独具法国特色的由"综合大学"与行业精英养成所——"大学校"构筑的高等教育双轨体系，为法兰西共和国政治、经济和文化繁荣培养了大批人才。在法国高等教育发展史中，高等教育质量始终贯穿于法国高等教育的一系列改革实践之中，其中政府是主要推动力量。尤其是20世纪80年代以来，面对国内外政治经济发展形势，法国政府从教育管理体制、经费投入体制、人事管理体制、科研体制、学位制度以及国际化等方面进行了全方位改革以保障高等教育质量，其改革举措以及经验得失值得探讨。

教育质量保障是一个系统工程，仅仅以学校为核心的教育部门的内部质量保障是不够的，还需要政府从国家制度层面开展的外部质量保障措施。从世界高等教育发达国家来看，法国与中国有诸多相似之处。两国同为具有悠久历史文化的国家，法国实行高度中央集权型教育管理体制，法国高等教育改革都是在政府主导、推动下自上而下进行的。法国高等教育质量保障的主导力量是政府，20世纪80年代以来法国高等教育质量保障体系的发展历史就是一部法国政府如何通过合同制改革、处理国家与大学之间关系，逐步放权松绑，在推动大学地方化、市场化过程中改革经费投入与管理体制，实现高等教育大众化背景下"质"与"量"的均衡提高；并且通过学位制度改革、校园建设等举措提高法国高等教育的国际可视度与知名度，在世界高等教育国际化激烈竞争与合作中进一步提高高等教育质量。因此，研究法国高等教育质量保障体系的发展历史是契合并适应当下我国高等教育发展的现实需要的。

本书是在高迎爽同学的博士学位论文《法国高等教育质量保障历史研究（20世纪80年代至今）——基于政府层面的分析》的基础上修改完成的。在该书中，作者力图通过对20世纪80年代以来法国高等教育质量保障历史的梳理，分析法国政府在不同历史阶段下面对不同的社会需求和教育问题，是如何突破传统的局限进行改革创新的，并力图总结分析其经验与教训，以为我国高等教育质量保障体系建设提供借鉴。

作者十分关注法国政府强化高等教育质量保障这一历史过程的梳理，利用丰富的文献资料，全景式地再现了法国政府不断调整自身与高等教育机构的关系以促进高等教育机构自治的历史，运用评估手段引领高等教育机构养成内部质量保障自觉性的历史，采用经济手段激发高等教育机构承担社会责任的历史，从而最终形成法国政府主导型的高等教育质量保障体系。

在展示法国高等教育质量保障体系构筑历史的基础上，作者还浓墨重彩地描绘了不同历史阶段法国高等教育质量保障体系的政府色彩：

20世纪80年代到1997年，高等教育质量保障的主题是大学自治，激发大学内部活力，接纳大量的学生，实现高等教育数量与质量的统一；

1998—2005年，法国政府规划高等教育国际化，实施"358"学位制度改革，提高法国高等教育的国际吸引力与竞争力；

2006年至今，在新公共管理思想的影响下，法国创建高等教育与研究评估署，引进了绩效评估、目标文化等治理理念，实施大学自主与责任改革。

更为重要的是，本书作者还把对于法国高等教育质量保障体系的认识加以凝练和升华，提出如下研究结论：自主与责任是激发高等教育机构内部质量保障的前提；评估是政府推动高等教育质量保障的杠杆；高等教育均衡化有助于实现社会公平与质量的统一；国际化与职业化是政府推动高等教育质量保障的双重走向；优化师资管理是法国高等教育质量保障体系的发展趋势，也是提高高等教育质量的关键所在。这一系列研究成果和结论，不仅具有重要的学术价值，而且对于政府有关部门做出高等教育质量保障的决策也具有积极的参考价值。当然，鉴于高等教育质量保障体系的复杂性，借鉴这些研究结论认识和指导我国的高等教育实践，既需要结合我国高等教育的具体情况，更需要接受我国高等教育质量保障体系建设实践的不断检验与完善。

迎爽同学勤奋向学，具有清晰的方向性和强烈的目标感，在实现目标的过程中也表现出很强的耐性和韧性。可以预计，她为自己所确立的法国高等教育研究这一学术领域，将以她辛勤的学术付出而换来丰硕的学术成果。

作为作者攻读博士学位期间的指导教师，深知作者为本书写作所付出的努力和心血，对于此书的出版感到由衷的高兴。并祝愿迎爽同学在未来的学术生涯中精益求精，更上层楼，在未来的学术研究实践中百尺竿头，更进一步。是为序。

王保星

2012年12月于沪上

目　录

序 ……………………………………………………………………（1）
绪　论 ………………………………………………………………（1）
　第一节　法国高等教育质量保障体系研究的缘起 ………………（1）
　第二节　研究综述 …………………………………………………（4）
　　一　国际研究现状 ………………………………………………（4）
　　二　国内研究现状 ………………………………………………（9）
　　三　本研究创新之处 ……………………………………………（11）
　第三节　研究内容及逻辑框架 ……………………………………（11）
　　一　研究对象 ……………………………………………………（11）
　　二　研究目的 ……………………………………………………（12）
　　三　研究阶段划分 ………………………………………………（12）
　　四　研究对象的基本特征 ………………………………………（13）
　　五　基本思路与结构框架 ………………………………………（14）
　第四节　研究方法 …………………………………………………（15）
　　一　文献分析法 …………………………………………………（16）
　　二　访谈法 ………………………………………………………（16）
　　三　比较研究法 …………………………………………………（17）
　第五节　基本概念分析与界定 ……………………………………（17）
　　一　法国高等教育 ………………………………………………（17）
　　二　法国大学的第一、二、三阶段 ……………………………（18）
　　三　高等教育质量 ………………………………………………（19）
　　四　高等教育质量保障 …………………………………………（23）
　　五　质量文化 ……………………………………………………（25）

第一章　法国政府保障高等教育质量的历史基础
（20 世纪 80 年代之前） ……………………………………… (26)
第一节　法国政府保障高等教育质量的历史必然性 ……… (26)
　　一　法国大革命前教会在高等教育中的主导地位 ……… (27)
　　二　高等教育对教会的依附性 …………………………… (29)
　　三　高等教育对封建王权需求的漠视 …………………… (31)
第二节　法国政府保障高等教育质量的源起：
　　　　　"拿破仑遗产" ………………………………………… (36)
　　一　政府保障高等教育质量的理论基础：国家主义
　　　　教育思想 …………………………………………… (37)
　　二　政府保障高等教育质量的制度基础：中央集权型
　　　　教育管理体制 ……………………………………… (38)
　　三　"一个国家,两种高教"的高等教育体系 …………… (43)
第三节　法国政府推动高等教育适应社会、提高质量的
　　　　　探索 …………………………………………………… (47)
　　一　第二帝国政府保障高等教育质量的尝试 …………… (47)
　　二　第三共和国时期新的高等教育内部管理体制的
　　　　确立 ………………………………………………… (51)
　　三　法国高等教育的科研与社会服务功能的历史
　　　　基础的奠定 ………………………………………… (54)
第四节　法国高等教育质量保障体系雏形的确立 ………… (59)
　　一　法国高等教育大众化背景下的教育质量危机 ……… (59)
　　二　"自治"：法国高等教育机构建立内部质量保障
　　　　体系的前提 ………………………………………… (61)
　　三　"参与"：法国高等教育质量保障内部治理结构的
　　　　民主化 ……………………………………………… (63)
　　四　"多学科"：保障高等教育人才培养质量的
　　　　知识框架 …………………………………………… (65)

第二章　放权、干预与质量保障：法国高等教育质量保障
体系的形成
（20 世纪 80 年代至 1997 年） …………………………… (69)
第一节　法国高等教育质量保障体系形成的时代背景与

　　　　　立法依据…………………………………………………（70）
　　　　一　法国高等教育质量保障体系形成的时代背景………（70）
　　　　二　法国高等教育质量保障体系确立的法律依据：
　　　　　　《萨瓦里法案》…………………………………………（76）
　　第二节　政府放权与高等教育内部质量保障体系的形成……（80）
　　　　一　政府放权的管理框架：合同制改革…………………（80）
　　　　二　高等教育机构自治的发展与内部质量保障
　　　　　　体系的形成……………………………………………（82）
　　第三节　高等教育数量与质量的均衡发展："U2000规划"
　　　　　　的实施…………………………………………………（87）
　　　　一　"U2000规划"："量"的压力与"质"的诉求…………（87）
　　　　二　高等教育经费来源多元化："量"与"质"并
　　　　　　重发展的前提…………………………………………（88）
　　　　三　高等教育地方化："量"与"质"的均衡统一…………（92）
　　　　四　适应社会需求的职业技术教育的勃兴………………（96）
　　　　五　大学自治的加强……………………………………（98）
　　第四节　公平与质量的统一：法国高等教育人才培养
　　　　　　模式的调整……………………………………………（99）
　　　　一　灵活多样的高等教育招生制度的建立………………（99）
　　　　二　适应社会需求的现代化课程与教学的实施………（103）
　　　　三　教师招聘与培训制度改革…………………………（104）
　　　　四　提高高等教育内部效率：大学第一、二阶段
　　　　　　教育质量改革…………………………………………（105）
　　第五节　创建评估机制：法国高等教育外部质量保障
　　　　　　体系的形成……………………………………………（107）
　　　　一　法国高等教育质量评估机制的形成………………（107）
　　　　二　国家评估委员会质量评估工作的开展……………（110）
　　　　三　国家评估委员会的贡献与不足……………………（118）

**第三章　国际化与质量保障：法国高等教育质量保障
　　　　体系的发展（1998—2005）**………………………………（124）
　　第一节　法国高等教育质量保障体系发展的时代背景与
　　　　　　战略指南………………………………………………（124）

一　法国高等教育质量保障体系发展的时代背景 ……… (125)
　　二　法国创建欧洲高等教育模式的政策指南：
　　　　《阿达里报告》 ………………………………………… (132)
　　三　法国高等教育质量保障体系发展的国际驱动力：
　　　　博隆尼亚进程 …………………………………………… (134)
第二节　与国际接轨的学位制度的创建："358"学位
　　　　制度改革 ………………………………………………… (136)
　　一　"358"学位制度改革情况 …………………………… (137)
　　二　新学位的建立：法国政府保障高等教育质量之路 …… (141)
　　三　"358"学位制度改革的结果与影响 ………………… (148)
第三节　提高法国高等教育的国际竞争力与吸引力：
　　　　"U3M 规划" …………………………………………… (154)
　　一　改进法国高等教育科研管理，提高高等教育
　　　　国际竞争力 ……………………………………………… (155)
　　二　从现代化到追求卓越，提高法国高等教育的
　　　　国际吸引力 ……………………………………………… (165)
第四节　质量评估方法论的改进 ………………………………… (174)
　　一　质量评估的演进 ……………………………………… (174)
　　二　质量评估的参考框架：《法国高等教育质量保障
　　　　指南》 …………………………………………………… (180)
　　三　法国高等教育质量评估的国际化探索 ……………… (183)

**第四章　绩效改革　追求卓越：法国高等教育质量保障
　　　　体系的重构(2006年至今)** ………………………… (188)
第一节　法国政府通过绩效改革保障高等教育质量的
　　　　时代背景 ………………………………………………… (188)
　　一　国际、国内经济形势与萨科齐的改革时代 ………… (189)
　　二　新公共管理思想与目标文化的引入 ………………… (190)
　　三　制约法国高等教育国际竞争力的关键：科研绩效 …… (191)
　　四　提高法国高等教育的国际吸引力：时代的需求 …… (193)
第二节　绩效、自主与责任
　　　　——法国大学管理体制改革 …………………………… (194)
　　一　自主与责任 …………………………………………… (195)

二　自主、责任与绩效 ……………………………………… (198)
　　三　《大学自主与责任法案》的影响 …………………… (203)
第三节　以卓越绩效提高法国高等教育的吸引力与竞争力 … (206)
　　一　促进所有学生成功,提高法国大学吸引力 ………… (206)
　　二　提高法国大学科研的国际竞争力:高等教育与
　　　　研究集群 …………………………………………… (214)
第四节　绩效与卓越:高等教育与研究评估署的
　　　　建立与运转 …………………………………………… (220)
　　一　统一的新评估机构:高等教育与研究评估署 ……… (220)
　　二　分化与整合的运转模式 ……………………………… (222)
　　三　评估标准的国际化与绩效化 ………………………… (227)
　　四　公正、透明、灵活、高效的评估原则 ………………… (229)
　　五　新评估机制取得的成绩与面临的困境 …………… (231)

结　论 ……………………………………………………………… (237)
第一节　法国高等教育质量保障体系发展历史回顾 ………… (237)
第二节　法国政府主导高等教育质量保障体系的利弊分析 … (240)
　　一　经济的维度 …………………………………………… (241)
　　二　政治的视角 …………………………………………… (242)
　　三　社会公平的视角 ……………………………………… (245)
　　四　教育质量保障的视角 ………………………………… (246)
第三节　法国高等教育质量保障体系发展的经验与启示 …… (248)
　　一　自主与责任:高等教育内部质量保障体系形成与
　　　　发展的前提 ………………………………………… (248)
　　二　评估:政府推动高等教育质量保障体系的杠杆 …… (250)
　　三　高等教育均衡化:公平与质量的统一 ……………… (252)
　　四　国际化与职业化:高等教育质量保障体系发展的
　　　　双重走向 …………………………………………… (253)
第四节　优化师资管理:法国高等教育质量保障体系的
　　　　发展趋势 ……………………………………………… (257)

参考文献 …………………………………………………………… (261)
后　记 ……………………………………………………………… (280)

图表目录

表 1	大学预算(单位:1000 法郎)	(57)
表 2	各种类型的高等教育机构的学生规模	(73)
表 3	校舍创建和翻修活动的发展	(89)
表 4	"U2000 规划"经济资助框架	(90)
表 5	地方团体之间经济资助的分配	(90)
表 6	"旧"工程经济资助结构的学区分配	(91)
表 7	"新"工程经济资助结构的学区分配	(91)
表 8	高等教育各个阶段大学生人数状况:法国/法兰西岛的再均衡大学第一阶段学生人数的发展——法国/法兰西岛	(94)
表 9	大学第二、第三阶段学生人数的发展——法国,法兰西岛	(95)
表 10	大学第一、二、三阶段学生人数增长比例——法国、法兰西岛及其以外地方	(96)
图 11	1960—2000 年间法国高等教育机构中注册的学生总数的增长	(101)
图 12	1988—2003 年会考成功率的变化	(102)
图 13	法国高等教育质量保障体系的形成	(123)
图 14	博隆尼亚进程时间表	(134)
图 15	博隆尼亚进程中的质量保障	(135)
图 16	法国"旧"高等教育学位制度图(2005 年以前)	(138)
图 17	法国"新"高等教育学位制度图(2005 年之后)	(139)
图 18	法国新、旧学位制度对照图	(140)
表 19	资格认证	(150)
图 20	拉洛舍尔大学改革后的学位制度图	(151)

图 21	1997—2002 年间法国大学生师比及非教学人员与学生比率变化图	（170）
表 22	研究合同评估、研究团队的鉴定所需要的文档资料列表	（175）
图 23	法国高等教育质量保障体系发展示意图(1998—2005)	（185）
图 24	"学士助成"程序图	（208）
图 25	学生在学习过程中确定五大专业领域的过程	（210）
图 26	地理学学士课程的例子：学士第一年	（210）
图 27	2000—2009 年法国大学财政预算与教学增加的潜力	（211）
图 28	每生费用(欧元/生)	（212）
表 29	法国高等教育与研究集群名单	（217）
图 30	法国高等教育机构评估程序流程图	（223）
图 31	法国高等教育质量保障体系的重构(2006 年至今)	（236）
图 32	法国高等教育质量保障体系发展历史(20 世纪 80 年代至今)	（240）

绪　　论

第一节　法国高等教育质量保障体系研究的缘起

从世界高等教育史上看，教育质量是高等教育的生命线，也是高等教育发展中的一个永恒的主题。自高等教育机构创建以来，教育质量就是高等教育机构得以存在、延续和发展的灵魂。世界各国政府在赋予高等教育期望的同时，也担负着保障教育质量的功能。我国自改革开放30多年来，政府一直重视高等教育的发展，在高等教育领域取得了很大成绩，实现了跨越式发展。20世纪90年代末，我国实行高等教育扩招政策，高等教育招生数和在校生规模持续增加。2008年我国各类高等教育总规模达到2907万人，高等教育毛入学率达到23.3%。[①] 根据美国学者马丁·特罗（Martin Trow）所提出的高等教育大众化理论[②]，2002年我国高等教育毛入学率已达到15%，从而进入大众化阶段。[③] 但是，我国高等教育入学人数的增加在带来高等教育规模快速扩大的同时，却因缺乏与之相对应的理论基础和现实条件的支撑，从而引发了一系列问题——学生就业困难、师资紧缺、教育设施和教育经费不足以及教育质量不断下滑等。如何改变我国高等教育结构、调整高等教育管理体制，实现高等教育规模与效益、数量与质量的统一，成为我国政府在高等教育发展规划中亟待解决的重大课题，其中高等教育质量问题日益

---

①　《2008年全国教育事业发展统计公报》，教育部官方网站：http://www.moe.edu.cn/edoas/website18/28/info1262244458513828.html 2010-02-12。

②　在马丁·特罗（Martin Trow）看来，15%代表着精英教育与大众化教育的分水岭，15%—50%的适龄青年进入高等教育意味着高等教育性质从精英型向大众型转变，而50%以上的适龄青年进入高等教育则代表着普及化阶段的开始。

③　教育部官方网站：http://www.moe.edu.cn/edoas/website18/97/info1267343745071197.html 2010-02-12。

受到我国政府和社会以及广大人民群众的普遍关注。

作为欧洲大陆典型的中央集权制国家，法国高等教育发展历史源远流长。从中世纪就已闻名于世的巴黎大学、大革命前出现的培养专业精英人才的大学校到拿破仑帝国大学改革建立的中央集权型教育管理体制，再到近年来的大学"合同制"改革、博隆尼亚进程（Bologna Process）背景下的"358"学位制度改革（亦称 LMD 改革）等，法国高等教育经历了从传统到现代的变迁，在世界高等教育史上具有一定的引领作用。自中世纪建立巴黎大学以来，法国一直坚守以培养国家精英和专业人才为核心的教育观，培养了大批世界知名的文学家、科学家、思想家和艺术家，并且在基础研究方面一直位居世界前列。然而，20 世纪 60 年代后，法国高等教育大众化的出现给传统的高等教育带来多方面的压力与挑战。法国传统的高等教育在教育内容、教育管理、教学方法、教育组织方式以及教育设施等诸多方面都不能满足社会发展和技术变革对高端人才的需求，高等教育质量问题引起法国政府、社会和高校的广泛关注。20 世纪七八十年代，英国、法国、美国等主要资本主义国家由于爆发经济危机和失业率居高不下等社会问题，西方各国政府开始推行经济预算紧缩政策，强调教育效益和教育开支的合理化，多方面的压力都使得高等教育质量及其公开性、透明性越来越受到重视，高等教育质量及其保障问题日益成为世界各国关注的重点。进入 20 世纪 90 年代后，全球化和经济一体化使得高等教育国际化趋势不断增强，知识经济社会的兴起使高等教育成为社会发展的引擎，高等教育质量成为各国参与国际竞争的一个重要砝码。在上述背景下，法国政府针对不同阶段影响高等教育质量的原因，在宏观层面上实施了高等教育管理体制、人才培养体制、高等教育结构、质量评估机制等改革，以调整政府与高等教育之间关系为核心，系统地处理了数量与质量、公平与质量、规模与效益、地方化与国际化等关系。到目前为止，法国政府经过将近 30 年的改革，在促进法国高等教育自治、加强高等教育社会适应性和国际吸引力、竞争力方面已经初见成效。这个历史进程反映了政府推动下法国高等教育从传统精英教育模式向大众化教育模式的转变。

虽然中国与法国的国家政体性质不同，但在高等教育体制方面存在诸多相似之处，比如高等教育主要由国家举办、高等教育主要由国家统

绪　论

一管理、政府力量在高等教育中占据主导地位，实行高等教育中央集权型管理体制等。中法两国同为具有悠久历史传统的国家，法国在高等教育质量保障体系发展历史中对"传统"的扬弃和向现代挺进的经验、高等教育改革的得失可为我国当前高等教育质量保障体系建设提供一定的借鉴。

2008年9月，受国家留学基金委建设"985"高水平大学平台的资助，我赴法国巴黎高等师范学校（ENS）联合培养一年。期间，我在法国国家教育研究院教育史研究中心学习。该中心收藏了自中世纪以来几乎有关法国教育发展的所有文献信息，并且聚集了许多知名的研究法国各级各类教育的专家学者，为我深入了解法国教育提供了良好的研究条件。我在日常学习与生活中，深切感受到了这里浓郁的人文环境和学术氛围，体会到法国大学精英教育的独特蕴含。学习之余，我参观了巴黎一大、二大、三大、四大、五大、七大和巴黎综合理工大学（Ecole Polytechnique），感受了法国大学的悠久历史与文化传承，目睹了法国综合大学与大学校双轨制之间的明显差异以及最近开始出现的融合趋势。在去往巴黎之外的里昂大学、里昂高师、奥尔良大学、普瓦提埃大学（建于"U2000规划"期间）考察期间，我对20世纪60年代以来法国高等教育大众化所形成的法国高等教育版图有了更为清晰的印象，同时对法国高等教育发展历史有了更多的感性认识。联想到我国高等教育大众化的现状，我开始对法国高等教育大众化及其质量保障历史产生了浓厚的兴趣。

目前，我国关于国际高等教育质量保障的研究大多集中于英国和美国，从高等教育发展史的视角研究法国高等教育质量保障体系的文章较少，更遑论专著了，并且法国高等教育史研究也有待进一步发展与完善。尽管不同国家之间的高等教育制度无法复制和移植，但如果按照高等教育大众化和质量保障问题出现的时间先后来说，我国在高等教育质量保障方面属于后发型国家，发展起点不同，面临的问题和挑战也更加复杂多样，因而应更多借鉴、参考他国的经验与教训。在这一点上，法国政府在高等教育质量保障过程中的得与失是尤其不能让我们忽视的。因此，结合我国高等教育质量保障建设的现实需要与我个人的学习经历以及中法两国在高等教育发展中存在的一些相似性等，均成为促使我深入研究法国高等教育质量保障体系发展历史的动力。

第二节　研究综述

自20世纪80年代后，世界各国越来越重视高等教育所承担的社会责任，高等教育质量保障不再仅仅是一个教育问题，而是关系社会发展与稳定的一个重大问题。在法国，高等教育质量保障成为政府制定高等教育发展规划和进行教育决策时关注的重点。教育决策者、学生家长和用人单位以及高等教育系统内部的领导者、教师和研究者等，都对高等教育质量保障相关的问题进行了争论与探讨。目前国内外出现的有关法国高等教育质量保障的文献资料主要分两大类：一类是关于法国高等教育质量保障背景及政策基础的研究；另一类是有关高等教育评估的研究，如评估与高等教育公共政策研究、关于政府与高等教育之间关系的研究、评估报告以及关于评估概念、方法论的研究等。

一　国际研究现状
（一）历史背景研究

这类研究大多是从历史发展的视角、从宏观上分析法国高等教育的改革与发展状况，如有关大学自治、合同制改革、"U2000规划"等，这些都是法国政府在高等教育质量保障方面的重要探索。如法国高等教育研究专家克里斯蒂娜·穆塞林（Christine Musselin）所著的《法国大学的长征》（*La Longue marche des universités françanses*）、法国教育史学家安托万·普罗斯特（Prost）所著的《法国大学史》（*Histoire Des Universités en France*），从法国高等教育发展史的视角提供了有关政府主导的高等教育质量保障体系形成与发展的历史背景。法国著名数学家、国家评估委员会主席洛朗·施瓦茨（Laurent Schwartz）发表的《拯救大学》（*Pour sauver l'université*）、马克·侯曼维勒（Marc Romainville）所著的《大学大众化的失败》（*L'échec dans l'université de masse*，2001）和盖·布赫格尔（Guy Burgel）所著的《大学，法国的不幸》（*Université, une misére françanses*，2006），从高等教育大众化引发的质量危机的视角说明了改进高等教育质量，加强质量保障的重要性。简·皮埃尔·查拉德（Jean‑Pierre Jallade）所著的《欧洲高等教育——第一阶段的对比评估》（*L'Enseignement Supérieur en Europe—Vers une évaluation comparée des prémiers cycles*，1991）和经济合作与发展组织（OECD）出版的《高等教育国际化及其质量》（*Qualité et internationalisation de l'enseignement supérieur*，1999），则从国际比较的视角来谈高等教育质量，为本书提供了国际背景资料。这些资料从不同的侧面为本书提供了法国建立质量保障体系的必要性，体现出高等教育机构呼唤自治，国家、社会要求高等教育机构肩负起应有的责任，政府主导建立合理、有效的高等教育质量保障体系成为提高高等教育质量的重要出路。

（二）评估报告分析

法国政府在促进大学自治的同时，为督促大学更好地履行社会责任，检验其资源利用的效益，成立了多种评估机构对高等教育的教学、研究以及社会服务等各项职能进行评估，其中国家评估委员会负责对高等教育机构进行全面评估。国家评估委员会由各个领域的专家以及与高等教育相关的政界人士组成，代表国家、社会利益对大学的各项工作进行考核评估。这类评估是政府改进高等教育质量的一个有效工具，是法国高等教育质量保障的重要手段。国家评估委员会经过科学、合理的考察与分析，得出的报告既是对法国高等教育发展状况的诊断，也是对法国高等教育质量评估状况的分析与总结。这些评估报告成为本书的重要参考资料。国家评估委员会提交总统的年度报告和四年一次的总结报告，在使我们了解该机构开展的评估活动的同时，还提供了这一时期法国高等教育教学、研究与社会服务方面的整体质量状况的大量信息。其中，一些学科评估、主题评估和学区评估报告等都为本课题提供了翔实的资料。

1987 年，在国家评估委员会主席洛朗·施瓦茨主持下发表了关于法国高等教育状况的第一份报告《大学走向何方？》（*Oùva l'Université?* 1987）。该报告考察了法国高等教育第一、二阶段存在的问题、研究状况以及引人深思的大学管理等，并提出了相关建议。《大学发展重点》[*Priorites pour l'Université*（1985—1989），1989] 是国家评估委员会的第一个四年工作报告，报告集中论述了当时法国高等教育第一阶段学生学业失败的严峻问题，建议加强对学生进行专业指导和促进大学自治。《开放的机会》（*les Chances de l'ouverture*，1991）是国家评估委员会在1990 年《高等教育大众化》（*L'enseignement supérieur de masse*）报告基础上提出的解决思路。国家评估委员会认为，大学向职业技术领域开放

5

是非常必要的，高水平的文凭对就业而言是必需的，并且最终要经受职业的检验。为此，大学必须保证教学质量，并且加强大学的继续教育功能，这也是解决法国大学第一阶段学生学业失败率高的一条出路。1993年国家评估委员会颁布的《均衡研究》［la recherche des equilibres (1989—1993), 1993］系统地回顾了1989—1993年间法国高等教育的变革与存在的问题，该报告提出，加强对大学生的方向指导是基于教育学、社会经济维度以及高等教育结构的三重思考，再次强调对学生的专业指导。《大学的演进，评估的动力》（1995）（Evolution Des Universités, Dynamique de L'Evaluation, 1985—1995）是国家评估委员会在回顾"十年评估"活动的基础上形成的工作报告，这份报告总结了法国高等教育中存在的诸多问题，并指出法国高等教育所面对的大学与区域治理和大学第一阶段学生学业失败率高的两大挑战。1997年，国家评估委员会颁布了《高等教育的使命：原则与现实》（Les missions de l'enseignement supérieur：principes et réalités, 1997），开始关注高等教育对社会应负的责任，如对大学为地方培训与教学使命、大学与地方行政区域团体的关系以及学生就业的思考。国家评估委员会在《评估的标志》（Repères pour l'évaluation, 2002）中回顾了在国际化背景下国家评估委员会积极开展的国内、国际合作、重建质量评估标准、参与欧洲高等教育区建设等活动，重点介绍了法国在加入博隆尼亚进程之后在大学职业化、大学结构改革以及大学教师—研究者身份改革等方面的状况。在《大学发展的新空间：欧洲、区域、教育培训、研究、评估、质量》（Nouveaux espaces pour L'Universite：Europe，Territoires，Offre de formation，Recherche，Evaluation，Qualite, 2000—2004）这一报告中，国家评估委员会介绍了法国高等教育评估方法论的变化以及法国高等教育国际化、地方化（为地方发展服务）和职业化发展情况，体现了这一时期法国高等教育的最新进展。这些评估报告没有涉及对法国大学的排名，只是对法国高等教育普遍状况的观察与建议。

另外，2007年以来，由"国家评估委员会"发展而来的"法国高等教育与研究评估署"所开展的评估包括机构评估、研究评估和教学与学位评估三部分。该评估署更加强调量化指标和国际合作，从绩效评估的视角为我们提供了近年来法国高等教育质量保障发展情况。把国家评估委员会和高等教育与研究评估署的所有评估报告综合在一起，就可以呈现出法国高等教育发展的整体状况。我们在了解法国高等教育评估发展的基础上，从中可以发现每个阶段法国高等教育质量的症结所在。透过这些报告我们看到，自治与责任是法国高等教育质量评估所遵循的基本原则，也是法国高等教育机构追求的目标。而高等教育质量保障体系的确立与运行过程也是政府、社会和高等教育机构之间一个合作性博弈的过程。

（三）关于高等教育的公共政策研究

这类研究主要是从质量评估和大学自主与责任的视角来分析的。随着高等教育质量问题日益突出，国际上一些具有政策科学背景的学者开始对质量评估政策和高等教育的责任之间的结果进行分析。一些学者认为，尽管政府通过颁布一些政策承认了大学责任和学术自治之间平衡的重要性，但现实中大学在保障教学质量方面真正享有的自治还是微乎其微的；另一些学者对政府出台的质量评估政策持批评态度，认为责任政策基本上是失败的，无论对于国家还是高等教育机构，质量保障措施的费用很高，收益很少，反而给大学带来了没有任何积极效果的负担；还有一些学者认为质量评估就其本意而言是一种新的政府控制手段，是政府和高等教育机构之间权力分配的一种策略。

（四）关于政府与高等教育之间关系的研究

20世纪90年代早期，欧洲一些学者主要针对政府采取的高等教育质量评估和加强高等教育责任的措施，说明保持高等教育机构自治的重要性。美国的一些学者如马丁·特罗等将政府采取的质量保障措施称为外部质量保障，大学所采取的措施为内部质量保障。在质量保障过程中，马丁·特罗强调"信任"在高等教育机构与政府的合作关系中的重要性。政策制定者应对大学潜在的质量问题作出敏锐的反应，同时督促大学领导者对政府合法的要求作出积极响应。还有一些学者通过对不同国家之间进行对比分析，研究政府与高等教育之间的关系及其对教育质量带来的影响，如法国组织社会学家埃哈尔·费埃德伯格（Erhard Friedberg）与克里斯蒂娜·穆塞林合著的《德国和法国的大学状况》（*L'Etat Face Aux Universités en France et en Allemagne*，1993），在回顾1989年之前法国大学教育发展状况的基础上（如割裂的体系、超负荷的监管体系、占支配地位的文凭和资格逻辑以及没有得到良好资助的决策机制等），阐述了1989年后大学合同制改革对法国大学的重塑及其对以往占支配性地位的学科逻辑的影响，从中可看出学者对大学合同制改革的认可。在阿尔芒·弗雷蒙（Armand Frémond）主持下出台的《法国大学改革：合同制公共政策（1984—2002）》[Les universités françaises en mutation: la politique publique de contractualisation（1984—2002）] 是对政府推行的大学合同制改革及其效果的评估，验证了合同制通过改变经费拨款方式，赋予大学更多管理上的自主权，为法国高等教育机构建立内部质量保障提供了制度与物质上的准备，这是质量保障的前提，也是法国高等教育质量保障体系建立与发展的重要政策背景。简·路易·达雷隆与丹妮·菲拉特合著的（Jean‑Louis Darréon et Daniel Filâtre）《治理时代的大学》（ Les universités à l'heure de la gouvernance, 2003），用专题的形式提出了法国政府推动大学自治改革、加强质量管理与评估的必要性。

（五）关于评估概念和方法论的研究

这是对实践中积累的经验的概念化与理论升华。这方面的研究共分为以下三类：第一类研究侧重于对具体评估机构的评估程序或标准的介绍，如对国家评估委员会的介绍，[1] 对评估机构（如高等教育与研究评估署）演变的介绍，[2] 对大学自评和各种评估组织的介绍，[3] 对大学质量外部评估及其影响的介绍等。[4] 这些研究更重视操作性与实践性，相对而言在系统性方面仍有欠缺。第二类文章是从历史、文化和国际比较的视角对高等教育质量和质量评估的理念、文化及内涵进行理论探讨。[5] 第三类文章包括对研究对象的理论探讨，如对高等教育质量相关概念的界定与分析。此外，还有一类文章是关于对研究方法的探索与反

---

[1] Andre Staropoli. "*The Comite National d'Evaluation: preliminary results of a French experiment*", *European Journal of Education*, Vol. 22, No. 2, 1987.

[2] Aubry‑Lecomte Marianne. "*L'évaluation des politiques universitaires en France: origines et évolutions* ", Parismars 2008, téléchargé du site de l'Observatoire européen des politiques.

[3] Danielle Potocki Malicet. "*Evaluation and Self‑Evaluation in French Universities*". *European Journal of Education*, Vol. 32, No. 2, Evaluation and Quality in Higher Education, Jun., 1997.

[4] Jean‑Loup Jolivet. "*L'evaluation externe des universites francaises par le Comite national d'evaluation: evolution recente et perspectives*". 14ème colloque du GIDSGUF du 2 au 6 juin 2003 à Paris. http: //www.gisguf.org/colloq‑form/2003‑paris/jolivet.pdf2008‑10‑18.

[5] Neave Guy. "*The Politics of Quality: Developments in Higher Education in Western Europe 1992‑1994*". *European Journal of Education*, Vol. 29, No. 2, "Trends in Higher Education: The Politics of Quality Assurance", 1994.

思，如政治科学理论有助于理解政府不断决策中的妥协与冲突，资源依赖理论（Resource dependency theories）有助于解释高等教育机构对政府改革的反应；评估理论对于探讨公共政策隐藏含义以及未经证实的假设是很有价值的；系统理论（System theories）可以用来解读政府、社会、高等教育机构以及高等教育领域内部的学者、学生等之间彼此合作所形成的质量保障的合力。

总的来看，除了法国高等教育质量评估报告之外，国际上对法国高等教育质量保障体系的研究零星地分散于上述文献中。从这些文章对法国高等教育质量保障体系的研究视角看，主要分为以下几类：立足于欧洲背景下对欧洲各国高等教育质量评估与保障模式的对比研究；[1] 从中世纪大学到博隆尼亚进程的历史发展中对欧洲高等教育质量评估进行综述，追溯"评估状态"的起源与发展；[2] 对比欧美和西欧不同的质量管理模式，将法国的高等教育归类于中央集中控制型模式，认为高等教育质量分外部质量和内部质量要求，现在主要是外部质量要求的力量驱使政府和社会不断加强质量评估和保障体系；[3] 自博隆尼亚进程启动以来，为创建和谐的欧洲高等教育区（EEES），对欧洲高等教育质量标准的探讨成为热点。[4] 国际上对高等教育质量保障的研究为本课题提供了广阔的国际背景，特别是这种对比研究的视角有利于我们更加深入地理解法国高等教育质量保障体系发展历史的独特性。这也是本书研究的重点所在。

二　国内研究现状

国内对高等教育质量问题的关注由来已久，但直到 20 世纪 90 年代中后期随着我国高等教育大众化的推行才被明确提出，并引起学术界越

---

[1] Thomas Kellaghan et Vincent Greaney, *L'evaluation pour ameliorer la qualite de l'enseignement*. Paris. UNESCO: Institut international de planification de l'education. 2002.

[2] Neave Guy. "*On the Cultivation of Quality, Efficiency and Enterprise: An Overview of Recent Trends in Higher Education in Western Europe, 1986 – 1988*", European Journal of Education, Vol. 23, No. 1/2, 1988.

[3] Frans A. van Vught and Don F. Westerheijden. "*Towards a General Model of Quality Assessment in Higher Education*", Higher Education, Vol. 28, No. 3, Oct. 1994, pp. 355 – 371.

[4] European Commision Directorate – General for Education and Culture. "*European Report On The Quality of School Education Sixteen Quality Indicators*", Report based on the work of the Working Committee on Quality Indicators. European Commission Directorate – General for Education and Culture, May, 2000.

来越多的关注。综合来看，国内对高等教育质量的学术研究主要分为两大类：第一类是理论研究，主要是以高等教育大众化为背景，对高等教育质量的概念和内涵（这将在概念界定部分进行分析）以及支配其发展的高等教育质量观进行分析和探讨；第二类是对实践操作的介绍分析与对比研究，高等教育质量评估是其重要内容。但就研究国别而言，主要是对欧美各国尤其是美国和英国的高等教育质量评估进行的研究。有关法国高等教育质量保障体系的研究主要分布在西欧以及与其他国家的对比分析中，大多局限于介绍层面，并且材料多转引自英文资料，缺乏一手史料。在内容方面，更多侧重于高等教育质量评估模式的介绍，缺乏对影响法国高等教育质量其他因素的系统研究。

国内对法国高等教育质量保障体系的研究大致分为体制型模式研究和经验型模式研究两类。根据不同的高等教育管理体制，北京师范大学汪冰在其《高等教育质量系统的跨国分析》（1998）一文中将法国高等教育质量保障模式归为"欧洲大陆模式"，其特点为政府对高等教育机构严格控制，如政府对教师聘用、高校招生、专业和课程设置、学位考核和经费预算的监控等干预措施，高等教育机构缺乏自治。熊志翔认为，法国高等教育质量评估模式是由国家高等教育研究委员会、国家评估委员会和国家工程师职称委员会、学位授予委员会、大学理事会、国际科学研究委员会等其他机构共同负责的中央集权型模式；[1] 李守福认为，法国高等教育质量评估模式属于行政主宰型；[2] 国家教育发展研究中心范文曜、马陆亭则认为，法国国家评估委员会是负责全国高等教育机构、学科及教育专题评估的唯一评估组织，评估结果独立于教育部，直接向总统负责，属于一元化评估模式。[3] 这些认识尽管划分标准不同，但是都突出了法国高等教育评估的主要特征——政府占主导地位。华中科技大学田恩舜在其博士论文《高等教育质量保证模式研究》（2005年）中采用模式分析方法分析了高等教育质量保证活动中的三种力量——国家权力、市场与院校自治，根据这三种力量的作用力度和方

---

[1] 熊志翔：《欧洲高等教育质量保障模式的形成及启示》，《高等教育研究》2001年第5期。
[2] 李守福：《国外大学评价的几种模式》，《比较教育研究》2002年第6期。
[3] 范文曜、马陆亭主编：《国际视角下的高等教育质量评估与财政拨款》，教育科学出版社2004年版，第4—5页。

式不同，通过对比分析英、法、荷、美等国家的高等教育质量保证模式的形成与发展，将法国高等教育质量保证界定为控制型模式。杨建生和廖明岚在《法国高等教育质量保障立法及启示》（《高教论坛》2006年第1期）一文中，在论述法国重视高等教育质量的基础上，介绍了法国高等教育质量保障的立法基础、质量评估制度以及对中国的启示。华东师范大学傅芳在其硕士学位论文（2006年）《西欧大陆国家高等教育质量保障中的政府行为研究——以法国、荷兰、瑞典为例》中，对比分析了法国政府在高等教育质量保障中所运用的拨款、立法、评估和合同等干预手段，作者认为这些干预措施的综合运用主导着高等教育质量保障的进程，既能维持国家对高等教育的影响力，又能落实高校质量责任，促进教育质量提高。

三　本研究创新之处

本书力求在国内外已有研究的基础上，实现以下三点创新：

其一，全面系统地梳理了20世纪80年代至今法国政府强化高等教育质量保障的历史过程，集中展示了法国政府通过不断调整自身与高等教育机构的关系，促进高等教育机构自治；运用评估手段引领高等教育机构养成内部质量保障的自觉性；采用经济手段激发高等教育机构承担社会责任，从而形成法国"政府主导型"的高等教育质量保障模式。

其二，法国实行高等教育集权型管理模式，政府在高等教育管理中居于主导地位。本书以政府在保障高等教育质量发展中的行为为切入点，呈现出20世纪80年代至今法国高等教育质量保障体系发展的历史进程，深化拓宽了我国外国教育国别史与专题史的研究领域。

其三，本书着重搜集并利用法国政府保障高等教育质量的相关文件、法案、法规等原始资料，同时比较、参考欧洲及世界其他国家关于法国高等教育质量保障的英文资料，注重文献资料的准确性和即时性。

第三节　研究内容及逻辑框架

一　研究对象

本书的研究对象是20世纪80年代至今法国高等教育质量保障体系的发展历史，主要是基于政府层面的分析。其中包括探索法国政府保障高等教育质量的历史基础（20世纪80年代之前），分析法国政府推动下进行的高等教育管理体制改革、人才培养体制改革、经费投入体制改革以及评估机制的创建与改革等，总结、归纳法国政府主导的高等教育质量保障体系发展历史的得失。

二 研究目的

通过考察20世纪80年代至今法国高等教育质量保障体系发展的历史过程，探索法国政府在高等教育质量保障方面的重要政策与发展战略，分析总结法国高等教育质量保障体系发展历史的特征与经验，反思法国政府在推动高等教育质量保障体系确立与发展中的优势与不足，以期对我国当前高等教育质量保障体系建设提供些许借鉴。

三 研究阶段划分

就法国高等教育历史发展而言，教育质量保障问题一直存在。从中世纪大学创建时巴黎大学确立的学院制传统奠定了法国大学内部质量保障体系的基础。18世纪末，民族国家的兴起与资本主义经济的快速发展使得法国高等教育出现了与社会不适应的现象，人们开始质疑高等教育质量问题。拿破仑第一帝国时期建立的中央集权型管理体制确立了法国政府保障高等教育质量的制度基础，政府通过行政手段和经费支持等方式确立了对高等教育的统领地位，并通过师资、国家学位、统一课程设置等措施确保高等教育质量。由于法国实施高度中央集权型管理，大学内部由保守、稳健的大学教授把持，大学机构自身没有自主权。这种管理体制一直持续到20世纪60年代，虽然在第三共和国时期法国政府曾尝试扩大大学自主权，推动大学与社会相适应，提高教育质量，但由于没有触动政府与大学教授这"两极"，因此成效有限。1968年"五月风暴"暴露了法国传统大学与现代民主社会之间的割裂所导致的质量危机，法国政府迫于压力于当年颁布了《高等教育指导法》，提出了"自治、参与、多学科"的改革原则，通过高等教育管理体制、内部治理体制和高等教育结构等方面的改革确立了法国政府保障高等教育质量的雏形。虽然这次改革在当时局限于"理论指导"层面，但对日后产生了深远的影响。直到20世纪80年代，法国高等教育质量保障问题才被明确提出，并形成一个不断加强的趋势。

1984年，密特朗政府签署发行了《萨瓦里法案》（La Loi Savary），法国政府逐渐将高等教育管理权让渡给高等教育机构，并提出创建国家评估委员会（Comité national d'évaluation des établissements publics à caractère scientifique, culturel et professionnel，简称CNE），对全国高等教育机构进行整体评估，促进高等教育自治，激发法国大学的内部活力。从历史影响上看，《萨瓦里法案》是一个承上启下的法案，是法国政府确立高等教育质量保障体系的法律依据，标志着法国高等教育质量保障体系确立的开始，至今还对法国高等教育质量保障体系的发展发挥着重要作用。鉴于上述原因，本书选择以20世纪80年代为研究起点。目前，国际上对法国高等教育发展史的研究尚局限于20世纪80年代，对80年代至今的法国高等教育发展分期尚未有明确的界定。本书根据不同阶段法国高等教育质量问题及政府解决方案不同，将法国高等教育质量保障体系的确立与发展分为三个阶段：

第一阶段从20世纪80年代到1997年，为法国高等教育质量保障体系的形成阶段。这一阶段以《萨瓦里法案》的颁布和国家评估委员会的建立为标志，其主题是促进大学自治，激发大学内部活力，接纳大量的学生，实现高等教育数量与质量的统一；第二阶段从1998年到2005年，这是法国高等教育质量保障体系的发展阶段，以1998年法国颁布《建立欧洲高等教育模式》（Pour un modéle européen d'enseignement supérieur，亦称《阿达里报告》）、实施大学三千禧年规划（Université du 3e millénaire，简称"U3M规划"）为标志，法国政府开始规划高等教育国际化，加入了博隆尼亚进程，通过"358"学位制度改革提高法国高等教育的国际吸引力与竞争力，促进法国高等教育国际化；第三阶段从2006年至2010年，以2006年《财政预算法案》（Loi relative aux lois de finances，LOLF）的颁布与实施以及同年创建的法国"高等教育与研究评估署"为标志，法国在新公共管理思想的影响下引进了绩效评估、目标文化等新的治理理念，实施大学自主与责任改革，推动质量提高，这意味着法国高等教育质量保障体系又一次改进与重构。

四 研究对象的基本特征

法国高等教育质量保障体系发展历史并不是高等教育自身发展的主动选择，而是法国政府推动的结果，是高等教育大众化、国际化和知识经济发展的必然结果。虽然法国是先发的、内生型国家，但是法国高等教育质量保障体系的发展也受到了国际影响，其发展过程更多地表现为政府层面的举措。自20世纪80年代至今，法国政府针对影响本国高等教育质量的问题，在不同的阶段通过颁布法令、调整高等教育管理体制、经费投入体制和人才培养体制，创建评估机构等全面的、系统的改革，从宏观的政府层面上形成了保障高等教育质量的合力，体现出较强的国家意志。

法国高等教育质量保障体系发展历史的一个重要特征就是政府占主导地位。这是由法国高等教育中央集权型管理体制决定的，体现了历史传统与现实需要的逻辑统一。在法国高等教育质量保障体系发展历史中，政府通过以下五个方面发挥着统领作用：其一，政府为高等教育质量保障提供稳定的物质基础与经费来源，一方面确保高等教育为国家重大发展战略服务的社会维度，另一方面确保高等教育机构追求知识、从事长期基础研究的知识向度；其二，政府通过政策、法令等形式进行统一管理，有利于维护法国民众所希冀的平等与公正，还有利于避免党派纷争，为高等教育质量保障提供相对稳定的政治氛围；其三，政府通过保证教育平等促进社会公平，为每个人都提供成功的机会；其四，政府通过国家学位、教师公职化等措施维系着教育质量标准，打破学院制封闭保守局面，协调各个分散的高等教育机构，有利于对全国高等教育进行系统、全面的改革；其五，政府通过调整管理方式，逐步放宽高等教育管理权，在实施外部质量保障的过程中促进高等教育机构发展内部质量保障，并鼓励市场力量进行投资，参与高等教育质量保障。同时还积极开展国际合作，从而形成对高等教育机构强有力的、多元化的外部质量保障以及与之相对应的内部质量保障。

基于上述原因，本书以法国政府层面为切入点，考察、研究20世纪80年代至今法国政府在高等教育质量保障体系发展历史进程中是如何作为的，以期从中总结其经验，分析其不足，为我国高等教育质量保障体系建设提供一些借鉴。

五 基本思路与结构框架

（一）基本思路

本书以法国政府保障高等教育质量的行为为切入点，在丰富翔实的史料基础上进行系统研究，选择每个阶段法国高等教育质量保障需要解决的主要问题，深入研究法国政府解决该问题所采取的方法与措施，分析政府行为的效果与影响，展示法国政府在高等教育质量保障体系发展历史中的特殊地位与作用，从中探寻法国政府保障高等教育质量的经验。

（二）结构框架

全书由绪论、正文和结论三部分组成。绪论部分旨在分析研究缘起、研究对象、基本概念界定以及研究现状综述，阐述本书研究对象的基本特征。正文共分四章，第一章从教育发展史的视角分析法国政府主导高等教育质量保障的历史基础；第二章回顾了 20 世纪 80 年代后在高等教育大众化背景下，法国政府围绕促进大学自治的主题，实施了大学—国家合同制改革、"U2000 规划"和质量评估，从高等教育管理体制改革、优化资源配置和评估机制等方面为法国大学获得自治、落实社会责任提供了制度性前提，这是法国政府为促进高等教育质量提高而初步建立的质量保障；第三章阐述了在高等教育欧洲一体化背景下，针对法国高等教育所面临的学业失败率高、就业能力低以及办学经费不足、国际竞争力差等质量问题，法国政府通过学位制度改革、"U3M 规划"等措施促进法国高等教育质量保障体系实现内涵式发展；第四章论述了近几年来在新公共管理主义思想影响下，2007 年法国政府颁布了《大学自主与责任法案》，在大学管理中引入责任意识和绩效观念。该法案要求以大学的责任为前提，赋予法国大学更多自主权。与此同时，法国创建了新的高等教育评估机构，再次通过优化配置高等教育资源的方式推动高等教育均衡发展，这意味着法国高等教育质量保障体系的重构。最后结论部分从法国历史文化和社会经济发展的视角分析法国政府主导高等教育质量保障的优势与不足，总结其经验，以加深对法国高等教育质量保障体系的理性认识。

第四节　研究方法

马克思曾说道："现代历史著述方面的一切真正进步，都是当历史学家从政治形式的外表深入到社会生活的深处时才取得的。"[①] 高等教

[①] 中共中央马克思恩格斯列宁斯大林著作编译局编译：《马志尼和拿破仑》，《马克思恩格斯全集》（第 12 卷），人民出版社 1962 年版，第 450 页。

育质量是一个复杂的概念,质量保障体系涉及与高等教育质量相关的诸多要素。因此,本书采用多样化的研究方法,力求全面、系统、深入地回顾、分析这一历史进程。本书采用的研究方法主要有:

一 文献分析法

教育史作为一门历史学分支学科,可靠的历史资料和科学的史学理论,是教育史研究不可缺少的两个基础。[①] 有关教育的文献是记录教育信息的载体,同时也体现着教育研究情况,通过查阅与教育相关的文献资料,有助于我们全面、正确地了解研究对象,探寻事物发展的规律,从中发现问题。文献分析法是本书的一个重要的研究方法。本书通过在国内外认真收集、研读与法国高等教育质量保障相关的文献资料,从政策学、管理学、社会学、历史学以及教育学等多学科的视角对史料进行综合分析,从中分析法国政府在高等教育质量保障中所采取的政策法规及具体措施,探讨每个阶段政府保障高等教育质量行为的历史背景、实施过程及其影响。同时,在本书写作过程中,借助于教育史学理论的指导,力求从历史唯物主义和辩证唯物主义的高度加强对法国高等教育质量保障体系发展历史的客观、全面、系统的理性认识。

二 访谈法

访谈法是人文社会学科研究的一种重要研究方法,通过与受访人面对面的交流,可以获得受访人的个人状况以及对某一个问题的看法。高等教育质量是一个见仁见智的问题,教育质量涉及国家政治、经济、社会等多个方面,质量保障亦需多方面的合力。在研究过程中,我在广泛收集史料的同时,利用一切可能的机会深入法国高等教育机构内部,亲身体验法国高等教育,就法国高等教育质量问题与许多不同年龄、不同阅历的人(包括在法中国留学生、在法国大学工作的中国学者、汉语教师以及一位在法国教育部工作的华裔汉语督学、中国驻法国大使馆教育处的外交人员以及法国大学教师与研究者等)进行了广泛交流,了解他们对法国高等教育质量的印象、对政府保障高等教育质量效果的评价以及对未来发展趋势的展望等。通过交谈,我深切认识到法国政府在高等

[①] 杜成宪、邓明言:《教育史学》,人民教育出版社2004年版,第133页。

教育改革中的主导地位，感受到法国高等教育质量保障问题的独特性、复杂性及其实际影响，从而对法国高等教育质量保障有了更为全面的感性认识。

三 比较研究法

比较研究法是通过对不同研究对象或者同一对象的不同的发展阶段加以对比分析，从比较中获得对该问题的客观的认识和正确的评价。法国高等教育质量保障兴起、发展于高等教育大众化、国际化的背景下，本书采用比较研究的方法，从宏观层面上对比研究在博隆尼亚进程背景下法国政府采取的高等教育质量保障措施，以突出法国高等教育质量保障体系的独特性。同时，纵向比较法国政府在不同历史阶段所进行的改革，从中分析其发展脉络和规律，在反思法国政府主导高等教育质量保障的利弊得失的基础上，探寻对我国高等教育质量保障的有益启示。

第五节 基本概念分析与界定

法国高等教育及质量、质量保障均具有丰富的内涵，为更好地说明本书的研究对象，有必要在此对一些基本概念进行解析与界定。

一 法国高等教育

高等教育是与初等教育、中等教育相衔接的、具有颁发专业文凭资格的教育与培训机构，是一个复杂的、富有发展性特征的概念。在不同国家、不同历史发展阶段，高等教育的内涵与外延表现不同。法国高等教育体现了高等教育概念的历史性与复杂性。从中世纪巴黎大学诞生至今，法国形成了独具法国特色的高等教育双轨制。一轨是以民主和开放为特征的综合大学系统；另一轨是培养高级技术精英的大学校系统。其中，综合大学是法国高等教育最基本的组成部分。自12世纪开始，法国大学从单科学院发展到现在的多科性大学。第二次世界大战后，法国综合大学担负起高等教育大众化与职业化的使命，政府在大学内部创建了一些附属学院——大学技术学院（IUT）、教师培训学院（IUMF）、大学职业学院（IUP）、大学企业行政管理学院（IAE）和政治学院（IEP）等，主要为社会培养科研人员、教师及理工、经济、管理、司法等部门的专业人员。2002年后，法国综合大学开始按照新学位制度提供学士（3年）、硕士（2年）、博士（3年）学位教育。

综合大学不设入学考试，凡持有高中会考合格证书者皆可注册入学。学生人数多、经费不足和僵硬的管理体制成为影响法国大学教育质量的重要原因。而精英大学校以其严格的选拔性入学考试、人数少、设备经费充足、质量高而著称，是法国高等教育的一个重要组成部分。此外，法国在中等教育体系中设置的高级技术员培训班（STS）和高等学校预科班（CPGE）也提供相当于高等教育程度的课程。高级技术员培训班强调实际应用，关注市场变化，注重应用性与灵活性，是对大学与大学校的有益补充。但由于课程设置和教学内容与大学和大学校相差甚远，这部分学生毕业后继续学习时往往学业失败率高。需要指出的是，本书所指的法国高等教育是以综合大学一轨为主要内容。在20世纪80年代到1997年这一阶段法国政府在高等教育质量保障中的主要对象是综合大学。而从1998年起，大学校在管理和招生方面也失去了以往的优势，大学和大学校之间的分裂影响到法国高等教育的整体质量及其国际影响。因此，这一阶段法国政府高等教育质量保障的对象是以综合大学为主体的所有高等教育机构。从2006年开始，法国政府在高等教育质量保障方面又有了新发展，法国政府在高等教育质量保障中的对象仍然以综合大学为主体，但范围扩大到大学校以及科研机构。本书根据不同阶段影响法国高等教育质量的原因和主体不同而意指不同的对象，统称高等教育。称谓上的模糊性体现了法国高等教育的复杂性、多样性和质量问题的时代性。

二 法国大学的第一、二、三阶段

2002年"358"学位制度改革之前，法国大学教学分为三个阶段：第一阶段是基础教学阶段，学制两年，不分专业，只设立法律、经济、文学艺术、人文学科等主修学科方向，课程分为必修课、限定选修课和自选课。这一阶段的教育目的是"使学生得到并加深基础学科知识，使其多样化，以便他们能进入一个范围较广的工作领域；学会工作方法，取得对科学的敏感性"[①]。第二阶段是专业教学阶段，具有相对的独立

[①] 邢克超：《战后法国教育研究》，江西教育出版社1993年版，第201页。

性和一定的专业性。从第一阶段升入第二阶段的考试中，许多学生被淘汰，通常淘汰率高达 50% 左右，艺术、法律和医学专业更高，医学专业第一年末考试通过率仅为 30%—40%。① 而第二阶段学制两年，通过第一年考试后可以获得一个学士学位，这时学生可以选择就业，也可以继续攻读硕士学位；通过第二年考试后则授予硕士学位。第二阶段的学业难度虽然也很大，但淘汰率却远远低于第一阶段。第三阶段是博士培养阶段，学习方式和考核方式不同，通常淘汰率并不高。法国大学第一、二阶段学生学业失败率高是困扰大学和政府的重要问题。究其原因，主要是由于学生入大学时几乎没有任何选拔措施，导致学生的知识背景、学习能力水平存在较大差异；入学后又缺乏对学生的专业选择的指导，学生在注册时往往选择相对容易的学科，如人文社会科学，结果导致这些学科充满了大量几乎没有任何准备的、若置于其他学科则没有成功机会的学生，因此学业失败率极高。此外，大学学习条件差，师资配备严重不足。据调查，文科平均师生比高达 1:28，法律为 1:45，这严重影响了教学质量。② 建立学生专业指导或者辅导制等，加强对学生的指导、减少学生学业失败成为法国高等教育质量保障体系发展中的重要内容之一。

三　高等教育质量

质量一开始是来自于工商业的术语，意指提供的产品或服务所内含或外显的、满足外界需求的适切度。美国著名的质量管理专家朱兰（J. M. Juran）认为产品的适用性就是产品质量，即所提供的产品或服务满足顾客需求的程度，这是从顾客的角度出发的。随着社会经济和科学技术的发展，质量的概念不断丰富与完善，发展性、多样性与适应性成为质量概念的鲜明特征。随着高等教育在促进社会经济发展中作用的加强，尤其是高等教育市场化趋势的出现，高等教育的"产品"或"服务"属性越来越受到重视，于是"质量"概念被引用到高等教育领域。由于高等教育自身的复杂性，高等教育质量具有不同于普通产品或服务的复杂性与独特性，犹如一个神秘的"黑匣子"，引起了国内外许多学

---

① 邢克超：《战后法国教育研究》，江西教育出版社1993年版，第203页。
② 同上书，第226页。

者的兴趣。从时间上看，国内外对高等教育质量概念的研究大多发生在20世纪90年代，并且大多以高等教育大众化为背景。从内容上看，国外对高等教育质量概念的界定，主要分为以下几类：质量是独特的、卓越的；质量是提炼的精华；是符合目的的；是物有所值的；是能够改变和重新再塑造的。[①] 综合国外对高等教育质量概念的界定，可归结为以下几类观点：

第一，质量意指例外、卓越（exceptionality, excellence），即要求大学或学术机构培养精英，这往往是教育家和政治家所强调的。实际上，所谓的卓越并没有明确的可衡量的标准，卓越等同于例外，这符合传统的精英高等教育观念，不适合高等教育大众化时代的需求。

第二，质量即零缺陷（Quality as zero errors），亦即无任何瑕疵或缺陷，这适合工业产品。因为高等教育的"产品"毕业生或者"服务"是不可能用详细、具体的指标来衡量的，并且对于学生的发展来说，其评价标准只有更好，没有最好。但这种界定体现了对高等教育的理想化愿望，在一定程度上有助于促进学校环境改善与教育质量的提高。

第三，质量即符合目的。这是一种适应性的质量观，明确了高等教育的使命与目标。通常这些目标和使命包含了高等教育的顾客以及利益相关者对高等教育机构的需求与期望，高等教育机构应该通过某种方式证实它实现了预期的使命与目标。这种符合目的的适切性程度意味着高等教育质量的高低。相对而言，这种界定考虑到高等教育的多样性与特殊性，是高等教育中经常采用的一种定性与定量相结合的方法。

第四，质量作为一种转型与重新塑造（Quality as transformation, reshaping）。这是一种具有人文倾向的内适性质量观，认为高质量的大学应该是对学生的知识和个人发展具有重大影响的高等教育机构。这种界定符合高等教育的主要使命是培养学生，促进学生理解力、知识、经验与技能的提高，但关于学生学识和认知等知识、观念的转型与重塑的评价主观性太强，很难测量。

第五，质量作为一个基准（Quality as threshold）。即为了证明高等教育质量而设置的最低标准，这些标准表明了毕业生所应该达到的预期

[①] Janne Parri. "*Quality in Higher Education*", *VADYBA / MANAGEMENT*. 2006 m. Nr. 2 (11), pp. 107–111.

知识、技能和态度要求，体现了对大学课程的要求。这种界定具有明确的量化指标，便于高等教育机构之间的比较，有利于促进不同高等教育机构之间的竞争和它们质量的提高，但其缺点是这些标准很难适应环境的变化。法国的质量评估更加强调定性评估，没有采用这种做法。

第六，质量作为一种改进或提高（Quality as enhancement）。这种概念强调学术自由和大学在质量保障过程中的自主权，强调大学的自我质量管理与提高。

第七，质量即物有所值（Quality as value for money）。这种界定在于促进高等教育机构落实内部质量保障的责任，对投资者和学生负责。同时为了提高经费投入的效益，引入市场竞争机制，促进高校对资金和生源进行竞争。该概念将高等教育简单地等同于一般商品，易于导致高等教育产业化，但鉴于政府对效益的重视，该概念仍常常被运用到高等教育中。

国内关于高等教育质量概念的研究主要是从对国外概念的引进、分析与评价开始的，虽然学界尚未形成统一明确的概念，但在很多方面已经达成共识。例如，西北师范大学安心教授将目前关于高等教育质量的界说归为九类：不可知论观点、产品质量观、测量观或达成度观、替代观、哲学观、实用观或外适性质量观、绩效观、内适性或学术性本位观、准备观。[1] 华东师范大学陈玉琨教授根据高等教育的功能以及满足主体的不同，总结为三种高等教育质量观：内适性质量观、外适性质量观和个适性质量观。[2] 在进一步综合内适质量、外适质量和人文质量的基础上，陈威提出，"高等教育质量是高等教育机构在遵循教育客观规律与科学发展自身逻辑基础上，在既定的社会条件下，培养的学生、创造的知识以及提供的服务满足社会和长远需要的充分程度和学生个性发展的充分程度"[3]。华东师范大学韩映雄在其博士学位论文《高等教育质量精细分析》中从高等教育的教学、科研和社会服务三大功能发展历史的视角进行分析，将国内外的高等教育质量观概括为阶段论质量观、需要论质量观、适应论质量观、目标论质量观、全面质量观以及产品质量观等六种典型的高等教育质量观。[4]

---

[1] 安心：《高等教育质量的界定初探》，《辽宁高等教育研究》1997年第2期。
[2] 陈玉琨：《关于高等教育若干问题的哲学思考》，《上海高教研究》1997年第7期。
[3] 陈威：《高等教育质量概念的理论研究》，中国网2004年9月13日。
[4] 韩映雄：《高等教育质量精细分析》，博士学位论文，华东师范大学，2003年。

总之，质量是一个颇具争议的概念，高等教育质量更是具有多样化的含义。质量又缺乏一个放之四海而皆准的一致性的概念，其主要原因在于质量评估背后的目的越复杂、多样或者抽象，就越难以达到统一。高等教育本身目的的复杂多样性使得我们不可能在字面上形成一个有关高等教育质量概念内涵的一致性定义。1998年10月，联合国教科文组织（United Nations Educational, Scientific and Cultural Organization, UNESCO）在巴黎举行世界高等教育大会，最后通过的《21世纪世界高等教育宣言：展望与行动》（World Declaration on Higher Education For The Twenty-first Century: Vision and Action，1998年10月）第11条"质量评估"部分提出："高等教育质量是一个拥有多重含义的概念，它应该涵盖高等教育的所有职能和活动：教学和学术课程、研究和学术工作、教职人员、学生、校舍、设施、设备、社区服务和学术环境。"[1] 此外，高等教育质量还包括国际合作、知识交流、教师与学生的流动以及国际研究项目等，当然还要注意本民族的文化价值和本国的情况。这种对高等教育质量的认识，反映了在即将进入21世纪的时候，世界各国高等教育专家对于高等教育质量概念的某些共识。

本书接受国内外学者对高等教育质量概念进行综合解读后得出的适应论、发展论和需要论质量观，主张高等教育质量必须体现高等教育在育人、维护社会公正和可持续性发展方面独特的人文价值，这不仅体现在教学、科研与社会服务的质量上，还与生成教育质量的各种要素的品质密切相关。高等教育质量既要体现时代性，还要体现永恒性；不仅要体现效益，还要体现公平与正义以及人文关怀。因此，本书所指的高等教育质量是指法国高等教育机构在遵循自身教育和科学研究逻辑的基础上，在既定的社会条件下通过教学、科研和服务为国家和社会提供符合当前及长远的社会需求，并能促进具有创新潜能的教育"产品"和服务的可持续性发展，为受教育的个人提供适应社会、改造社会和提升个人文化、精神素养的知识、技能和信念。在此过程中，高等教育机构自身也在物质上、学术上和精神上获得追求真理、维护社会正义和探索高深知识的支持与动力。就本质而言，高等教育质量体现了高等教育机构

---

[1] 全球大学创新联盟编：《2007年世界高等教育报告：高等教育的质量保证》，汪利兵、阚阅译，浙江大学出版社2009年版，第48页。

对社会、国家以及对自身发展的责任，这种责任成为高等教育得到社会认可和继续生存的基石。

四 高等教育质量保障

"质量保障"易与"质量保证"相混淆。在国内，高等教育"质量保障"有时也被翻译为"质量保证"。在《现代汉语词典》中，"保障"一词的意思是：（1）保护（生命、财产、权利等），使不受侵犯和破坏。（2）起保障作用的事物。①"保证"一词的解释为：（1）担保；担保做到。（2）确保既定的要求和标准，不打折扣。（3）作为担保的事物。② 两者词义相近，但"保障"是一个广义的、宏观概念，不仅包括"保证"活动，还包括确保、证实活动，是一个由外部和内部施动者实施的活动；而"保证"所包含的"确保"和"证实"活动的施动者就是其自身。在法文中，质量保障通常用 assurance de qualité 表示，与英语 assurance of quality 词义大致相同，其内涵为质量控制、质量管理和质量提高。évaluation de qualité 是质量评估，含有汉语中的"保证"、"证实"之意。由于高等教育不同于具体的服务和工业产品，难以用具体的指标和措施进行衡量，具有更多的社会属性和模糊性。因此，"质量保障"对于高等教育而言适合度更高。国内学者史秋衡教授与罗丹认为："质量保障"和"质量保证"两者实际上是一对同源概念，质量保障源自工业领域的质量保证思想——正是这些质量管理的新思想，被借鉴到教育领域，并结合教育管理规律，产生了"质量保障"这一新概念。质量保证与质量保障，既属同源，其共同之处反映在质量管理思想上，但它们又结合了各自领域的管理规律和特点，在操作上又各有侧重。③ 对于高等教育质量保障与高等教育质量保证的词义辨析及其概念分析在国内已有专文进行分析，④ 但主要研究对象是中国高等教育。

---

① 社会科学院语言研究所词典编辑室编写：《现代汉语词典》，商务印书馆2005年版，第49页。
② 同上。
③ 史秋衡、罗丹：《从市场介入的视角辨析高等教育质量保障概念》，《大学·研究与评价》2007年第9期。
④ 李汉邦、张循哲、罗伟青：《"高等教育质量保障"与"高等教育质量保证"之概念辨析》，《湘潭大学学报》（哲学社会科学版）2008年第9期。

鉴于法国高等教育质量保障状况的特点，本书认为，高等教育质量保障的本质即由政府、社会和高等教育机构开展的，旨在确保并提高高等教育质量的活动，涉及与高等教育质量相关的各个过程的不同因素，是一个动态的、开放的、持续的过程。这是处理高等教育复杂性的一个工具，建立在高等教育机构的使命和目标基础上，与国家权力问题密切相关。在法国，质量保障实际上是一种带有官僚化色彩的责任，通常是为了确保学生、用人单位和社会的最大利益，同时也让他们参与质量保障过程。

高等教育质量保障具有多样性功能，主要有三点：其一，对于高等教育机构而言，考核、评估、诊断高等教育质量，优化教育资源分配与合理利用，通过各个机构之间的对比、排名，刺激各高等教育机构之间的竞争与合作；其二，对于高等教育机构的外部而言，向高等教育机构的资助者或者利益相关者提供高等教育质量信息，证实高等教育各级部门所落实的责任，建立与外部组织机构之间的信任和联系；其三，对于政府而言，反馈高等教育的质量情况，有利于政府对高等教育的宏观调控。总之，高等教育质量保障在使高等教育满足学生、用人单位和资助者的需求的基础上，确保教育质量的提高。通常，高等教育质量保障分为外部质量保障和内部质量保障。

所谓外部质量保障是一个广义的概念，包括高等教育机构之外的政府、各种团体或个人提供的与质量相关的文化、经济和法律以及评价等各种活动，其中包括质量控制、管理、评估等，其目的是为实现其责任提供客观的外部基础。在法国，主要是政府决定高等教育机构的外部质量保障。为了向公众证实高等教育机构所制定的目标将会实现，外部质量保障是必不可少的。同时高等教育机构也有责任向政府、资助者和社会保证他们正致力于实现他们的使命，忠实地、负责任地利用这些资源，满足合法的期望。因此，高等教育机构有责任接受来自校外的质量评估。

所谓内部质量保障是指高等教育机构为了自身质量的发展，通过对教师教学、人事晋升等管理活动（涵盖高等教育机构所有领域开展的活动），落实责任。其中，高等教育机构开展的自我质量评估是一种重要的内部保障措施，主要关注学术问题，收集有关实现其使命、活动的效率以及保证本机构质量的信息和数据。

法国是以政府主导高等教育外部质量保障为主要特色的国家，高等教育内部质量保障是在法国政府外部质量保障推动下逐步形成与发展的，这也是本书论述的重点。

五　质量文化

所谓质量文化，是指一种自觉的、共同维护质量的人文或制度性氛围，而不是管理。营造质量文化不仅仅是从事质量评估的专家或者质量保障机构的任务，而且是所有高等教育相关者集体性的行为与态度。质量文化包括与高等教育机构自身的使命、目标、学术价值相一致的内部评估。其中，确保高等教育机构的自治、独特性与责任之间的平衡是最重要的一点。质量文化是创建内部质量保障的重要环节，是将外部质量保障转化、内化为高等教育机构内部质量保障的重要措施和着陆点。

第一章 法国政府保障高等教育质量的历史基础

（20世纪80年代之前）

法国教育社会学家涂尔干（Durkheim, E.）曾经说过："当人们历史地研究教育体系的形成和发展方式时，人们就会看到它是依存于宗教和政治组织的，是依存于科学的发达程度以及工业状况等等的。倘若把这种历史的因素同教育体系分开，那么，体系就会变得不可理解。"[1] 自高等教育机构诞生以来，教育质量就是一个备受关注的主题。高等教育质量就其历史演变而言，是历史性与时代性相结合的产物，承载着来自国家、教会以及高等教育系统内部的期望，同时也承受着它们所施加的种种束缚。法国政府从维护世俗政权稳定与发展的立场出发，基于对高等教育政治、经济功能的期待，在与教会的权力斗争中确立了中央集权型高等教育管理体制，并通过法兰西第二帝国和第三共和国时期的高等教育世俗化改革推动大学适应社会发展，通过1968年的法国高等教育改革破除了传统学院封闭、落后的弊端。1968年，法国政府颁布了《高等教育指导法》（亦称《富尔法案》），该法案成为日后法国政府制定高等教育质量保障相关法案的制度源泉，确立了政府保障高等教育质量的雏形。20世纪80年代前法国政府在保障高等教育质量方面的探索为20世纪80年代至今法国高等教育质量保障体系的形成与发展奠定了坚实的历史基础。

第一节 法国政府保障高等教育质量的历史必然性

从中世纪大学的起源来看，大学的起源与欧洲封建经济的发展密切

---

[1] 涂尔干：《教育与社会学》，转引自瞿葆奎主编，张人杰选编《法国教育改革》，人民教育出版社1994年版，第1页。

相关，是封建王权政府推动下的产物。作为重要的人才培养机构，大学自诞生之日起，一直是政府和教会势力争斗的中心。历史上教会在法国高等教育中的主导地位决定了高等教育对于教会的依附性，大学重视高等教育质量，却漠视世俗社会发展的需求。法国政府为培养维护世俗政权和促进社会经济发展所需要的人才，极力推进高等教育适应社会发展，于是政府保障高等教育质量成为必然。

一　法国大革命前教会在高等教育中的主导地位

一般而言，人们将中世纪大学的起源归因于欧洲封建经济的发展和城市的兴起。公元10—11世纪时，欧洲封建经济得到快速而稳定的发展，农业经济在稳步上升的同时推动了与之相关的手工业的发展。到公元12世纪时，手工业逐步壮大并从农业中脱离出来。伴随着新兴手工业的逐渐壮大，农村人口不断向城镇集中，现代意义的城市开始出现，这就为大学的诞生提供了客观条件。城市的形成进一步推动了商业贸易的兴起。随着航海、商业等新兴产业的专业化程度日益提高，需要有专门的航海、商业、法律和医学等专业知识来支撑。城市不仅是商业中心，同时也是学术知识的中心。城市中聚集了知识的生产者与消费者，出现了"一个以写作或教学，更确切地说同时以写作和教学为职业的人，一个以教授与学者的身份进行专业活动的人"[1]，即专门从事与知识相关的教学活动的专业人员。随着这些专业人员活动的日益增多，逐渐形成了一个以知识为核心的教师和学生的集合体，亦即现代所谓的"大学"的雏形。

中世纪城市的兴起和工商贸易的发展需要相应的管理和服务机构，这就需要更多掌握专门知识和特殊技能的劳动者，"12世纪新建的政治、法律、管理、宗教机构，以及随着长期贸易扩大而发展起来的商业以及银行机构都需要一批具备新知识的人才。这一社会需求是促进大学产生与发展的一个重要因素"[2]。在对专门知识的强大需求下，大学作为生产知识、传播知识的专门机构，逐渐在城市中形成了。最早的资本

---

[1] ［法］雅克·勒戈夫：《中世纪的知识分子》，张弘译，商务印书馆1996年版，第4页。
[2] Warren Treadgold. *Renaissance before the Renaissance*, California: Standford University Press, 1984. p.130.

主义萌芽出现在意大利,而博隆尼亚地处欧亚非三大洲的商贸中枢,频繁的商业贸易活动中会经常出现一些贸易纠纷,这就急需法律专业人才解决诉讼,于是世界上最早的大学之一——博隆尼亚大学建立了。该校开设法学专业,教授罗马法,以解决当地出现的商业诉讼、王权和教会之间的争端。博隆尼亚大学的建立,表明在现实需求的推动下,以求知促进世俗社会发展的知识观开始出现。

然而,中世纪时基督教教会正处于全盛时期,宗教在社会和教育发展中占有重要地位。诚如恩格斯所说:"中世纪只知道一种意识形态,即宗教和神学。"[①] 势力强大的教会为大学的诞生提供了文化的储备和经济上的支持,再加上教会自身发展对知识和信仰的需求,进一步推动了大学的发展。因此,这一时期教会在保障大学教育质量方面发挥着主导作用。

首先,在当时文化蛮荒、物质匮乏的时代,教会的修道院是一个重要的文化组织。修道院里设有阅览室和图书馆,保存了古代罗马关于历史、道德和宗教的古典文献。古典文化的保存和整理也有赖于修道院搜集经卷、抄录经典、著书立说等日常活动。"除了尽宗教上的各种职能之外,教会还抚养了教育、行政以及中古时代初期的法律和医学。"[②] 在当时政治纷乱的时代,修道院成为保存与发展知识的港湾。"修道院的学校和图书馆以及寺院缮写室成为西欧高等思想文化的主要机构",[③] 为当时文化教育发展提供了必要条件,成为中世纪大学建立的基础。

其次,为传播基督教教义,教会愈发重视教育的作用,利用已有的设施形成了修道院学校、大主教学校和堂区学校。公元12世纪初期,法国天主教的修道院就创建了70所学校,均由法国修道院来管理。著称于世的巴黎大学就是由当时著名的三所教会学校发展而来的——巴黎大教堂学校(School of the Cathedral)、圣·威克特修道院学校(School of S. Victor's)与圣·根尼威尼夫修道院学校(School of St. Geneviéve)。[④] 这为中世纪大学提供了必要的物质设施。12、13世纪时大多数大学都是

---

① 中共中央马克思恩格斯列宁斯大林著作编译局编译:《马克思恩格斯选集》(第4卷),人民出版社1972年版,第231页。

② [英]贝尔纳:《历史上的科学》,伍况甫译,科学出版社1983年版,第150页。

③ [英]克里斯托弗·道森:《宗教与西方文化的兴起》,长川某译,四川教育出版社1989年版,第41页。

④ Hastings Rashdall. *The Universities of Europe in the Middle Ages* (Volume I). Oxford: Oxford University Press, 1977. pp. 275-276.

在获得教皇特许令的条件下创办的,在大学办学资格的审批、教学内容审定和经费支持等方面,"教皇的批准几乎是必不可少的条件"①。当时,"文化,甚至读写,都限于教士们,其所达到的程度是从古埃及时代以来所未有过的"。因此,教师和校长都由教会人员来担任,教学内容以神学为主,传授宗教知识和神学思想。② 在中世纪时,宗教信仰是聘用教师的一项重要标准。

最后,为进一步控制大学,教会还掌握着大学正常运转的"经济命脉"。在学校附近,教会会为教师分配一块领地,教师靠领地收入自给自足,由此奠定了中世纪大学自治的经济基础,这也成为中世纪大学能够远离世俗的经济缘由。从宗教观点来看,知识是上帝赐给人类的神圣礼物,传授、创造知识是神圣的事业,将知识无偿地传授给每一位学生,这是上帝的旨意,也是每位教会人员的圣职,出卖知识则意味着亵渎圣职。中世纪一些大学教师不仅无偿地为学生提供教育,还通过慈善捐款资助贫困学生。在一定意义上,中世纪大学就是教会在世俗社会的延伸与"变异",是一座"世俗教堂"。

二 高等教育对教会的依附性

教会在中世纪大学中的统治地位决定了那一时期高等教育对宗教的依附性。中世纪大学的主要活动为教学,从教学内容来看,神学占主要位置,教学中渗透着浓郁的宗教色彩,主要任务是培养神职人员和训练牧师,巴黎大学就是其中的典型代表。在巴黎大学的课程设置中,"七艺"是基础学科,都是为神学服务的。比如,文法是掌握拉丁语,为阅读《圣经》做准备;修辞学是研究西塞罗的《论创造力》和《支持赫伦纽斯》,分析经书的文体,训练宣教的文采;辩证法是研读亚里士多德的著作,训练辩论和逻辑思维能力,维护宗教信条,打击"异端"。这三门科目是他们训练逻辑思维能力的基础学科,称为"三艺"。而算术和天文主要学习欧几里得和托勒密的著作,以计算宗教节日;几何学是为了学习绘制教堂建筑的测量和绘画知识;音乐是为了做礼拜和举行

---

① [美] E. P. 克伯雷:《外国教育史料》,任宝祥、任钟印主译,华中师范大学出版社1991年版,第168页。

② [英] 贝尔纳:《历史上的科学》,伍况甫译,科学出版社1983年版,第150页。

宗教仪式。这四门学科作为神职人员必备的技艺，称为"四学"，所有这些学科都在文学院教授。

为满足当时西欧社会经济发展的需求，在上述"七艺"的基础上，罗马法、数学、天文学、医学等知识也被列入中世纪大学教学内容，中世纪大学的教学中开始出现自然科学的内容，并且以固定课程的形式呈现。例如：医学院主要学习康斯坦丁在11世纪编写的希波克拉底和盖伦的著作集《医学论》，还有阿拉伯人的重要著作，如阿维森纳的《医典》、阿威罗伊的《科里杰特》、《治疗学》和拉泽斯的《奥曼索尔》。此时教会也要求从科学的视角重新审视《圣经》，来辩证、客观地批判《圣经》内一些含糊不清、与现实之间矛盾的地方，增加宗教教义的科学性。为此，神学课程以彼埃尔·朗巴德的《教父名言录》和彼埃尔·康默斯托的《经院哲学史》为教材。① 用来宣传、完善基督教义的辩证法兴起了怀疑主义和尊重理性的学风，反对传统死记教条、不求甚解的做法，在教学方法中注入了新鲜活力。这样，教会通过文学院的教学普及、传播了宗教知识，培养了宗教人才，同时又通过这些高深专业的研究，汲取了科学知识，进一步完善了宗教教义。这些专业设置和稳定的课程是保障中世纪大学教学质量的前提，为当时社会培养了一批有用之才。中世纪大学的毕业生主要从事与神学、律师和医生相关的职业，文学院的毕业生通常从事教学。

诚如美国教育哲学家约翰·布鲁贝克（John S. Brubacher）在谈到大学作为宗教的教育时所指出的那样："学院和大学基本上都是教会的侍女或附庸……高等教育中修道院式的特点在某种程度上也可归因于它与教会的世代联系。"② 中世纪大学的宗教性特征成为大学发展中永远挥之不去的情结。"在巴黎，辩证法和神学自12世纪初便是学校的基本活动，也是后来大学的基本活动。"③ 直到18世纪末，法国大学仍以参与宗教事务为主业，甚至不惜压制新兴科学，迫害异端教徒，巴黎大学的经费、教学内容、教师的招聘与晋升及著书立说等都受制于天主教

---

① ［法］雅克·勒戈夫：《中世纪的知识分子》，张弘译，商务印书馆2002年版，第70—71页。

② ［美］约翰·S.布鲁贝克：《高等教育哲学》，郑继伟、张维平等译，浙江教育出版社2001年版，第138页。

③ ［法］雅克·韦尔热：《中世纪大学》，王晓辉译，上海人民出版社2007年版，第10页。

会；大学中心成为修道院的重要场所，神学是大学中占有重要地位的学科；大学教学以宗教为核心，宗教知识作为基础学科的重要组成部分得到了普及。中世纪时巴黎大学的总监热尔松在谈到大学使命时说："学习在宗教生活中是不可或缺的，巴黎大学仍为'信仰之光、真理之情侣、教会与基督界的清晰之光'"。[①] "直到18世纪，大学仍旧是法国教会势力控制的最顽固的堡垒。"[②] 法国大学的宗教使命已经成为社会发展的障碍。

三 高等教育对封建王权需求的漠视

中世纪时，大学的主要任务是保障大学的特许权和组织教学工作。大学是一种行会组织，除宗教性特征之外，法国大学还具有较强的行会特征。行会是中世纪时新兴城市中的商人和手工业者为保护本行业利益，为杜绝不合理经营与竞争而创建的联合性组织。为保障学术研究和知识传授的自由与权利，大学也以行会为依托，根据行会规程组织教学、管理工作，并充分利用大学在知识生产与传递、人才培养方面的重要地位，与教会、市民、地方当局以及国王进行交涉，利用教会与国王之间的冲突在夹缝中寻找发展的机会，通过罢课、迁徙等手段赢得教皇和国王的支持，获取自治和特许权。

中世纪大学在实现了自治之后，组织教学成为提高教育质量的重点。因此，以学科划分的"学院"（facultés）成为大学的主要组织方式。当时共有文学、法律、医学和神学四个学科，大学教师根据他们的学科组成了相应的"学院"，即文学院、神学院、法学院和医学院四大学院。学院结构成为法国大学传统的组织方式，具有极大的稳定性，整个19世纪法国大学一直保持这种结构模式。学院之上还有一个总的领导机构，负责大学的对外协调等事宜。大学校长通常由各个学院选举的教师代表担任，任期较短，通常为3个月，每年选举四次。大学校长不具有任何权力，只负责协调。学院享有制定本专业的工作原则、大学教师的从业资格、教师录用准则以及学位授予等权

[①] ［法］雅克·韦尔热：《中世纪大学》，王晓辉译，上海人民出版社2007年版，第154页。

[②] 刘大明：《民族再生的期望》，中国社会科学出版社2005年版，第49页。

力。每个学院选举一位资深教授担任系主任，并组成由教授代表参加的董事会，负责招生、教师的招聘与晋升、课程设置、考试以及颁发学位证书等事宜。教授享有的参与大学行政和管理大学内部事务的权力有利于维护大学学术标准。通常，只有教授才能加入教授会，年轻教师和学生没有参与决策的资格。这个大学教授们的联合组织就是所谓的"教授会"。

法国大学学院制组织模式确立了教授在大学内部事务管理中的权威，确保按照大学自身逻辑与专业需求管理大学事务，符合大学专业标准，从根本上确保了法国大学的教育质量，形成了大学区别于教会和政府机构的身份特征。教师们享有知识上的自由，即学术自由和教学自由，可以自由地教学和争论，但前提是不得触及神学。尽管法国大学在历史上物质设施和经费一直处于匮乏状态，但由于法国对大学教授的尊重与宽容以及法国大学重视教学的传统为其吸引了优秀的教师，这些教师的加盟又吸引了大量优秀的学生。12世纪时，法国由于著名学者彼得·阿伯拉尔（Peturs Abalard，1079—1142）的声望，吸引了来自欧洲各国的青年学者。中世纪的巴黎大学既是国际高等教育中心，也是当时欧洲的文化中心。一直到文艺复兴和启蒙运动时期，巴黎大学和奥尔良大学仍是各国留学生的向往之地，学生往往因为受某一个学科或者某位知名教师的吸引前来留学。这种学术权力占主导的学院制奠定了法国大学长期坚守学科逻辑的历史基础，使大学教授享有高度的学术自由，为他们远离喧嚣的社会，以追求知识和理性为宗旨，进行冷静思考、独立研究学问、探究真理提供了可行性空间。这也是法国大学在基础研究和思想领域长期居于世界领先地位的重要原因。

其实，教授会就相当于学者组成的行会。行会制定的行会标准体现了维系商品或服务质量的原则与最低标准。教授会也通过行会式管理，以教师行业标准保持高等教育的师资质量。学院制组织方式继承了行会主义的精华——自治，在保障学术研究和知识传授的自由与权利的过程中，使自治成为大学内在的行为准则，保存了大学的自由空间——使其具有相对于世俗政权的独立性，相对于宗教意识形态的自由性，相对于社会经济发展对大学专业化需求的从容性，相对于社会生活现实要求的理想性，相对于市场化纷争的超脱性，维持了大学之所以为大学、以学

第一章　法国政府保障高等教育质量的历史基础

术权力为主的学术生态。然而，正如约翰·布鲁贝克所言，"由于行会自行其是，因此很容易带有某些弊端，如散漫、偏执保守、排斥改革"①。自中世纪大学学院制创建以来，随着学院制的发展和教授会的巩固，学院制管理方式也出现了上述行会主义弊端，成为影响提高法国高等教育质量的障碍。具体表现为：

（一）个人主义的自由散漫导致法国高等教育质量下降

从传统上看，法国大学教授包括科研人员在世界各国的同行中拥有最大的自由。这主要体现在他们可以自由地使用时间和随心所欲地开展自己的工作。在 19 世纪之前，法国大学教授除了每周必须的 3 个小时的授课时间，"他的专业之外的活动是不受限制的……'除了上帝之外，他就是自己的主人'"②。在教学中法国大学教授也享有无原则的教学自由，"一个教授可能教授一门完整的课程，也可能只讲解某一方面，无论在哪种情况下，很少会有特定的大纲规定在特定的时间内必须涉及的内容。他们通常依照自己的节奏追求自己的兴趣"③。"无论是系主任还是院长，都无权向其同事下命令甚或是指示。法国的教授并不受国家的约束。在大多数方面他们都可以随心所欲，多干或少干一点，修改或不修改他们的课程，行政上的僵化同规章制度内的无政府主义般的自由，这二者的结合是法国政府的典型特点，同时也是学术界（大学）的典型特点。"④

当然，上述描述并非适用于法国所有的大学教授，但的确反映了 19 世纪以前法国大学教授的学术生活状况。他们非常重视自己的感受与权力，不能受一点约束。法国大学教授认为教学完全是自己的事情，任何人不得干预。但部分教授的个人主义及无政府状态使其忘却了自己教书育人的责任，严重的情况则影响到大学教学质量。据法国学界观察，到 17、18 世纪时，"在法国一些大学，对于想要拿学位的

---

① ［美］约翰·S. 布鲁贝克：《高等教育哲学》，王承绪等译，浙江教育出版社 2001 年版，第 37 页。
② ［加］约翰·范德格拉夫等编著：《学术权力——七国高等教育管理体制比较》，王承绪、张维平等译，浙江教育出版社 2001 年版，第 55 页。
③ Brockliss (L. W. B.). *French Higher Education in the Seventeenth and Eighteenth Centuries. A Cultural History*. New York: Clarendon Press of Oxford University Press, 1987. p. 45.
④ ［加］约翰·范德格拉夫等编著：《学术权力——七国高等教育管理体制比较》，王承绪、张维平等译，浙江教育出版社 2001 年版，第 55 页。

学生来说，几乎没有什么措施能够确保他们在规定的 3—4 年内成功地完成整个课程"①。法国大学教授的个人主义工作作风影响久远，一直到现在，法国高等教育质量评估中仍鲜有对教师的评估和硬性的工作要求，教师工作更多凭的是其工作热情和职业自觉。"学者在监督减少到最低限度的自治条件下可以得到最充分的发挥。"② 但这种自治应该以学者的学术素养和职业道德为前提。20 世纪 80 年代后，法国政府在实施高等教育质量保障的历史过程中一项重要内容就是促使大学教师参与大学内部的质量文化建设，培养教师的责任意识，显然这种措施是非常必要的。

（二）法国大学教授的学术保守性阻碍高等教育质量的提高

法国大学教授学术上保守的弊端导致法国大学严重脱离社会生活，滞后于社会发展，同时也阻碍了大学自身体系的更新，成为提升法国高等教育质量的一大障碍。克拉克·科尔（Clark Kerr）曾对中世纪行会作过贴切的评价："行会与世隔绝，忠诚于生产者而非消费者至上，它更关注行会的规则，而非及时地适应大众的需求。"③ 一些掌控教授会权力的资深教授为了维护他们在本专业和学科领域的影响和声望，而不惜以牺牲学科更广阔的发展为代价，他们固守传统类型的研究，不鼓励对学科领域进行改革，尤其抵制新学科与新的研究方法，拒绝在课程中增加新知识。这种学术保守主义对法国高等教育质量造成了深远影响，主要体现在以下几个方面：

1. 远离社会实际，培养的学生不适合社会需求。在 17 世纪时，法国大学文学院培养的学生就出现了失业现象。其实法国大学毕业生失业并非因为教学质量不高，而是由于教学与社会现实的脱节。大学毕业生相对过剩与科学技术类劳动力不足的矛盾一直持续到 20 世纪 60 年代"五月风暴"爆发，成为法国大学广为诟病的核心问题。如何促使大学适应社会便成为法国政府实施高等教育质量保障的一项重要内容。

2. 教学与科研相分离。自中世纪创建时起，法国大学中就是神学

---

① Brockliss (L. W. B.). *French Higher Education in the Seventeenth and Eighteenth Centuries. A Cultural History*. New York: Clarendon Press of Oxford University Press. 1987. p. 45.

② ［美］约翰·S. 布鲁贝克：《高等教育哲学》，王承绪等译，浙江教育出版社 2001 年版，第 38 页。

③ Kerr, Clark. *The Uses of the University*. Cambridge: Harvard University Press, 1982, p. 97.

占统治地位，科学被排斥在大学之外。启蒙运动时期，法国的自然科学虽有一定程度的发展，但大部分科学知识都是在大学之外生产的，科学教育通常是上流社会的兴趣和娱乐。教学与科学日益分化，大学仍然专注于教学，而科学研究则由大学之外的其他机构来承担。科研与教学的割裂延长了将科学理论或实践引入教学的时间，导致教学内容陈旧和落后。专职科学研究者因为不从事教学，失去了在课堂教学中与年轻学生相互交流、激发的机会，也不利于知识的创新。这种状况不仅影响了法国大学教育与科研的质量，进而影响到法国高等教育的国际影响力，成为20世纪80年代后法国高等教育质量保障发展中所需解决的又一问题。

3. 法国大学对新学科和新知识的排斥态度，导致法国政府在需要某种知识或人才时就新建一所高等教育机构，如法兰西皇家学院、路桥学院等大学校。因此，从18世纪法国工商业大发展之后，法国出现了多样化的高等教育机构。这虽然在客观上有助于完善法国高等教育功能，健全高等教育体系，满足社会发展需要，但其不良后果也是有目共睹的，主要表现在：高等教育机构重复设置、规模小，造成教育资源的浪费，一定程度上影响了教育质量的提高。因此，调整高等教育结构，实现高等教育朝着资源优化配置、均衡化的方向发展，这成为法国提高高等教育的质量与国际影响力的重要措施。

到18世纪下半叶，法国各地虽然都曾经系统地进行过大学改革，制定过新的章程，但是从根本上讲，"大学的基本结构在1500年至1800年间没有什么根本性的变化"①。法国大学的宗教依附性和强烈的行会特征使得大学越来越远离社会生活的实际需求。人们普遍指责16—18世纪法国大学日益衰弱，开始埋怨所谓的大学教学"危机"，质疑大学的教学质量。其实，这时的"质量"问题主要是大学不能满足社会的期望，"是大学的迟钝反应与它对于正在形成发展的社会不断变化的责任之间的紧张状况的必然结果"，当时所谓的质量"不仅仅单纯以学术形式进行评估，它更多取决于课程在多大程度上满足支持大学的社会团体的需要，也许甚至在一定时期更取决于它们没有完全调和大学

---

① ［美］希尔德·德·里德－西蒙斯：《欧洲大学史》第二卷《近代早期的欧洲大学（1500—1800）》，贺国庆、王保星、屈书杰等译，河北大学出版社2008年版，第167页。

的学术与人们期待大学完成的责任之间的矛盾"①。狄德罗对巴黎大学的描述充分说明了这个问题:"我们的法学院是可悲的。人们既不读法国法律,也不读国际公法……那么人们都在忙些什么呢?他们在潜心研究古代罗马法的所有分支,关注那些与我们的法律几乎毫无关系的法律。"② 由此可以看出当时大学知识的空疏无用,不仅完全背离社会生活的需要,还在一定程度上阻碍了法国经济社会的发展。尽管在民族国家形成的过程中,大学成为君权和教会之间争斗的焦点,国王的权力曾一度对大学产生了影响,但根深蒂固的教会势力仍然难以消除。

"任何一种我们不加以干预的系统皆会蜕化变质"③,学术自治需要一定的外界干预措施相互制衡,才能避免封闭与保守。封闭、保守的学院和极度膨胀的教授权威使得法国大学成为一个"停滞的社会",阻碍了大学自身的发展。社会的发展呼吁高等教育承担相应的社会责任,"高等教育越卷入社会的事务中就越有必要用政治的观点来看待它。就像战争意义太重大,不能完全交给将军们来决定一样,高等教育也相当重要,不能完全留给教授们决定"④。因此,政府保障高等教育质量成为历史发展的必然趋势。

第二节 法国政府保障高等教育质量的源起:"拿破仑遗产"

18世纪时,随着工商业的发展、民族国家的形成以及政治形势的变化,法国世俗社会的力量逐步超越了宗教势力,对大学提出了知识与技能等多方面的要求。但法国大学仍然继承中世纪以来以理性与信仰为宗旨的传统,教学与社会现实需要的不适应开始成为这个时期教育质量问题的重要根源。在18世纪启蒙运动(Siècle des Lumières)的影响之下,拿破仑·波拿巴(Napoléon Bonaparte)政府采纳了国家主义教育思

---

① [美]希尔德·德·里德-西蒙斯:《欧洲大学史》第二卷《近代早期的欧洲大学(1500—1800)》,贺国庆、王保星、屈书杰等译,河北大学出版社2008年版,第53—54页。
② 刘大明:《民族再生的期望》,中国社会科学出版社2005年版,第48页。
③ [法]米歇尔·克罗齐耶:《法令不能改变社会》,张月译,上海人民出版社2007年版,正文版序第4页。
④ [美]约翰·S.布鲁贝克:《高等教育哲学》,王承绪等译,浙江教育出版社2001年版,第32页。

想，建立了中央集权型教育管理体制，实行教师公务员化，高等教育的主权和管理权属于国家，通过国家强行介入高等教育管理的方式，重建了法国高等教育系统，奠定了法国政府保障高等教育质量这一体系的制度基础。

一 政府保障高等教育质量的理论基础：国家主义教育思想

经过文艺复兴和宗教改革的洗礼，法国世俗政府的力量日益强大。法国启蒙运动和大革命进一步推动了法国现代社会的兴起，重商主义、重农主义以及复兴手工劳动等思想成为这个时期的主导观念。在此背景下，一些先进的思想家们提出了建构新国民教育的伟大设想，通过国家办学的方式推动教育世俗化。其中，雷恩（Rennes）地区反耶稣会首领拉·夏洛泰（La Chalotais，1701—1785）是法国国家主义教育思想产生与发展的重要推动者。1763年他发表了《论国民教育》（*Essai d'éducation nationale*），从教育观念、教育主权、教育管理权和教育内容四个方面论述了国家主义教育思想，虽然他论述的国家办学思想的重点在中等教育，但由此也开启了高等教育世俗化的先河，确立了政府保障高等教育质量的理论基础。

国家主义教育思想认为教育应该为未来社会培养和造就"新人"，提高个人的文化与道德水平以及技术素养，培养社会和国家发展所需要的"公民"，即资本主义国家的合格公民，为经济、政治、文化和社会发展服务。高等教育质量观从以前的崇尚理性、信仰转移到对人，尤其是社会需要的人才的关注，人才的社会适应性开始成为衡量法国大学教育的重要指标。从宗教信仰到世俗标准的质量观的转变引起相应的教育内容和教学方法的改革，这是法国教育管理制度中政府占据主导地位的前奏。拉·夏洛泰认为，国家应当担负起对全体国民进行教育的权利和义务，国家应该领导、控制高等教育，代替教会来掌控大学的管理权。同时，为了从根本上控制教育内容和教育思想，政府（代表国家）应该掌握教师招聘与晋升的权力，应援用政府公职人员的管理手段管理教师。在当时的背景下，这些措施成为法国实现教育国家化和世俗化的关键，也是促使法国大学摆脱宗教束缚、与世俗社会接触的基础。1768年，在罗兰·德塞维尔（Rolland Dessaiveil）向巴黎高等法院提交的《教育报告》的建议下，政府设置了负责监督教学的督察员（visiteur）

职位，负责监管大学教学的质量，这一职位演变为以后的大学督学，这一举措可视为法国政府主导高等教育评估的端倪。

在国家主义教育思潮的推动下，科学和实用技术成为法国上流社会的一种时尚，同时职业技术教育和新科学冲破了宗教和经院哲学的束缚，得到了广泛的传播，在一定程度上迎合了法国社会的需要。国家主义教育思想的产生与发展是法国高等教育世俗化的理论先导与制度准备，为政府掌控、重塑高等教育、促进高等教育适应社会、提高高等教育质量提供了理论依据。这不仅反映了法国教会和政府在高等教育领域的争夺以世俗政权的胜利而告一段落，更重要的是，从另一个角度反映了法国教育管理制度中政府主导地位开始形成。

二 政府保障高等教育质量的制度基础：中央集权型教育管理体制

随着民族国家的壮大和资本主义经济的发展，到法兰西第一帝国的缔造者拿破仑·波拿巴（1799—1821）执政时期，法国世俗政府已经强大到能够与教会势力相抗衡，强大的世俗政权专制力量使其无须再"迁就"或"特许"大学，而是通过确立以帝国大学为核心的中央集权型教育管理体制、教师公职化、建立统一学位制度等措施，完全控制了大学，确立了政府在高等教育质量保障方面的主导地位，成为20世纪80年代后法国政府主导的高等教育质量保障模式的历史基础。

（一）帝国大学改革确立了政府保障高等教育质量的主导地位

建立帝国大学（L'Université impériale）是拿破仑第一帝国政府执政伊始为稳定政权而实施的重要教育改革，以期将学校"变成一个能够促使实现同一目的、因而具有统一道德和共同意志的组织机构"[①]。其实，帝国大学不是一般意义上的大学，而是国家管理教育的行政机构，是法国国民教育体系的总称，肩负对整个帝国国民教育的管理权。帝国大学的建立与运行实现了法国高等教育的世俗化，消除了教会在法国高等教育中的绝对影响，通过行政与经济手段将国家对高等教育的质量要求施加到大学的各项规章制度与管理中，由此政府成为保障高等教育质量的主导力量。

---

① Ponteil, F.：*Histoire de l'enseignement en France*, 1789 - 1965, Ed Sirey, 1965, p.58. 转引自邢克超《战后法国教育研究》，江西教育出版社1993年版，第23页。

第一章　法国政府保障高等教育质量的历史基础

法国通过中央集权、分级管理的行政方式将全国教育领导权力完全掌控在政府手中。全国行政组织由中央（帝国大学）、学区和行省三级组成。帝国大学是教育行政机构的首脑，教育大臣（le grand maitre）是最高行政长官，下面设置了大学训导长、财务总长、大学理事会和几名总督学。其中，教育大臣、大学训导长和财务总长由皇帝亲自任命和罢免，分别承担不同的职责。"教育大臣的主要职责是主持大学理事会，任命帝国大学所属官员，授权开办学校，决定人员晋升，授权颁布学位等；大学训导长负责行政事务；财务总长负责财政事务。大学理事会实施行政、教学、纪律等方面的管理，包括制定帝国大学的规章制度。"[①]帝国大学的建立使得各类教育机构完全成为国家行政机构的组成部分，大学行政、教学、财务、管理等权力全部由政府统一控制，大学完全沦为政治的附属机构，处于政府的监管之下。在资本主义社会发展初期和民族国家刚刚兴起之际，这种政府主导、组织严密、分级管理、加强监督的教育管理制度有利于将游离于社会之外、长期受教会控制的大学纳入国家政治、经济发展的轨道，政府通过为大学提供经费支持、对师资和学位、课程设置等进行控制的方式，推动法国大学遵守国家制定的质量标准，以维护政府统治。

帝国大学改革是当时法国政治体制改革的一部分。从政治上看，集权型管理起源于君主专制时代，以全国"一致性"的特征清除了中世纪遗留下来的不平等的社会制度，有利于消除各种封建特权和彼此割裂的政治、社会生态，有利于凝聚民族精神，符合法国民众追求平等的强烈愿望，有助于维护社会平等与公正。并且这种集权是建立在协商的基础上的，体现了资本主义的民主精神。因此，法国高等教育集权型管理虽然使法国大学完全失去了自治权，但政府并不干涉教学活动，大学教授依然拥有较大的教学自由。教师招聘与课程制定也是在国家与教授协商、听取教授意见的基础上进行的。在当时资本主义经济尚不发达的时代，大学经费极为匮乏，国家通过集权型管理为大学提供了稳定的经济支持和物质保障。高等教育集权型管理所建立的具有全国"一致性"特征的高等教育制度体现了平等的理念，符合法兰西民族的心理需求，在一定程度上确立了政府对大学进行全面干预的基础，尤其是对于教会

---

① 邢克超：《战后法国教育研究》，江西教育出版社 1993 年版，第 25 页。

势力侵入大学起到了重要防护作用。这种高度中央集权的教育管理体制深刻地影响了法国高等教育的发展,成为法国高等教育质量保障体系中一个独特的、富有政治色彩的精神文化支柱。

(二)教师公职化、国家统一学位与高等教育质量保障

在法国建立中央集权型高等教育管理体制的过程中,拿破仑从维护国家稳定的立场认识到教师在高等教育改革中的重要性:"在所有的问题中,组建一支教师队伍是首要问题。如果没有一支教师队伍,就没有国家的存在。如果我们从小没有接受有关自我国民身份定位的教育,一个国家将无法拥有民族凝聚力,它将建立在不牢固的政治基础之上,必然要面对动乱与变革。"[①] 拿破仑政府在全面考察法国大学教师状况后,发现法国由于无法为教师提供稳定、优厚的薪金,使得17、18世纪法国很多大学(尤其是省立大学)很难吸引到一流的教师。18世纪时法国有些大学教授的工资根本不能保证他们的基本生活,许多大学教师因此不愿意从事教育工作。此外,大学内部由于权威教授的霸权,教师评价标准"主要看候选者被社会和团体接受的程度,而常常忽视其学术成就"[②]。大学教师聘用中还存在一定程度的学术腐败,"通过考察1681—1793年间59位'法国法'教授的聘用原因发现,只有15%的教授以律师身份得以任用,42%的教授因为服务于国王而得以任用,34%凭借与名人的关系而被任用……59名教授中有36%在被任聘之前曾是声名狼藉的法官"[③]。法国大学教师中存在的流于平庸、人才匮乏现象已严重影响了教育质量。因此,教师质量成为法国进行的帝国大学改革中"政府首先要关心的事"[④]。

为此,拿破仑政府于1806年5月10日颁布法令,规定所有的教师均为国家公务人员,以此提高教师社会地位,促进教师安心于教育事业。与此同时,还规定了严格的教师资格标准。例如:教授必须具有博

---

① 王明利、鲍叶宁:《拿破仑与法国的国民教育》,《法国研究》2009年第1期。

② [美]希尔德·德·里德-西蒙斯:《欧洲大学史》第二卷《近代早期的欧洲大学(1500—1800)》,贺国庆、王保星、屈书杰等译,河北大学出版社2008年版,第242页。

③ Chene, L'Enseignement du droit francaise en pays de droit ecrit (1679 – 1793),转引自[美]希尔德·德·里德-西蒙斯:《欧洲大学史》第二卷《近代早期的欧洲大学(1500—1800)》,贺国庆、王保星、屈书杰等译,河北大学出版社2008年版,第242页。

④ [法]乔治·勒费弗尔:《拿破仑时代》(下卷),河北师大外语系译,商务印书馆1978年版,第271页。

士学位；申请者通过全国统一考试后，必须由皇帝或教育总长任命，才能获得从教资格。此外，为了提高教师水平，拿破仑还非常注重教师培训，并创建了相应的考试和选拔制度。1808年，拿破仑颁布法令恢复了巴黎师范学校可以培养中学教师，1810年在巴黎师范学校的基础上成立高等师范学校①，培养大学教师和科研人才。可以说，拿破仑实施的教师公职化改革提高了大学教师的社会地位，为教师安心工作、献身于知识追求提供了保障，对吸引优秀师资从事教育、稳定师资队伍也起到了积极的作用。这些措施提高了法国大学教师的专业化水平，有利于促进法国大学教师职业的健康发展，法国的师范教育因此也获得了较大发展，这从根本上奠定了法国高等教育质量保障的师资基础。这是为实现高等教育世俗化、保障高等教育质量而采取的重要改革。这项制度一直持续到现在，成为法国高等教育制度中的一大特色。但应当看到的是，公务员身份为部分大学教师和科研人员安心科研提供制度保障的同时，另一方面却导致部分大学教师缺乏危机意识，工作自由散漫，不追求工作效益等现象而为政府所诟病。

拿破仑用来控制高等教育、保障高等教育质量的另一措施是创建由国家统一管理的国家学位。国家学位是进入法国公职部门的通行证，为了保证国家学位的含金量，由国家统一设置课程，并给予经费资助。因此，国家学位的质量是毋庸置疑的，它被法国视为平等的标志，受到法国民众的信任和推崇。国家学位和统一课程设置使政府力量嵌入教育体系之中。后来，随着社会发展，除国家学位之外，政府还允许大学在得到政府认可后颁发大学学位，根据社会需求自主设置课程。但由于国家不为大学学位提供经费支持，仅仅持有大学学位无法进入国家公职系列，大学学位因其性质及缺乏经费支持而受到大学、学生及社会的排斥，教学质量也因此受到影响，这使大学学位难以得到社会上用人单位及学生家长的认可。

此外，政府还设计了一个类似当代公共教育管理部门的"联络办公室"（bureau de correspondance），确保大学真正遵守教学大纲、教学方

---

① 巴黎高等师范学校，简称巴黎高师，始创于1794年10月30日，几乎与法兰西共和国同龄，是法国第一家师范学校。由于当时法国政治局势变动，该校创建不久就和许多其他大学一起被关闭了。1808年，拿破仑颁布法令，恢复巴黎师范学校，并将其办学目标改为培养国立中学师资；1810年进而在原校基础上成立高等师范学校；1845年改名为巴黎高等师范学校。

法、教学原则和教学水平。① 这些监督措施是法国政府确保高等教育为国家政治、经济服务，用于监控法国高等教育质量的重要手段，对促进教师认真教学和提高高等教育质量起到了重要推动作用。

拿破仑政府的高等教育改革体现了近代欧洲大学发展史上的一个重要趋势。"在近代，政府当局逐渐增强对学院的规章制度、所授科目以及学习研究计划等方面的干涉。大学受到越来越强烈的管理、调查和控制。这种来自政府的干涉，在德国、西班牙、北欧和东欧要比在意大利、英国和法国更为有力。"② 政府通过行政管理和经济资助的方式迫使大学接受一种新观念，即"大学主要被视作培养政府机关文职人员和牧师的'工厂'，这些人的培养受国家功利主义规范的支配。如此，大学的社会性质只得改变，屈服于掌管资金的政府的要求，并放弃它的社会豁免权"③。国家功利主义迫使大学必须考虑社会的需求，"尽可能地培养年轻人在智力、文化和科学方面的素质，以备他们将来生活之需"④。学生普通文化修养的培育以及适应职业生活和个人生活所需的各种技能的获得都成为衡量大学质量的重要标准。这进一步促进了大学的世俗化趋势，同时迫使学生在选择专业时开始考虑与就业市场联系紧密的专业，大学的学术训练中也开始受到新职业要求的影响："学习时间的长短和学习的标准日益由职业的要求决定。学科资格变得与社会越来越相关。尽管各学科的学习仍然遵循理论原则，但实际需要影响了学科的课程（尤其是法律和医学）。学术界越来越多的竞争使考试对于进入某个职业或某项事业变得更为重要。"⑤ 因此，社会和高校对学生学业的要求更高了，就业的压力迫使学生更加刻苦、高效地学习，大学开始重视学生考试，学习年限也开始缩短，由中世纪时的10—15年缩短到5—8年。⑥ 这些变化一方面直接推动了大学对社会的适应，另一方面还促进了高等教育质量的提高。

然而，由于欧洲各个民族国家对大学的干预，如国家学位、民族教

---

① 刘大明：《民族再生的期望》，中国社会科学出版社2005年版，第117页。
② [美] 希尔德·德·里德-西蒙斯：《欧洲大学史》第二卷《近代早期的欧洲大学（1500—1800）》，贺国庆、王保星、屈书杰等译，河北大学出版社2008年版，第342—343页。
③ 同上。
④ 同上书，第371页。
⑤ 同上书，第344页。
⑥ 同上。

学用语、对学生的种种限制，有的国家严禁学生出国学习，又加之经济压力以及宗教的阻碍，因此欧洲大学的学生逐渐丧失了以往的国际流动性，尤其是欧洲各国建立的多样化的学位制度在很大程度上阻碍了高等教育国际化进程。因此，建立与欧洲和谐一致的学位制度成为1999年推动的博隆尼亚进程的重要内容与举措。

三 "一个国家，两种高教"的高等教育体系

18世纪后，在英国工业革命的直接影响下，法国的一些部门也开始进行工业革命，资本主义经济获得了很大程度的发展，社会上出现了许多新的生产部门和大量具有资本主义性质的手工业工厂。正在兴起的工业革命需要大量的技术人才和管理人才，但法国大学教授保守的行会传统仍旧坚持拒职业技术教育于大学教育之外，大学不能培养社会需要的实用人才，因此法国开始出现大学毕业生相对过剩与技术劳动力不足的矛盾。18世纪时，虽然法国科学技术已经有了一定程度的发展，但与科学技术日益迅猛的发展势头相比，大学依然犹如一个"停滞的社会"。拿破仑政府通过帝国大学改革，掌控了教育主权和管理权，确保了政治的稳定。面对常年征战、政党纷争所带来的经济问题，拿破仑政府在采取一些有关关税、银行等经济措施的同时，开始关注中等教育和高等教育在国家经济和科技发展中的作用，认为这是培养国家行政管理人员和学者精英的事业，能够为他们统治时期的国泰民安保驾护航。但拿破仑痛恨综合大学培养的空疏无用的知识分子，曾一度关闭法国大学。为适应法国民族国家政治、经济和科技发展的需要，拿破仑政府在探索建立适应社会需求的高等教育机构过程中，基于实用的考虑开创性地在综合大学之外建立了专业性精英大学校，由此形成了"一个国家，两种高教"的双轨制高等教育结构。

法国大学校是在历史发展到一定阶段、在政府力量推动下产生的精英教育机构。早在18世纪20年代，为了争夺海外殖民地和发动战争的需要，法国创建了最早的一批大学校。当时创办学校的主要类型是军事院校，如最早的炮兵学校（Ecole d'artillerie, 1720）、军事工程学校（1749）和骑兵学校（1773）等，为法国培养了大批优秀的军事人才。随着18世纪法国资本主义经济的进一步发展，采矿业、冶金业、制造业、纺织业、奢侈品制造等工场手工业得到了迅速发展，政府又创办了

一批侧重传授民用工程技术知识的大学校，如桥梁公路学校（Ecole des Ponts et Chaussées，1747）、巴黎矿业学校（Ecole des Mines de Paris，1783）等。法国大革命后，这些大学校曾受到当时政局变动的影响，有的大学校曾一度被关闭。拿破仑认为，时代需要技术人员，需要高等教育培养既忠诚于帝国，又有着知识和教养的领导者和掌握特定职业知识和技能的专业人才，如医生、律师、工程师等。为营造国内外稳定的政治环境，拿破仑高度重视科学家的作用，承认并大力鼓励发展大革命时期开创的大学校，希望以此培养治国、建国的科学家，用科学知识和技术为帝国打造坚强的军事和经济后盾。综合技术大学（L'école Polytechnique，1794）就是在此背景下创建的，"它在欧洲乃至全世界第一次将近代科学的内容引进课堂。正规的课程设置为'基于培养民用与军事工程师必不可少的一般科学原理'，将基本理论的学习作为实用技术的基础"[①]。凭着优秀的师资，该校培养了一批又一批治国良才，并因此得到"下金蛋的老母鸡"的称号，获得了拿破仑亲自授予的锦旗。同时，拿破仑政府还创办了巴黎师范学院，1808年改称国立中学教师培训学校，1845年再改名为巴黎高等师范学校（Ecole Supérieur Normale de Paris），主要致力于培养专家和学者。此外，这一时期法国还建立了一些军事大学校，如圣·西尔军事专科学校（1808）、布雷斯特海军学校（1809）、土伦海军学校（1810）等。这些大学校共同的特点是规模小、便于管理；专业性强，重科技和应用；师资水平和教学水平质量高，声誉好，满足了社会发展对新型实用型专业人才的需求，因而得到迅速发展。

　　大学校是法国高等教育中卓越的一轨，相比之下，法国的综合大学却相形见绌，表现出功能失调、质量不佳的弱点。从理论上大学校应成为综合大学有益的竞争与补充，但现实中这两类机构却如同两条平行线，彼此之间没有多少联系，反而形成一个结构性鸿沟，从而导致了法国高等教育质量问题的复杂性。综合大学与大学校名称的差异代表了办学理念、管理方式的诸多不同，这主要表现在综合大学与大学校在教育性质、教学组织方面的对立。

　　首先，在教育性质方面，综合大学除了医学和法律专业具有较强的专业性目标之外，通常不涉及应用学科，主要对学生进行普通教育，

[①] 刘大明：《民族再生的期望》，中国社会科学出版社2005年版，第316—317页。

第一章　法国政府保障高等教育质量的历史基础

为日后进行科研或担任教师做准备。而大学校则职业性较强，直接以培养工程师人才或者为公共或私立机构培养管理者为目标，因此主要侧重于各种应用学科。综合大学和大学校理应形成有益的互补关系，但在实际中大学校高效、实用、灵活的特点抢夺了综合大学更多的生机，这突出表现在招生方面：综合大学采取开放式招生，凡是取得会考文凭的高中毕业生都有资格注册进入大学学习，学生人数多并且水平参差不齐；而大学校则实施严格的、明确的选拔标准，学生在通过中学会考之后，经过两年预备班并通过竞争性考试才能被录取，通常考试通过率仅为20%左右。这样，大学校通过严格控制学生入学质量和数量，选拔了较多优秀的生源，人为地造成综合大学和大学校之间的分化。

　　其次，在教学组织方面的诸多差异也严重地影响到大学教育质量的提高。例如在机构管理方面，综合大学隶属于公共教育部的高教司，机构庞杂，而大学校通常隶属于与它们直接相关的政府部门，这造成了二者管理上的分裂；在学生学习、生活方面，大学校只招收一小部分精英人才，学生需支付很高的费用，因而大学校在图书馆、餐厅、住宿以及运动设施等方面的条件较好，学生就业前景也很好；相比之下，政府将综合大学作为实现社会公平、教育平等所依赖的机构，实行免费入学政策，学生只需交纳少量的注册费。这种政策使大学聚集了更多在经济上、文化资本以及社会地位上处境不利的学生，由于缺乏指导和学生课余时间打工挣钱的需要，客观上导致了学生学业失败率高、学习年限长等负面效应，影响了大学的质量和声誉。从教育规模上看，法国大学作为综合的、大众化高等教育机构，自1900年以来，学生数量已经增加了40多倍，而工程师大学校只增加了15倍。到1998年之前，法国有238所工程师大学校，230所商业大学校，共招生124000名学生，只占预备班学生的一小部分，占高等教育学生人数总数的9.5%。[①] 20世纪60年代法国进入高等教育大众化阶段后，综合大学质量问题更为突出，因而成为20世纪80年代后法国高等教育质量保障的重点。但是值得注意的是，在科学研究方面，大学校虽然有很好的实验室，却只重视教

---

① Rapport de la commission présidée par Jacques Attali；Pascal Brandys… [et al.]：*Pour un modéle européen d'enseignement supérieur*，Paris：Stock. 1998. pp. 9 – 10.

学、忽视科研，因而影响了其发展潜力和毕业生继续发展的空间；而大学重视科研，却因为科研设施不足而影响了科研质量。但这种状况近年来已有了明显改善，大学校也开始注重科学研究。

法国大学的社会滞后性和质量的不理想是大学校诞生的动因之一，然而大学校的成功从客观上又进一步恶化了这一结果。法国大学和大学校在教学组织和办学条件方面存在的巨大差异客观上加剧了两轨之间的割裂。两轨之间没有形成竞争，大学校的发展优势反而转化为对大学的伤害。如大学校和综合大学内的高级工程师教育之间彼此分立对抗，消耗了巨大的资源和精力，并且造成了教育资源的浪费。法国政府干预下形成的综合大学和大学校之间的对立构成了法国持久的特色，同时也成为影响法国高等教育尤其是大学教育质量的重要根源。尤其到20世纪90年代，大学与大学校之间的对立在一定程度上阻碍了人才尤其是社会弱势群体的社会流动，影响了社会公正，并且严重影响了法国高等教育在国际上的能见度（visibilité internationale）和竞争力，导致法国高等教育国际排名的落后。当然，造成这种状况除了教育上的原因之外，还有经济和政治上的因由。鉴于法国特殊的政治文化背景，20世纪90年代后期，法国政府利用博隆尼亚进程中建设与欧洲和谐的学位制度之机，通过"358"学位制度改革调整高等教育结构，建立综合大学与大学校之间的联合，成为法国高等教育质量保障中的一项重要内容。

拿破仑执政时期的改革构建了中央集权型的教育管理体制，强调高等教育的公共性和政治性，强调政府在教育中的责任和作用，尤其是政府在教育管理、教师队伍建设中的主导作用，为提高法国高等教育质量提供了政治和经济的保障，成为法国教育发展史上最具特色的历史遗产。中央集权型的管理有利于政府有效地控制高等教育，满足了国家政治、经济发展的需要，提高了教育资源的利用效率，在特定的历史时期其积极意义是毋庸赘言的。但从长远的、教育发展的角度来看，政府集权型管理易于形成官僚化科层管理体制，而官僚化科层管理体制和政府直接干预高等教育的方式会使大学丧失自主权，不符合教育和科学的发展规律，成为法国高等教育质量保障中的制度性隐患。因此，政府和高等教育之间关系的变革成为20世纪80年代后法国政府高等教育质量保障体系确立与发展的主线。

第三节　法国政府推动高等教育适应社会、提高质量的探索

消灭教会的等级制度及其特权、追求平等是法国资产阶级大革命的重要目标。在法国，19世纪是一个追求平等和资本主义民主发展的阶段。然而大革命成功后，法国的教会势力并未屈服于资产阶级，始终寻找机会试图恢复以往的荣光。拿破仑及其以后的统治者们从维护统治稳定的目的出发，不断地调整与教会的关系，亦希望将天主教收编、改造，为资产阶级统治所用。自拿破仑创建第一帝国到19世纪末期，法国经历了频繁的朝代更替，对待教会的态度也是斗争与和解相交织。"高等教育和外部历史不能彼此回避。"[①] 19世纪，法国高等教育经历了长期的沉寂、甚至倒退，直到19世纪末20世纪初才在政府的推动下重新焕发生机，出现了与社会适应的趋向。这是政府在与教会的博弈中不断进取的结果。

一　第二帝国政府保障高等教育质量的尝试

（一）政府对教会的倚重与高等教育的倒退

拿破仑帝国大学改革确立了政府在高等教育管理中的主导地位，宗教并没有完全退出大学领域，但已经失去了统领地位，成为资产阶级稳固统治的精神工具。1801年7月15日拿破仑与罗马教皇签署的《教务专约》(Concordat) 成为法国资产阶级利用宗教来为自身政治利益服务的开端，同时也是天主教会在法国重新合法施加自己影响的起点。[②] 《教务专约》颁布后，教会重新获得开展教育活动的空间，基督教学校兄弟会的办学活动甚至还得到了政府的支持与津贴资助。与以往不同，教会学校必须接受政府的监督。拿破仑在采取宗教宽容与妥协政策、将宗教作为统治人民的精神工具的同时，却未能有效地控制并监督教会。大革命期间逃亡国外的教会势力纷纷潜回法国，创办了大量私立学校，

[①] [美] 克拉克·克尔：《高等教育不能回避历史——21世纪的问题》，王承绪译，浙江教育出版社2001年版，第270页。

[②] 滕大春主编，吴式颖副主编：《外国近代教育史》，人民教育出版社2002年版，第157页。

或者到公立学校任职，其中对被政府所忽视的初等教育和女子教育影响最大。到法国复辟王朝时期，路易十八对教会持有更为妥协的安抚政策，进一步助长了教会势力在教育领域内的活动，法国教育史上出现了"教会反对国家管理教育的斗争"。教会势力以"教育自由"为口号，在高等教育领域驱逐基佐（Guizot）、库赞（Cousin）等进步人士，禁止发展科学与技术教育，使法国高等教育发展遭遇了重挫。七月王朝时期，基佐和库赞曾建议合并大学中一些学院，或在斯特拉斯堡、雷恩等地创建一些综合性大学，以解决法国大学各个学院彼此割裂所导致的无法承担系统教学、不利于科学发展、教学质量低的弊端，但没有被政府采纳。法国高等教育仍然处于停滞状态。到19世纪中期以后，法国逐渐丧失了它在欧洲科学方面的领导地位。[1]

教会利用统治者的倚重进攻教育的倒行逆施以1850年《法鲁法案》（*Loi Falloux*）的出台达到高潮。《法鲁法案》是秩序党人法鲁（Falloux）担任教育部长后，由梯也尔（Thiers）领导组织制定的。路易·波拿巴政变后，为继续得到天主教的支持，决意将教育管理权交还给教会。诚如马克思所言，这使得法国重新"回到宝剑和袈裟的极端原始的统治"[2]。从《法鲁法案》内容看，"在最高评议会的27名成员中，原大学人士仅8名，而神职人员则有7名，还外加3名私立学校的代表（教会学校也是私立学校）。除此之外，还有9名高级官员"[3]。可见，该法案加强了教会在高等教育管理中的势力，教育界的人士数量减少，处于弱势地位。并且，该法案还规定将大学改为分属各个省区，加强教育行政管理，并且规定教育总长和各级教育行政管理人员未必来自教育界。这进一步将教会势力深入到高等教育管理内部，法国大学从此将承受来自政府与教会的双重管理，完全失去了自治。再加上该法案在颁布之前曾经通过了一个迫害进步教师的法案，造成了许多优秀的、进步的世俗教师流失。该法案第17条又进一步正式承认了私立学校与公立学

---

[1] 滕大春主编，吴式颖副主编：《外国近代教育史》，人民教育出版社2002年版，第171页。

[2] 中共中央马克思恩格斯列宁斯大林著作编译局编译：《马克思恩格斯选集》（第1卷），人民出版社1972年版，第606页。

[3] 滕大春主编，吴式颖副主编：《外国近代教育史》，人民教育出版社2002年版，第176页。

校的同等地位，降低了教会创办私立学校的标准。这样，大量教会人士充斥到教育系统中，不仅结束了国家的教育垄断权，还严重影响了法国高等教育质量，尤其是阻碍了科学技术教育的发展。

其实，法国政府内一些进步的有识之士早已认识到教会垄断教育的弊端，尤其对教会掌控高等教育所导致的教育质量下降和科学技术落后忧心忡忡。1851—1856年间担任第二帝国宗教事务和公共教育部部长的伊波利特·福图（Hippolyte Fortoul）及1856—1863年间担任教育部长的鲁兰（Rolin）坚持国家垄断教育的立场，限制教会对教育的控制，主张通过与教会势力博弈，在一定程度上恢复并进一步推动了法国教育世俗化。面对社会对科学技术的需求和对大学教育质量的不满，法国政府开始尝试摆脱教会影响，探索保障大学教育质量之路。

（二）第二帝国时期政府保障法国高等教育质量的初步尝试

法兰西第二帝国时期是法国近代政治、经济和文化发展中的一个重要阶段，在此期间，法国完成了工业革命，促进了城市化进程，确立了资本主义经济制度，政治上出现了民主化和现代化趋势，逐渐步入世界资本主义强国之列。法兰西第二帝国在政治、经济领域取得的巨大成就为高等教育的改革与发展提供了物质基础，同时也向高等教育提出了挑战。尤其是1856年和1867年在巴黎举行的两届国际博览会使法国开始意识到法国大学在科学技术方面与别国的差距。

1868年，鲁兰的继任者维克多·迪律依（Victor Duruy）在担任第二帝国公共教育部长期间，对法国大学展开调查，发现法国大学经费匮乏，设备破旧，生源不足，百废待兴。到普法战争之前，全国大学生人数不足一万人，科学研究远远落后于德国和英国，高等教育尤其是综合大学处于全面质量危机和几近崩溃的边缘，而同一时期德国在职业技术教育和实验科学领域已经获得了长足发展，这激发了法国政府进行高等教育改革的决心。迪律依是一个进步的自然神论者和国家主义者，热爱自由、科学和进步，极其反对教权尤其是天主教的蒙昧与落后。他认为，大学必须体现最先进的现代知识与技术，因而必须由国家来承办，这是实现国家统一、民族强大的根本。高等教育亦必须适应国家经济发展的需要，满足国家发展的最大利益，为经济发展服务。迪律依的主张得到一些进步人士的支持，对法国大学进行了以下三方面的改革：

第一，调整教学内容，增加职业技术教育与实践教学的内容。1865

年法国政府推动开办了四年制"专门教育",学生不再需要学习拉丁文,根据理论和实践相结合的原则,教育活动主要是理论学习、实践操作、工厂实地观摩学习等。教学课程主要包括法语、现代语、历史、应用数学、物理、自然、财务管理、伦理学、商业法、工业经济、农业经济等。① 此外,政府还兴办了一批职业学校,设置了专门的考试和相应的证书,加强了师资培训,改进了师范教育的课程设置,增加了历史、体育、教育学等课程,从而增强了世俗师范学校毕业生的竞争力。② 职业教育的发展迫使大学关注社会,并且通过世俗化的教学内容连接社会,从而改变法国大学与世隔绝、空疏无用的状态。这可视为社会变迁时期法国政府介入大学内部改革推动高等教育质量提高的初步尝试。

第二,设立国家"科学预算"经费,开设实验室,加强图书馆和情报设施建设,为大学开展科学研究提供物质前提。通过这项措施,促进大学关注国家经济发展需要,从事科学研究,在法国大学原来单一教学功能的基础上增加了科研创新功能。法国大学科研功能的开发不仅是改进大学教育质量的手段,同时还是提高大学质量的目标。这不仅体现了大学观念的变化,还反映了时代发展导致高等教育质量内涵的变革。

第三,创办高等教育实践学校(1868年),通过招募和鼓励大批优秀的专家学者开展实验室研究,并建立与社会实践的联系,提高实验室研究的先进性水平并增强其实用性。该校以其较高的科研水平赢得了国家和社会的认可,为改变法国大学重学轻术的传统倾向发挥了示范作用。

迪律依从改革高等教育的功能出发,加强了法国大学世俗化课程与发展方向,推动高等教育逐步接触社会。通过加强科研功能和实践活动,培养国家政治、经济发展所需的人才,在世俗化发展中改进教育质量具有较大的时代意义,并产生了相应的影响。然而,由于迪律依主张打破天主教对法国女子教育的垄断地位,遭到了天主教会的强烈反对,改革未能产生预期的效果。但从历史发展来看,法兰西第二帝国政府在高等教育历经顿挫的状况下通过扩展大学的科研和实践功能,推动了法

---

① 邢克超:《战后法国教育研究》,江西教育出版社1993年版,第36页。
② 郑崧:《国家、教会与学校教育:法国教育制度世俗化研究(从旧制度到1905年)》,学林出版社2008年版,第153页。

国高等教育的世俗化，改进了教育质量，促进了实用主义高等教育质量观的变革，为日后法国提高高等教育质量改革奠定了基础。

二 第三共和国时期新的高等教育内部管理体制的确立

法国大学世俗化和大学功能的真正发展与完善是在法兰西第三共和国时期。第三共和国是法国历史上历时最长、政权频繁变革的时期。时代的发展和普法战争的爆发使巩固共和政权、发展资本主义经济成为该时期政府面对的主要矛盾。法国政府在与教会的博弈中重建了政府对高等教育的统领地位，通过高等教育世俗化改革调整了大学管理方式，建立了新的法国大学内部管理体制，在恢复大学学术权力和自主权方面采取了以下措施：

首先，归还大学学位与教学方面的自主权。1879年，公共教育部长费里（Jules Ferry）颁布了两项有关大学的法律，其中一项是撤销各私立大学的学位授予权（通常私立大学由教会创办），恢复大学在经由国家授权后颁发学位的自主权，并规定修道院成员未经批准不得从事教育工作，推翻《法鲁法案》所导致的教会在大学管理中的势力，追回政府对教育的控制权，使"教会与国家分离，使教会与大学分离"[①]。这项改革对维护共和、实现大学管理世俗化和民主化产生了很大影响。第二项法案涉及公共教育最高审议会和学区审议会，主要为了重组最高审议会人员构成，夺回《法鲁法案》实施以来教会人员占据的多数席位。费里认为："最高审议会应该仅仅是一个有关学习的审议会……首要条件是它必须拥有胜任者，而且必须属于教育界。开除由于1850年和1873年立法机构的决定而不断增加的一切不胜任者。至于从事教育活动的国家，我们希望它独立自主，也就是说，我们既不把它构想成应受另一些人的监督。"[②] 这里的"不胜任者"或"另一些人"指的是教会人士。这项议案表明了法国政府致力于大学世俗化、驱除教会权威的决心，还体现了法国政府重树教师权威、尊重大学学术权力的意愿。由教师来决定大学教学事务，这也反映了自拿破仑建立中央集权型教育管理体制以来，政府与教会之间关系的调整客观上为政府对大学管理模式

[①] 瞿葆奎主编，张人杰选编：《法国教育改革》，人民教育出版社1994年版，第17页。
[②] 同上书，第18页。

的改变提供了机遇，有利于恢复法国大学的内在逻辑和学术标准。这是大学承担社会责任、提高学术质量的制度基础。

其次，通过立法赋予大学财政自主的合法性，提高大学自我管理与质量控制的能力。1885年7月25日颁布的法令明确规定，授予大学法人资格，大学重新获得相对独立的法人资格。在财政管理方面，大学拥有了一定的财政管理权，各个学院有权接受来自校外的各种捐赠和资助，并且有权管理这些来自各个省、市以及镇的资助、学生的注册费和考试费用以及国家拨款等。1890年法国颁布的《财政法》进一步明确规定，国家每年为大学的学院提供一定的财政预算，各学院在教育部的监督下有权使用本院经费。经费权限的放宽为大学及各个学院带来了发展动力。为吸引捐款和资助，法国大学开始接触社会，努力提高教学与科研质量，以提高竞争力。同时，学生注册费和考试费的收取迫使大学必须尊重学生，树立"为学生而存在"的、以促进学生发展为旨归的理念。这种财政自主不仅为大学质量的提高提供了经济基础，更重要的是，通过经济刺激在注重平等和一致性理念的法国大学之间引入了竞争精神，加强了大学与外部世界之间的联系。

再次，建立大学内部民主管理模式，重塑教授权威和学术权力的主体地位。1895年12月28日的法令规定，学院理事会和教师代表大会作为学院的行政管理机构：学院理事会由教授组成，作为法人代表，该理事会有权制定本院的内部章程，决定本院的行政管理、财务开支、教师升迁等内部事务；教师代表大会由各科教师代表组成，主要职责是审议、协商与教学、研究以及与学校生活相关的议题。学院（或大学）的行政领导由教育部长从教师中挑选任命，任期三年，院长则直接向教育部长负责；在教学方面，法国政府先后于1885年、1892年、1893年颁布法令承认大学专业院系的合法地位，各学院按学科专业分类享有完全的法人资格，在知识和科学的传授方面拥有较大的自由度，取消教会对大学的控制和监督。此外，法国于1879年颁布的关于改组公共教育高级委员会的法令和1885年关于学院组织机构的法令，确定了教师（主要是教授）在学校行政管理中的权力。这些法令和措施恢复了法国大学教授委员会的权威，促进了大学民主管理的实施，沉寂了将近一个世纪的法国大学开始走上复兴之路。特别是教学管理和教师晋升等事务由教师管理，体现了自中世纪以来法国大学内学术权力和学科逻辑的重新崛起。这种管理模式影响深远，直到20世纪60年代后，教授会对政府教育决策仍发挥着很大影响。高等教育理事会（Council of Higher Education）和大学咨询委员会（Consultative Committee of the Universities）中教授占大多数，都是由各个学校选出的教授代表构成的分委员会所组成。例如，"在各学科都设有常设分委员会，几乎全都是由教授组成（三分之二由同事选举，三分之一由政府任命）"[1]。它们是向中央政府高层提供教学内容建议的重要机构，同时也是事关所有教学人员的任命与晋升的决定性机构。尽管教育部有最终发言权，但还是主要遵循教授们的建议。

最后，提高大学教师专业化程度。为提高师资水平，法国共和派非常重视师范教育，一方面广泛创办女子师范学院，促进大学教师人数的增加。另一方面，第三共和国时期正式实施了教师公务员制度，制定相应的等级资格制度。1877年，大学开始设高级讲师（maitre de conférence）职位。1890年颁布的财政法正式建立了大学教师职称等级，教授为终身职位，由学院推荐、共和国总统任命；高级讲师为非终身职位，由教育部长任命。获得教师考试合格证书的人才有资格充当教师。教师待遇也因此而提高。这些措施提高了大学教师专业化程度和社会地位，激发了大学教师的主体意识，这是真正推进世俗化高等教育、保障大学教育质量的关键性举措。

第三共和国政府的改革较为彻底地驱除了教会对高等教育的影响，赋予了学院与国家、与政府直接对话的地位，在中央集权型高等教育管理体制中保留了教授们发挥学术权力的自由空间，"法国的高等教育有了它自己的独立，这种独立是政治自由主义、历史遗产和大学行会主义的混合物"[2]。唯一的缺憾是由于法国大学学院制的传统，大学层面的管理依然形同虚设。法国高等教育管理体系在顶层由政府统一集中管理，底层则由各个彼此分散的学院组成，呈现出一个角塔形结构。由于大学教授对学术标准的坚守，法国高等教育始终遵守学术的内在尺度。在此意义上，学院制教授权力在大学内部管理中的主导地位是对中央集

---

[1] ［加］约翰·范德格拉夫等编著：《学术权力——七国高等教育管理体制比较》，王承绪、张维平等译，浙江教育出版社2001年版，第58页。
[2] ［法］让-皮埃尔·里乌、让-弗朗索瓦·西里内利：《法国文化史》（卷四），吴模信、潘丽珍译，华东师范大学出版社2006年版，第30页。

权管理的有力补充与制衡,这种张力维系着法国高等教育质量保障体系的良好生态。

三 法国高等教育的科研与社会服务功能的历史基础的奠定

法兰西第三共和国诞生、发展于国家内忧外患的危难之际。在国际上,美国已经结束了内战,建立了相对稳定的政治、经济制度;德国和意大利两国实现了统一大业,国力大增;俄国完成了农奴制改革,为工业化开辟了道路;日本正在明治维新改革中向先进资本主义国家高歌奋进……整个国际环境正在发生迅猛的变化。而此时,法国历经普法战争的惨败,背负着50亿法郎的巨额赔款,丧失了富饶的工矿省区阿尔萨斯和洛林东部,国际竞争力遭到严重削弱,导致国际地位显著下降。共和国前期还面临激烈的党派冲突,加上1873年经济危机和重大虫灾袭击,可谓灾难重重。

乘借19世纪70年代前后世界科技的大发展、民主运动和欧洲第二次工业革命兴起之际,法兰西第三共和国开展了全面的经济改革和重建工作。"到1880年,工业产值第一次超过农业产值,水力发电、汽车制造、石油化工等许多新兴工业,以及农村中的大农场和机械化程度均有了新的进展。"① 从1896年开始,法国步入了稳定发展的黄金时期。文化教育领域以及自然科学发展迅猛。以法国哲学家孔德(Auguste Comte)为代表的实证主义也得到了较大发展,其对哲学、文学、史学和教育都产生了较大影响,促进了科学的普及,极大地推动了法国文明的进程。"教育机构既是法国社会的变动场地,又是它变动的手段。"② 第三共和国政府从教会手中夺回高等教育控制权后,更加重视教育在维护共和、促进社会经济发展中的作用,执政党还把大学视为对抗教会和在野势力、捍卫第三共和国统治、发展壮大资本主义经济的重要力量,开展了全面的大学改革。一批有识之士成立了"高等教育问题研究会",创办了《国际教育月刊》(Revue internationale l'enseignement),探索高等教育发展之路,并向政府建言,发展大学科研、社会服务等世俗

---

① 董小燕:《法兰西第三共和国经济发展缓慢的非经济因素分析》,《浙江大学学报》1996年第3期。

② 瞿葆奎主编,张人杰选编:《法国教育改革》,人民教育出版社1994年版,第7页。

化功能。这些措施初步建立了法国高等教育质量保障体系的历史雏形,第三共和国的高等教育改革也因此被学术界视为法国大学的复兴。

(一) 高等教育机构科研功能的加强

第三共和国时期,法国教育理论研究的特点是"着重从社会发展,特别是巩固国家政体的角度审视教育问题,提出教育的目的、任务、教育教学的内容、途径与方法"[①]。在高等教育领域,法国著名的高等教育改革家、法国公共教育部高教司司长路易·利阿尔德(Louis Liard,1884—1922)希望借鉴德国大学改革的经验指导法国高等教育改革,他倡导"高等教育应以专业化和学业的深化为前提,要求集中各种专业的教授、学者,以共同利益为基础,合理地处理课程、教学大纲与教学进度问题;高等教育的主要使命在于促进科学的发展,因此,作为科研机构的高等学校也应该像科学本身一样,既有多样性,又有整体的统一性"[②]。19世纪90年代时,激进的共和派执政时开始着力发展科学技术和职业教育。具体而言,法国政府主要采取了以下两项措施奠定了科学研究在大学中应有的地位:一是以社会需求为导向,创建实用性理工学院。政府一方面通过改造原有的理学院,引进新职能,另一方面积极与地方当局开展合作,联合创办一些实用性理工学院。通过这些学院,实现科学与工业的联姻,培养社会需要的科学技术人员。这可以看作法国高等教育实现工业化和地方化的尝试;二是健全科学技术教育管理体系,探寻大学办学模式。为保证职业技术教育的顺利开展,政府于1883年设置了地方技术教育督学,1901年创办了高等技术教育评议会,1911年创建了省技术委员会,从管理上为职业技术教育的展开提供保障。为了鼓励学生学习职业技术,政府于1877年设立了硕士学位奖学金,还增加学院拨款,提高教师待遇,以改进办学条件。所有这些举措都为提高高等教育质量提供了制度和物质的基础。在此基础上,1896年7月10日法国政府颁布了《国立大学组织法》,规定将原来的学院改成大学,每所大学至少包括两个以上的学院,试图通过学院之间的横向联系促进普通科学文化教育,体现科学研究的综合性。该法案对改进综

---

① 滕大春主编,吴式颖副主编:《外国近代教育史》,人民教育出版社2002年版,第443页。

② 同上书,第440页。

合大学教育质量具有重要意义：一方面，该法案从制度层面打破了法国大学单一学科结构，奠定了多学科性大学框架结构，意味着具有现代意义的大学的诞生。另一方面，多学科构建有利于促进知识融合，尽管这种多学科教学原则在当时尚限于形式上的结合，但至少构成了提高科学教育质量的现代性基础。该法案缓慢地推动了法国高等教育现代化的历程，20世纪后法国综合大学内进行的改革，如1968年《高等教育方向指导法》、1984年《萨瓦里法案》以及《大学2000规划》等都是这一法案精神的延续。法国综合大学在不断改进教学质量的同时，科研功能也逐渐得到发展并加强。

第三共和国政府通过教育立法和改革的方式调整高等教育结构，加强大学的科研和社会服务功能，并创建了多样化的高等教育机构，建立起具有现代性的教育体系，为培养多样化人才、提高法国高等教育质量提供了制度和物质基础。政府改革使法国科学研究再次位居世界前列。在从1900年到1920年的20年间，法国共培养了11位自然科学诺贝尔奖获得者，这一数字仅次于德国（20人），位居当时世界第二位。

（二）高等教育机构社会服务功能的开发

法国大学在确立科学技术地位的过程中，逐渐赢得经济管理权和一些外部援助。为促进法国大学适应社会、服务国家经济发展，法国政府采取经济刺激的方式，在上述调整政府对大学的管理模式、放宽大学经费权限的基础上，开发法国大学的社会服务功能，给大学及学院带来了新的发展动力，同时实现了大学经费来源的多元化改革。服务社会的经济回报成为法国政府提高大学质量的重要动力。

从欧洲大学发展史来看，"大学史上的一个不变的因素就是缺乏资金来源……只要大学不能从某些权力机构或其他部门获得可观的和系统化的资助，生存仍然是困难的"[1]。当时美国威斯康星大学、约翰·霍普金斯大学的兴起历程引起了法国教育主管部门的注意。路易·利阿尔德是这次改革的精神领袖，他从制约大学发展的经济命脉着手推动改革，力倡大学经济自治，认为大学只有摆脱国家资助的局限、独自控制预算，才能真正激发创新的动力和参与竞争的能力，从对生源和办学资

---

[1] ［美］希尔德·德·里德-西蒙斯：《欧洲大学史》第二卷《近代早期的欧洲大学（1500—1800）》，贺国庆、王保星、屈书杰等译，河北大学出版社2008年版，第198页。

源的竞争中提高办学标准和教育质量，从而吸引私人捐赠和地方当局的资助，实现资金来源的多样化。当时政府资助是法国大学主要的稳定经费来源。从1898年开始，"实行'学费、注册费、图书费、实验费'等收入归大学和'国家学位、证书的考试费和其他费用的收入归国库'的方法，其用意就在刺激各大学之间的竞争"[1]。因为学生支付的注册费、图书馆和实验室费用也是相对稳定的来源，其中学费至少占据大学或学院自创来源的40%，对于大学来说，吸引足够数量的生源就显得至关重要。1898年公布的学院报告说明：学生是教学型大学存在的理由（raison d'etre）。[2] 学生是大学活动的直接目的，学生数量和质量的发展是大学自身发展的基本条件。与其说大学为学生而存在不如说它因为学生才得以存在。经过上述改革，法国大学经费中来自政府拨款之外的收入比例呈现增长趋势。如表1所示：

表1　　　　　　　　大学预算（单位：1000法郎）

年份	政府总拨款	其他来源	其他来源的比例
1900	12265	4871	28.4
1906	13528	5977	30.6
1913	14836	8392	36.1

资料来源：Computed from detailed budget reports published in *Annuaire Statistique de la France*, 1900, 1906, 1913。

这一时期法国出现了管理权力下放的趋势，路易·利阿尔德建立外省大学的改革进一步扩大了这一趋势。政府将管理权力下放到地方层次，让地方参与大学建设，发展适应地方需要的外省大学，推动大学地方化，从而实现教育资源配置的均衡，提高高等教育整体质量。1883年，教育部长费里考虑将某些院系合并为外省大学，他在一则通告中写道："如果有一天我们的大学能够进行最多样化的研究……管理自己的事务……在法国各个地区具体理念的激励下，具有维持国家统一的多样

---

[1] 人民教育出版社《外国教育丛书》编辑组编：《六国教育状况》，人民教育出版社1979年版，第210页。
[2] Lintilhac, Eugene. "La nouvelle Sorbonne", Revue internationale de l'enseignement, LXVI, July – December 1913, p. 7.

性，与邻近大学彼此竞争，在竞争中将他们的利益与大城市追求卓越的需求联系在一起，去获得显赫的价值和声望，这样我们将会获得最重要的结果。"① 1885年，法国政府规定在同一个城市的大学院系之间建立横向联系，共同讨论、分享有关预算问题。到1886年，法国通过合并一些院系的方式创建了一些外省大学。在费里的积极推动下，一些市政府对此也给予大力支持，"几乎所有的学院都得到了重建，教授的职位增加了一倍，大学生人数也迅速增加。大城市不辞辛劳地参与了振兴高等教育的运动，国家为此拨款总额超过1.1亿法郎。得到重建的有巴黎大学以及波尔多、里尔、里昂、马赛、图卢兹等地的学院"②。这一举措可视为法国高等教育均衡化的首次尝试，为高等教育日后向大众化迈进奠定了历史基础。

法国大学逐渐走出自我逻辑的"黑洞"，开始关注社会，参与经济发展，发挥对它们而言全新的作用。法国大学社会服务功能得到较大发展，科研逐渐成为大学活动的重要内容，职业技术教育取得较大成就。路易·利阿尔德改革向法国高等教育的发展进程注入了竞争的活力，大学开始从自身生存与发展的角度出发争夺学生和办学资源，关注地方"实践"的需求，大学在与社会对接中提高了自身质量。就此意义而言，法国第三共和国时期的大学改革具有开创性的、承上启下的历史意义，它从大学管理、大学适应社会需求、大学经费来源等各个方面促进了法国大学的新生，确定了法国政府保障高等教育质量的路径。

古希腊哲学家赫拉克利特（Helarklet）曾言："斗争是世界的公正原则。"斗争不仅是不可避免的，而且如果成功地加以利用，它能有利于有益的目的。③ 中世纪大学曾经利用王权政府与教会之间的争斗赢得了大学自治；第三共和国时期，法国政府与教会势力在高等教育上的博弈再次为法国大学恢复自治提供了契机。同时，法国高等教育中央集权型管理体制出现了分权化趋势。正如法国社会学家米歇尔·克罗齐耶（Michel Crozier）所言："在第三共和国的初期，情况就已经发生了意义

---

① Ministere de L'instruction publique, *Enquetes et documents relatifs a l'enseignement superieur*, 124 vols. Paris: Imprimerie Nationale, 1880－1914, vol. XVI, p. 1.
② 瞿葆奎主编，张人杰选编：《法国教育改革》，人民教育出版社1994年版，第18—19页。
③ ［美］克拉克·克尔：《高等教育不能回避历史——21世纪的问题》，王承绪译，浙江教育出版社2001年版，序第4页。

极为深远的变化,事实上,由拿破仑国家宪政开启的中央集权运动趋势已告终结,在长达 50 年的时间里,法国被推入了分权运动的进程之中,这一进程虽然缓慢,却从未间断,并取得了实效。"①

第四节　法国高等教育质量保障体系雏形的确立

一　法国高等教育大众化背景下的教育质量危机

第二次世界大战之后,资本主义经济的快速发展和第二次工业革命的完成使得法国各个社会阶层认识到科学、技术和学历的重要性,通过高中会考、升入大学成为法国学生普遍追求的目标。尤其是法国出生率的上升和青年人口的迅速增加,使得受惠于基础教育民主化的大量适龄青年涌入高等学校。这种大众化趋势给法国大学带来了巨大压力,并暴露出了法国大学在管理体制、课程设置、师资与教学方法以及就业指导方面存在的质量问题。

在管理体制方面,大学管理权依然集中于国家掌控之下,大学学位、教育内容、规章制度、教师聘用以及教学设施等均由国家教育行政部门集中统一领导和规划,地方当局以及大学机构无权决定。国家集权和大学内教授垄断形成互相割裂的两极:一方面大学缺乏自治,导致了大学与国家、社会之间的割裂与脱节,僵化、封闭的管理体制成为法国大学与社会接触、承担社会责任的障碍;另一方面,大学内部各个学院之间彼此割裂,互无往来。学院内部等级森严,资深教授独揽管理权,形成学术霸权。法国大学内部及其与外部社会之间的割裂直接导致其教学课程陈旧落后、与社会严重脱节。诚如克罗齐耶所言,100 年来,法国大学教师培训体系和内部知识模式几乎没有任何改变。②"各级教育与生活之间缺乏联系或联系不够。大、中、小学的学习往往严重脱离实际。学校似乎成了可以不受外界影响的一个封闭的场所……这种脱离使教学失去了它的教育性。"③

大学课程与社会相脱节造成的严重后果就是大学毕业生的失业。尤其是培养中学师资的文学院,其毕业生除了从事教学之外几乎不具备任

---

① [法]米歇尔·克罗齐耶:《法令不能改变社会》,张月译,上海人民出版社 2007 年版,第 97 页。
② 同上书,第 16—17 页。
③ 瞿葆奎主编,张人杰选编:《法国教育改革》,人民教育出版社 1994 年版,第 74 页。

何实用技能，他们除了从事教学之外，其他出路很少。学生大多为"毕业就失业"而担心，历史等人文学科尤其如此。而此时，社会却苦于无法找到急需的人才，这种结构性失业造成的教育浪费与生命浪费非常惊人。这引起了学生的普遍不满和强烈谴责："法国大学已经变成一个我行我素的体系，既不考虑体系内学生、用人单位，也不从心理、社会、人口和文化背景等方面去研究学生及用人单位的目的与需求。1968年的法国大学成为个人主义激进派奉行宗旨的体现：自己满意就行，作用和目的无需有任何意义。"① 如何改变大学僵化的管理体系，调整大学结构并增加课程设置的灵活性与社会适应性成为促进学生就业、提高法国大学教育质量的关键问题。

此外，在教学方法上，教师因循守旧，丝毫不考虑社会变迁和学生群体日益多样化、异质化的特征，采取的主要教学方法依然是单一的、正统的教学方法，在呆板严肃的课堂上唱独角戏，教师和学生各自遵循自己的思维逻辑与爱好，师生关系非常淡漠。大学变成"知识的自动发送机"和"毕业文凭制造厂"②，农泰尔大学的学生抱怨这种原始的家长式教育使他们得了"知识不育症"③，无法帮助他们寻求精神解放的路径。教师责任的缺失和对学生疏于引导而放任自流严重影响了教学质量。另外，师资与教学设备的严重匮乏也是影响大学教育质量的重要因素。戴高乐总统曾在他的回忆录里总结道："虽然教学仍有其自由，但我们过去使用的一套，如有关学生的录取、教师的任命、教材、课程、考试、文凭等的规定，今天差不多都成为问题了。"④ "五月风暴"前夕，法国哲学家保罗·里克尔（Paul Ricoeur）在《精神》（Le Esprit）杂志的特刊上写道："如果国家不采取适当办法解决大学的发展问题，那将会招来酿成全国性灾难的学校大爆炸。"⑤ 里克尔的预言一语成谶，

---

① Epistémon. *Ces idées qui ébranlèrent la France, Nanterre* Novembre 1967 – juin 1968, Paris: Fayard, 1968. pp. 28 – 29.
② ［法］让-皮埃尔·勒·戈夫：《1968年5月，无奈的遗产》，胡尧步等译，中国青年出版社2007年版，第34页。
③ 同上书，第33页。
④ ［法］戴高乐：《希望回忆录》（第2卷），复旦大学资本主义经济研究所译，上海人民出版社1973年版，第60页。
⑤ ［法］让-皮埃尔·勒·戈夫：《1968年5月，无奈的遗产》，胡尧步等译，中国青年出版社2007年版，第33页。

"五月风暴"使法国大学自身制度的结构性痼疾和教育质量问题显露无遗，高等教育民主化及其社会责任成为社会普遍关注的重点，建立民主、现代化大学成为法国政府的当务之急。

1968年"五月风暴"之后，法国政府对大学制度进行了全面调查与反思，于1968年11月7日出台了《高等教育指导法案》。该法案明确规定：法国大学是科学、文化性公共机构，大学的使命是传授知识、发展研究和培养人才以满足国家发展的需求。此外，该法案还规定在每个学区创建大学若干所，让大学参与地方经济建设，提供教育培训，开展终身教育，通过科学研究为经济发展服务。这体现了20世纪60年代法国大学的发展理念与高等教育质量观，大学的经济功能成为衡量大学质量的重要指标。该方案确立了"自治、参与、多学科"的改革原则，从民主的内部管理机制到多学科的现代大学结构，奠定了法国高等教育质量保障体系的雏形的基础。

二 "自治"：法国高等教育机构建立内部质量保障体系的前提

"自治"是大学的一个古老传统，也是大学作为一种特定文化实体其内在理念的重要体现。大学自治建立在一定的经济基础之上，随着所依赖的经济基础的性质和发展程度的变化，大学自治的内涵和外延也会发生相应的变化。中世纪时，大学自治表现为大学教师和学生为保护自己的权利，形成互助组织，实行自主管理，抵御外部力量的介入。自1806年至1808年拿破仑颁布"帝国大学"敕令以法律形式确立了中央集权型大学管理体制以来，法国大学被纳入国家政治体制的严格控制之下，完全失去了自主权。第三共和国时期，为促进资本主义经济的发展，法国政府在实施大学世俗化改革中恢复了法国大学教学、财政和内部管理方面的自主权，但这次改革在大学自治的恢复方面收效甚微，教授权威和学科逻辑的加强导致自治在法国大学管理层面上继续缺失。1968年的"五月风暴"凸显了法国社会发展对大学民主化、现代化的强烈需求。"自治"成为改进法国大学运行机制，提高并促进大学适应外部不断变化的需求、承担社会责任的前提。1968年出台的《高等教育指导法案》规定了法国大学作为科学、文化机构的主体在管理、教学与财政等方面"自治"的办学理念，确立了法国大学作为质量保障主体的法人地位与自主权限。

1968年《高等教育指导法案》第3章"管理自治与参与"第11条规定:"根据现行法令与补充条款规定,大学及其内部的教学与研究单位能够自主决定其地位、内部结构、与其他大学单位的联系。"① 法国大学从法律上获得了管理大学内部事务的权力,可以根据科学、文化发展的逻辑,灵活应对校内外需求,自主地承担保障大学教育质量、履行社会责任的使命。法国大学自治的实现还有赖于大学组织结构的改变。原有的23所大学被解散,按照"教学和研究单位"重新组成了360多所大学,从而瓦解了保守、僵化的教授权威和学科逻辑,打破了学院制布局,为大学对内统领各个学院奠定了制度基础。然而,这种组织方式在削弱教授权威、加强大学行政权力的同时,易于出现权力集中于校长的另一种集权,这是尊崇个人自由与平等的法国大学教授们所不能容忍的,因此改革遭到来自校内外传统势力的一致抵制。"自治"改革的实际效果有限,富有改革意识的教授要求通过教学自治来实现真正的变革。

《高等教育指导法案》第4章"教学法自治与参与"第19条规定:"具有科学性、文化性的公共机构及其教学与研究单位可以根据现行法令与个人教学与研究地位,经咨询全国高等教育委员会后,自主决定其教学活动、研究项目、教学方法、检查和考核知识与能力的方式。"② 大学获得教学自主权,各大学便可以开设自己的课程,决定教学方式、教学内容和教学考核方式,开发大学文凭,任命外籍教师,这些措施使大学可以根据本校实际真正承担起进行内部治理、灵活应对外部多样化需求的责任,这是提高教育质量的根本。但由于法国政治团体左翼与右翼之间的争端以及法国民众对平等和一致性的崇拜,学位大权依然掌握在国家手中,学生进入大学必须经过全国统一性会考,教师人事任免权依然由国家掌控,法国大学教学自治还是非常有限。大学学位因得不到政府资助,需要大学自筹经费,而经济危机和学生及就业市场对国家学位质量及价值的坚信不疑导致了大学学位的失败。但无论如何,大学教学自治是"在一个僵化的、等级制结构中注入灵活性的第一次尝试"③,是大学进行内部质量保障的合法性基础。

---

① Alain Bienayme. *Systems of Higher Education: France*, New York: Interbook Inc. 1978. p. 126.
② Ibid. , p. 130.
③ W. R. Fraser. *Reforms and Restraints in Modern French Education*, London: Routledge & Kegan Paul Ltd, 1971. p. 27.

第一章　法国政府保障高等教育质量的历史基础

《高等教育指导法案》第5章第26条规定了法国大学的财政自治权，"具有科学性、文化性的公共机构自主决定其物质设施以及来自省政府的基金"①，并给予每所大学一个通用的财政预算，在这个范围内大学拥有管理支配国家预算拨款和公立以及私立机构捐赠的自由。大学经济自治能力的增长是大学自主地开展教学改革、改善教学条件、吸纳外部投资的重要前提，为大学质量保障提供充裕的物质基础。虽然大学在财政方面仍然要接受国家监督，但改革之后法国学界观察到"自1970年代以来，所有大学都在公共财政预算的限制内享有了一定程度的经济自治"②。大学由于充分发挥了自身优势，吸引了更多学生，如巴黎一大（Université de Paris Ⅰ）、巴黎五大（Université de Paris Ⅴ）、巴黎六大（Université de Paris Ⅵ）、巴黎七大（Université de Paris Ⅶ）、巴黎八大（Université de Paris Ⅷ）、巴黎十大（Université de Paris Ⅹ）、巴黎十一大（Université de Paris Ⅺ）和图鲁兹三大（Université de Toulouse Ⅲ）等大学的入学率比同期其他大学平均入学率高出近两倍。

这次"自治"改革确立了法国大学在内部管理、教学和科研组织、人事安排、经费分配等方面享有广泛"自治"的立法基础，奠定了大学作为一个文化主体的自主地位，这是促使大学承担起自我质量管理的制度前提。大学自治是促进大学在自省、自卫的内适过程中实现外适的必然要求。在此意义上讲，自治是法国在新时代背景下建立高等教育质量保障体系的根本，成为大学质量保障体系发展的重要的精神动力。

三　"参与"：法国高等教育质量保障内部治理结构的民主化

"参与"是大学民主化改革的指导原则，是指在教育部长和大学区长的统一领导下，扩大学生、教师以及大学内其他行政管理人员、社会各界人士在学校各级管理机构中的代表名额，使他们在办学过程中具有更多发言权。该原则所彰显的民主精神主要表现在三个方面：一是学生代表参与管理过程；二是打破了少数教授从事管理的特权，允许年轻教师（尤其是讲师）派出自己的代表；三是吸纳校外人士参与学校的决

---

① Alain Bienayme. *Systems of Higher Education：France*，New York：Interbook Inc.，1978. p. 132.

② W. R. Fraser. *Reforms and Restraints in Modern French Education*，London：Routledge & Kegan Paul Ltd，1971. p. 25.

策管理，听取来自社会的建议。这种多方参与管理的原则有助于大学形成一个民主、高效、合理的自主治理结构，更好地协调和统整多方利益关系。从理论上说，"参与"原则既是对大学自治的监督，维护国家、社会和学生的利益，监督大学自主、有效地履行社会责任；同时，"参与"原则也是对政府高度中央集权管理制度的调整，是一种新的分权式干预模式。因此，"参与"成为法国高等教育质量保障体系的民主基础。

"参与"以民主为诉求，确立了法国大学教育质量保障主体多元化的基础。首先，"参与"是一种具有进步意义的分权模式，包括了所有层次的选举。大学在保留国家中央集权管理的框架内，建立学校、地区和国家各级咨询委员会，"委员会在国家规划的框架内拟订高等教育规划，实现大学普通政策与学习课程之间的协调，对国家文凭和学位提出建议"[1]。学校由教职员工、学生和地方代表组成的理事会管理，由理事会选出的主席——校长来领导，各级代表体现了不同教师组织和学生组织的利益与要求，有助于促进高等教育各级管理部门决策的民主性与合理性。校长们经常不定期地组织校长协商会，讨论公众关心的教育政策事宜，并向教育部提供咨询。协商会已经发展成为一个富有活力的革新力量，在大学自治和民主化过程中发挥着不可忽视的作用。因此，富尔认为，"参与"与"管理"是同义的，可以使参与者"各取所需"而不至于引发左右两派的争端，同时实现了雅各宾派所谓的民主与平等："大学由大学内的工作人员、教学人员、学习者……来管理，……它是在尽可能最好的条件下确保为我们所管理的社会服务。"[2] 然而在现实中，学生和青年教师只获得了形式上的民主与发言权，很少真正发挥作用，未能成为一种理想的实践。法国大学作为一个实体获得了更大的自治权限，同时又在很大程度上促进了大学的政治化和科层官僚体制。但从长远看，"参与"体现了政府推出的共同管理的理念，这种管理模式有利于减轻中央集权的强权控制，校级权力增大了，学院权力减少了，所有大学利益相关者均可以参与大学管理，从而扩大了大学教育质量保

---

[1] W. R. Fraser. *Reforms and Restraints in Modern French Education*, London: Routledge & Kegan Paul Ltd, 1971. p. 25.

[2] Ibid., p. 44.

障主体多元化,并且民主、合理的管理与决策成为大学教育质量保障体系的重要标尺。

"参与"有利于形成维系大学教育质量标准的监督机制。"参与"通过建立由各方代表普遍参与的各级理事会实现对大学的共同管理与监督,有利于决策的正确性与大学自我管理的合理性。由于该法案的作用仅限于"指导",存在较大的模糊性,所以常常导致一些参与管理的群体之间不负责任的争吵,致使在现实中"无法落到实处"①。但从历史发展来看,真正的民主机制在一定意义上就是监督机制,法国创建的教育质量评估机构就是"参与"原则在实践中的重要体现。

此外,"参与"原则促使大学适应社会,向社会开放。1968年《高等教育指导法案》规定大学要邀请一些校外著名人士,尤其是在国家经济和社会活动方面有见解的人参与学校决策过程,并且规定"理事会中外界人士的数量,不得少于成员总数的1/6,不得多于1/3"②。这项政策的实施不仅促进社会力量参与大学管理,而且鼓励大学建立与外部世界之间的联系,更好地满足社会需求。正如富尔所言,当代社会,大学已不仅是大学自己的事情,还是国家的事情。通过让社会各界参与学校管理,改变了大学以往的封闭状态,成为了一个开放的系统,克服了学术组织与工商界之间的隔离状况,推动大学与社会生活相适应,重建了大学与社会的联系。随着经济和科技的发展,社会参与大学决策的影响力显著增长。所有群体包括社会的广泛参与改变了大学的管理观念,形成了一个新的合作性框架,为调整大学结构、募集多元化经费提供了更多可能性。大学民主"参与"管理是法国大学与社会接触、提高教育、科研和服务质量的重要举措,成为20世纪80年代后法国高等教育质量保障体系的发展方向。

四 "多学科":保障高等教育人才培养质量的知识框架

20世纪60年代,国际上出现了追求课程职业化和与社会适应性的教育改革高潮,比如里尔计划、校企合作、三明治课程等,美国大学课

---

① [法]米歇尔·克罗齐耶:《法令不能改变社会》,张月译,上海人民出版社2007年版,第29—30页。
② 瞿葆奎主编,张人杰选编:《法国教育改革》,人民教育出版社1994年版,第158页。

程改革为世界高等教育树立了榜样。"五月风暴"使法国在进行大学管理民主化改革的同时，开始认识到建立现代大学结构的必要性。法国高等教育大众化带来人口与教育需求的多样化，要求"教学方法不同，教学内容多样。一种可行的方法就是通过取消学院，以多学科性大学代替之，以开创多学科性研究"①。因此，《高等教育指导法案》第6条规定："每个学区内可以建立一所或几所大学（以前通常是一个学区一所大学）。大学应该是多学科的，让文学院、艺学院和理学院与技术学院尽量加强联系。然而，他们可以拥有一个占优势的专业领域。"② 这里所谓的"多学科"并不一定是跨学科的性质，比如它允许大学不是必须整合科学与人文，而是强调在同一所大学中科学与医学之间的必然联系。大学要有一个"占主导地位的专业"，即重点特色专业。简言之，"多学科"是指打破传统大学的单学科学院之间的藩篱，让每个学院在继续保持本专业特长的同时，努力向多学科和多专业的综合方向发展。开设多学科、多专业的综合性课程，尽可能地实现"文学艺术与科学技术的结合"。同时，在大学的不同学科建立广泛的"教学与研究单位"联系，以从事多学科的教学与研究。这是与大学"自治"、"参与"改革相对应的、深入大学结构的一项根本性改革。

《高等教育指导法案》确定的"多学科"原则是与法国大学现代化改革紧密联系的，体现了现代化大学理念。早在1956年冈城会议上联合改革小组③就提出了"大学现代化"的动议，建议打破学科和学院局限，建立多学科大学结构，当时法国高等教育的多学科局限于理工科教育的专业化、培养高级工程师，并没有考虑到普通的职业技术人才的就业乃至人的全面发展。到20世纪60年代时，由于民主主义思想的兴起和教育选拔制度的刺激，专家治国论和精英主义受到人们的普遍抨击，"现代化"与"合理化"逐渐从人们的话语模式中消失。面对沉重的人口压力和来自社会与学生的多样化需求，为了实现数量和质量的统一，

---

① Habiba S. Cohen. *Decade of Change and Crisis*: *The New French Universities Since* 1968, Boulder: Westview Press, 1979. p. 148.
② Ibid. , p. 391.
③ 自1956年开始，法国出现了强调高等教育的改革与现代化的热潮，并且将之列为政府规划的优先工作，此时还建立了一个由社会各个行业不同人士组成的联合小组，该小组通过卓有成效的社会网络影响，推动政府采取一系列必要的措施。联合改革小组是在冈城召开的第一次讨论会上成立的，这次会议亦称冈城会议。

改革大学结构与教育模式,法国政府明确提出了"多学科"原则,代替"现代化"的提法。其目的仍是打破学科界限,为教学研究扫除障碍并激励创新,最终使学生"学会学习",积累丰富的知识,拥有更广阔的视野,获得多学科的技能,成为符合社会发展需求的合格劳动力。因此,"多学科"代表了大众化背景下实用主义教育质量观。

进行"多学科"的大学结构改革是真正把自治原则推进大学内核、培养大学社会适应能力、提高大学教育质量的重要举措。法国大学结构因此经历了一次较为彻底的变革。"最大的改革是在巴黎进行的,索邦分成了100多个'教学与研究单位',这些'教学与研究单位'最后组成了7所大学。有些大学只是原来较大学部的一部分。"[1] 这些"教学与研究单位"的重组构建了多学科教师与科研人员团队,促进了彼此隔离、分散的团体之间的联合。并且,这种结构性改革有助于鼓励打破传统学科之间的障碍,开拓新的研究领域,提高大学提供多样性课程的能力。为教师、研究人员、学生和管理人员提供更灵活的组织,尽力缩小不同形式知识之间的距离,重建大学普通教育的理念。此外,"多学科"大学结构促进大学进行跨学科的科研创新,推动大学投身社会发展的浪潮。一些大学在教师和校长的共同努力下创建了一种多学科类型的机构,并进行了新课程改革。因此,学界评价多学科的大学结构是"一个既能符合启蒙和民主传统的精神,又能应对当代国家需求的大学制度"[2],使原来普遍的单学科"大学"(University)被多学科的"大学"(universities)代替,突破了结构性障碍,具有深远的历史意义。史学家称"这次改革十分重要,成为法国高等教育发展史上的一个里程碑,与巴黎大学的建立、'帝国大学'的设立、1896年把各学区的学院重新组成大学等重大事件相提并论"[3]。

"多学科"既是对法国大学结构的调整,也是对法国大学办学理念和课程的改革,对专业设置和学科结构的综合化起到了重要推动作用。这是针对当时法国大学学科结构失调所作的调整与改革,从而使法国大

---

[1] 伯顿·克拉克:《学术权力——七国高等教育管理体制比较》,王承绪译,浙江教育出版社1989年版,第57页。

[2] W. R. Fraser. *Reforms and Restraints in Modern French Education*, London: Routledge & Kegan Paul Ltd, 1971. p. 4.

[3] 符娟明:《比较高等教育》,北京师范大学出版社1987年版,第60页。

学适应20世纪后半期法国社会现实以及大学生就业的社会需求。尽管在多学科课程改革方面有一些法国大学做得很好，但总的来说，只是建立了多学科结构，尚未实现"多学科结构与多学科教学之间的融合与和谐"①。加之法国单学科学院传统的影响，这次多学科改革没有建立起法国现代意义上的多学科高等教育结构，且巴黎大学的"解构"造成了法国高等教育机构规模小、类型多样、重复设置的特征，成为引发教育质量问题的祸根。

"自治、参与和多学科"改革代表着法国大学史上一个新阶段的开始。法国教育史学家普罗斯特认为这次改革"严重地冲击了帝国大学制度下的以院系为基础的大学教育理念"②，法国大学已经开始偏离拿破仑主义和19世纪的遗产，"通过立法的形式获得了新生"③。"自治、参与和多学科"不仅重建了大学自治和民主管理体制，还确立了大学与社会接轨、担负社会责任并从中汲取发展动力的组织结构。这是一个系统的高等教育改革，"自治"赋予了大学作为科学、文化性机构主体进行质量保障的合法地位，"参与"则为实现大学自治、建立高等教育质量提供了合理化的民主管理制度，为共同营造质量保障的多元化奠定了基础；而"多学科"则是引入现代化大学理念，通过现代化综合大学结构改革提高大学教学和科研的质量。因此，"参与和多学科"犹如促进"大学自治"的"两扇翅膀"，通过民主与现代的联姻形成"一体两翼"的有机体，共同推动法国大学教育质量的提高，形成构建质量保障体系的理论基础。"事实已经证明了这个法案与现实的适切性，它所构思的体系具有创建的可行性。"④

---

① Habiba S. Cohen. *Decade of Change and Crisis: The New French Universities Since 1968*, Boulder: Westview Press, 1979. p. 276.
② Christine Musselin. *The Long March Of French Universities*, New York: RoutledgeFalmer, 2004. p. 32.
③ Ibid., p. 7.
④ Assemblee nationale. *Debats*, 1*st séance*, 21 June 1971, J. o. 22 June 1971, p. 3152.

第二章　放权、干预与质量保障：法国高等教育质量保障体系的形成

（20 世纪 80 年代至 1997 年）

法国在经历了第二次世界大战后"光辉三十年"、20 世纪 70 年代下半期接连发生的能源危机和经济危机之后，经济发展、行政管理方式的变革、科技的迅猛发展，加之多样化人口大量涌入高等教育机构，至 20 世纪 80 年代，经济、政治、人口和社会趋向之类的环境因素强有力地冲击着法国高等教育机构，使得法国高等教育中存在的自主权缺失、现代化程度不足和社会适应性差的弊端逐渐暴露出来。数量与质量、公平与效益是时代发展对法国高等教育的诉求，高等教育经费和学生就业成为法国政府在高等教育领域亟待解决的重要问题。法国教育部长莫诺里（Monory. R）在阐明政府的高等教育政策时强调，大学必须有自主权和竞争力，否则就无法提高教育质量。大学自治管理有利于激发大学内在的革新机制。因此，激发大学内在的革新机制，使大学实现自治管理成为这一时期法国政府保障高等教育质量必须面对的挑战。

在此背景下，法国政府在高等教育领域以促进高等教育自治为核心，颁布了《萨瓦里法案》（1984 年 1 月）、推行合同制改革、实施"U2000 规划"（Plan U2000）、创建质量评估机构。政府通过放权及相应的干预（如政策引导、经济激励、评估调控等措施）在促进法国高等教育自治的过程中，促进了法国高等教育质量保障体系的确立。同时，法国政府以促进学生就业为目标，在大学招生和课程设置方面进行了相应的改革，推动了法国高等教育的现代化和社会适应性进程。在政府的放权与干预之间，自治、社会适应与现代化成为这一时期法国高等教育质量保障的主要内容。

第一节　法国高等教育质量保障体系形成的时代背景与立法依据

一　法国高等教育质量保障体系形成的时代背景

（一）国内外的经济压力

20世纪80年代是西欧国家经济发展的转折点。在经历了第二次世界大战后的恢复与重建、经济高速发展之后，1974—1984年西欧进入了经济滞胀时期。在连续几个阶段的 GDP 下降、严峻的通货膨胀与失业率不断上升的压力下，许多西欧国家开始注重经济的均衡发展，这些国家借助提高利率和严格控制公共支出来维持经济发展，促进经济增长方式由数量增长向质量、效益提高的转变。到1985年，西欧各国逐渐恢复经济的低速增长。20世纪90年代，为加入欧洲货币组织（European Monetary Union），改进本国经济状况，一些国家进一步通过缩减公共开支的手段来符合马斯特里赫特条约（Mastricht）的标准。沉重的经济压力和激烈的国际竞争对高等教育提出了更高的要求，针对高等教育大众化引起的各种问题，数量与质量兼顾和效益的提高成为国际经济发展对高等教育的一致要求，高等教育质量遂成为西欧各国普遍关注的中心。

在法国，发生于20世纪70年代的能源危机和随后的通货膨胀导致政府经济压力过大，而法国又是高福利国家，社会福利的支出进一步加重了国家的经济负担。左派政治家密特朗于1981年5月当选为法兰西第五共和国第四届总统后，法国社会党上台执政，极力主张建设"社会主义"社会，促进经济和文化机构的自治管理。围绕刺激经济发展、扩大人民自由、民主权利，法国政府推行了一系列经济改革政策，并实施权力下放，放宽一些行政管理权。在保持政府中央集权领导地位的前提下，法国政府一方面减少公共开支，一方面鼓励地方投资和市场竞争，实施国土资源整治规划，促进地区发展均衡。在高等教育领域，为减少公共开支，法国政府开始削减大学预算，这加重了大学的财政危机，进而制约了大学的改革创新能力，阻碍了法国高等教育现代化进程，影响了高等教育质量。例如，原计划成为新教学实验基地的万塞纳大学（Vincennes Univeristé）因此而搁浅。迫于经济压力，密特朗政府调整高等教育管理体制和经费体制，建立了高等教育评估机构。此举一方面旨

第二章　放权、干预与质量保障:法国高等教育质量保障体系的形成

在通过质量评估实现高等教育机构与外界的沟通,鼓励大学邀请工商企业界代表参与高等教育机构管理,适应社会需求,提高教育质量,从而赢得更多的社会资助;另一方面试图促进高等教育机构对公共资源的有效利用。在这样的背景下,法国政府实施了大学合同制改革,启动了"U2000 规划",从而将高等教育质量保障问题纳入国家经济发展规划当中。

(二)权力下放的政治背景

权力下放(décentralisation)兴起于政治和公共管理领域,是与公共服务集权型管理体制相对的概念,其意是指中央政府"有针对性地面向地方(如市镇、省)进行权力下放,也可以针对服务部门进行权力下放(如高中、大学……)"①。早在 20 世纪 60 年代,法国政府就开始把中央的部分权力下放到大区和外省。20 世纪 80 年代密特朗执政后,大力推崇法国在 1789 年颁布的《人权宣言》,强调个人自由、平等和博爱是法国的"精神财富"。为保证人的自由,密特朗力主推行权力下放、自治管理、群众监督等政策,地方政府有权统筹安排本地区的经济、社会和文化教育事宜,使人民积极、自由地参与管理。为此,密特朗政府以"自由"、"民主"和"自治管理"为宗旨,在行政管理体制方面实施"权力下放"改革,以增加劳动者的"责任感",完成"历史性的伟业"。以此理念为指导,法国开展国土整治(Amênagement du territoire)规划,旨在促进法国人口合理分布和地区经济均衡发展,调动落后地区的积极性,促进落后地区经济发展,扭转经济僵局。

密特朗政府认识到"高等教育作为一种公益服务应该为地区发展和国土整治规划的开展作出贡献"②。虽然 1983—1985 年间权力下放法案(lois de décentralisation)并未涉及高等教育,高等教育仍由政府直接管理,但权力下放政策实际上已经运用到高等教育行政管理当中。政府开始将高等教育行政管理权从中央政府或地区团体转交给高等教育机构,将部分政策决策权从中央政府转交给地区当局。在坚持国家统一领导的前提下,"将所有可以分散的权力分散下去",国民教育部的管理权力

---

① [法]雅基·西蒙、热拉尔·勒萨热:《法国国民教育的组织与管理》,安延译,教育科学出版社 2007 年版,第 159 页。

② 同上书,第 192 页。

开始分散到各级教育负责人,"国民教育部长有权力部署和修改大学的分布……尽管地方大区、议会可以制订地区高等培训的发展计划,但国家并不一定负担所需经费。学区长与学区督学——通常以委托签字的方式——执行国家的一些职责"①。学区长代表国家负责签署高等教育国家学位和文凭,大学校长有权负责大学教学人员的管理,例如:"大学教授、讲师、助理讲师、教研人员的日常管理(假期、批准接受双重报酬、级别的晋升等);合作教师除外的某些非正式教学人员(研究津贴领取者、外国教师、语言教师等)的聘用与管理。"②

权力下放政策调动了各级教育行政机构的积极性,这对法国高等教育的影响很大,促进了高等教育行政管理的重新定位,确保管理接近现实,从而提高高等教育质量。自1989年以后,在法国中央政府的鼓励下,地区、省和社区开始积极参与本地区新设高等教育机构的建设,为其提供经费支持。地方行政区域团体(collectivités locales)也积极利用这个时机有选择地提供支持,以期对高等教育机构的课程和科研施加影响,建立与当地经济和工商业的联系,进而带动当地文化、经济的发展。因此,权力下放政策促进了高等教育机构的自治,"在一定程度上改变了自拿破仑时代开始的中央集权的行政管理体制"③,有利于法国中央政府和地方政府共同保障高等教育质量。法国大学合同制改革和"U2000规划"就是这一政策的最好体现。

(三)人口压力的挑战

人口与教育政策密切相关,人口与教育政策的变化给法国高等教育带来巨大压力。第二次世界大战后,法国人口出生率急剧增长,法国通过初等教育和中等教育的几次改革,到20世纪80年代时才较好地满足了大众接受初等和中等教育的需求,同时也为高等教育大众化输入了大量生源。由于知识经济社会和信息化社会要求所有公民都应掌握必要的知识和技能,拥有高素质的劳动者成为一个国家在全球化市场中保持强大竞争力的重要前提,高等教育文凭日益成为步入职场的门票。受就业压力和人力资本理论的影响,法国社会强烈要求延长受教育期限。因

---

① [法]雅基·西蒙、热拉尔·勒萨热:《法国国民教育的组织与管理》,安延译,教育科学出版社2007年版,第159页。
② 同上书,第197页。
③ 谊欧编:《法国总统密特朗》,时事出版社1984年版,第150页。

第二章 放权、干预与质量保障:法国高等教育质量保障体系的形成

此,法国政府鼓励并推动了高等教育规模的扩张,在20世纪六七十年代和80年代中叶分别进行了两次大规模扩展,[1] 大量适龄青年人口涌入高等学校。到1980年,法国大学生总数由1960年的31万猛增至120万。[2] 在1985年到1990年间,法国18—24岁年龄阶段的人口达到高峰,当时政府预计将在20世纪90年代中期进行第三次扩张,以适应广大民众接受高等教育的需求。为发挥人口优势,改变法国普通劳动力平均文化水平相对较低的现实,1985年时任法国国民教育部部长的谢韦纳芒(Chèveniment)作出了一项重大决定,规定到2000年时,将同年龄组中高中毕业生的比例从40%提高到80%。[3] 法国政府希望以此来提高国民的初始学历,但这意味着法国综合大学作为高等教育大众化的主要承担者将接受更多的学生。到20世纪80年代末90年代初,中等教育民主化及相应的高等教育大众化使法国大学生人数确实出现了史无前例的大增长,如表2所示:

表2　　　　　　　　各种类型的高等教育机构的学生规模

学生人数	1985—1986	1990—1991	1985—1991 增长比率
类型1:综合大学(包括大学技术学院和大学教师教育学院)	966 095人	1 174 498人	+21.6%
类型2:中学后教育、大学校预备班、高级技术员班、公立和私立	165 100人	266 549人	+61.4%
类型3:大学校	226 702人	257 669人	+13.6%
总　　计	1 357 897人	1 698 716人	+25.9%

资料来源:Délégation à l'aménagement du territoire et à l'action régionale. *Développement universitaire et développement territorial: l'impact du plan Université* 2000: 1990 – 1995. Paris: La Documentation française, 1998. p. 15。

高等教育大众化的人口压力给法国高等教育带来较大影响。师生人

---

[1] Délégation à l'aménagement du territoire et à l'action régionale. *Développement universitaire et développement territorial: l'impact du plan Université* 2000: 1990 – 1995. Paris: La Documentation française, 1998. p. 15.
[2] 王晓辉主编:《比较教育政策》,江苏教育出版社2009年版,第95页。
[3] 瞿葆奎主编,张人杰选编:《法国教育改革》,人民教育出版社1994年版,第498页。

数的增加是"高等教育所承受的一个最重要的压力"①：一方面需要扩大学校基建规模，教学设施也是必需的，如至少增加150万平方米的建筑，才能保障这一时期法国高等教育扩张的基本物质条件；另一方面，"数量的扩大导致了新的质量问题"②。学生数量激增，学生成分及年龄构成都发生了相应的变化，学生的自由、独立的个性更加凸显。为维护教育公平，实现数量与质量、公平与效益的统一，法国高等教育机构必须作出以下调整：首先，通过改变招生政策与调整传统的高等教育结构来接纳大量学生，适应来自不断扩大的、多样化的学生群体的多元化的能力、兴趣与需求，为他们提供更多的、平等的机会；其次，改变传统的讲座式或小班授课模式，采用现代化的教学方法和教学设备，以缓和学生人数过多和教学条件落后所造成的紧张局面；再次，师生数量的增加需要学校学术管理机构加强计划与管理；最后，对学校课程设置和学位颁发等也会产生影响。因此，高等教育大众化背景下的质量保障是实现数量与质量、公平与效益统一的过程，需要进行系统的改革。"U2000规划"就是针对法国高等教育领域出现的上述难题而提出的。

（四）就业压力

促进学生就业是高等教育接受人口压力挑战后必须面对的问题。在世界性经济危机的冲击下，自1974年起法国步入经济低迷阶段，经济形势的恶化导致社会对劳动力需求量急剧下降，青年人口失业现象严重。据1980年统计，青年失业者的人数占同年龄组青年总数的14.5%，占法国全国200万失业大军的30%。③居高不下的失业率引发了一系列社会问题。导致青年失业的原因除了社会政策、经济发展以及性别歧视等之外，大学教育质量低下，无法为学生提供适应劳动力市场需求的职业技能，也成为青年人就业困难的重要原因。1988年，密特朗在蝉联总统就职时声明："一切从青年开始，这是我们最可靠的资源。我将贡献出我们的主要力量，使青年人通过学习，通过精神上和技艺上

---

① ［加］约翰·范德格拉夫等编著：《学术权力——七国高等教育管理体制比较》，王承绪、张维平等译，浙江教育出版社2001年版，序第9页。

② 同上。

③ 国家教育委员会教育发展与政策研究中心编：《发达国家教育改革的动向与趋势——美国、苏联、日本、法国、英国1981—1986年期间教育改革文件和报告选编》，人民出版社1986年版，第243页。

的培训获得均等的机会。这些培训也将使我们绝大多数的企业在现代的竞争中稳操胜券。"① 加强高等教育的社会适应性、促进青年人就业、提高学校教育质量成为法国政府现时的重要使命。

另外,20世纪80年代法国大学生学业失败现象比较严重。据1987年的统计显示,法国大学中只有33%的学生能够顺利地获得"大学普通教育文凭"并进入第二阶段学习。② 就该数字所反映的法国大学的教育质量危机,中国学界曾有人这样论断:"这些数字使人更加坚信,对大学来说,并不是在数量与质量之间,而是在僵化与适应之间作出抉择。"③ 因为,在市场驱动下,"在高等教育系统以外,有两种力量对制定高等教育的核心目标发挥了重要的作用(主要通过政府):(a) 入学人数的迅速增长;(b) 对劳动力市场的适应"④。除了少数学生继续升学之外,大部分学生毕业后都将直接走向就业岗位。毕业生能否被社会接受成为衡量高等教育质量的重要标准。所以,高等教育机构必须转变传统的精英教育质量观,既要为学生提供优质教学,同时也要为他们准备就业所需的本领。此时,"在高等教育内部,人们追求知识主要是作为手段而不是目的"⑤。并且,由于大量非传统学生的出现,高等教育应确立以"实用"为宗旨的教育质量观,开展职业培训和终身教育,为学生提供适应社会经济发展所需要的技能与本领,为广大学生提供与就业密切相关的课程,从而提高其就业能力。因此,为培养社会需要的多层次、多样化的实用人才,加强法国高等教育的实用性,促进学生与社会适应,成为法国政府保障高等教育质量的重要内容。

(五)现代化科学技术的支撑与挑战

第二次世界大战后,科学技术成为推动世界经济发展、促进产业结构调整、增加国家竞争力的主要推动力。西欧各国纷纷加强在科技方面的投资,重视科研和科技教育。进入20世纪80年代以后,面对法国委靡不振的经济形势,密特朗政府除了实行经济国有化、行政管理权力下

---

① 邢克超:《战后法国教育研究》,江西教育出版社1993年版,第137页。
② 杨汉清、韩骅:《比较高等教育概论》,人民教育出版社1997年版,第316页。
③ 瞿葆奎主编,张人杰选编:《法国教育改革》,人民教育出版社1994年版,第394页。
④ [荷] 弗兰斯·F. 范富格特主编:《国际高等教育政策比较研究》,王承绪等译,浙江教育出版社2001年版,第145页。
⑤ [美] 约翰·S. 布鲁贝克:《高等教育哲学》,王承绪等译,浙江教育出版社2001年版,第24页。

放等改革之外，还非常重视科技发展，希望借助第三次科技革命大力发展科技以推动经济增长。因此，密特朗政府先后于1982年和1986年颁布了两部《科技指导规划法案》，通过立法进一步明确了增加科研经费、优先发展科研项目、培养科研人员等方针政策。到20世纪90年代时，随着知识经济的迅猛发展，法国政府为进一步调整产业结构，发展新兴高科技产业，确定了微电子工业、信息技术、医学研究和环境科学技术等为优先发展领域。法国政府的科技政策为高等教育提供了发展良机，从资金、设备和政策方面为大学发展高科技的专业教育提供了全面保障。

科学技术的进步首先为法国高等教育质量保障提供了技术支持。其中最重要的是通讯信息交流技术（ICT）已经影响到人们生活的方方面面，对高等教育的教学内容、教学方法等产生了革命性影响。教师可以通过互联网搜索最新的知识动态，为学生提供最前沿的信息和技术，有助于促进教育内容的现代化。ICT直接促进了远程教育的成功，打破了传统教学的时空界限，促进了"无疆界教育"的出现，从而不仅可以对偏远地区或者身体不适及残疾学生实施远程教育，还可以开展跨国教育。此外，还可以为那些希望按照自身节奏学习的学生提供较大便利。ICT在教学管理中的应用使复杂的教育管理工作变得更加方便、灵活，为学分制和模块式课程的实施提供了便利，有利于不同国家、不同学校之间的学分互认、学术交流与合作。在此意义上，ICT作为一种手段，为保障高等教育质量提供了技术支撑。

ICT需要教师和学生改变传统的教育和学习观念，并掌握先进的教育技术才能更好地发挥这项技术的最大优势。同时，ICT作为一种高科技载体，推动当代信息化社会的日新月异，加快知识更新换代的速度，这不仅是从观念上对传统的高等教育质量标准的挑战，其自身也成为高等教育内容和手段的重要组成部分，ICT扩大了高等教育的内涵与外延，是引起高等教育质量标准不断变革的重要的技术性与条件性诱因。因此，推进高等教育技术现代化也是法国政府保障高等教育质量的重要内容。

二　法国高等教育质量保障体系确立的法律依据：《萨瓦里法案》

20世纪80年代，法国政治、经济、人口及科技的发展为法国高等

第二章 放权、干预与质量保障：法国高等教育质量保障体系的形成

教育质量保障提供了有利环境，同时也提出了新的挑战。密特朗执政期间把改革高等教育作为振兴法国经济、赶超世界一流强国的重要战略。时任国民教育部长的阿兰·萨瓦里（Alain Savary）开始关注高等教育质量问题，他以高等教育自治为核心，围绕高等教育现代化、民主化和职业化的三大问题筹划新的高等教育改革，于1983年12月20日颁布了《高等教育法》，亦称《萨瓦里法案》，1984年1月26日由密特朗总统签署执行。该法案从高等教育功能、管理体制、评估机构以及就业体系等方面试图为政府保障法国高等教育质量提供法律依据。

《萨瓦里法案》在继续坚持1968年《高等教育指导法案》所奠定的"自治、参与、多学科"基础上，进一步提出了以促进就业、促进社会经济发展为取向的高等教育改革方针，体现了适应社会的外适性高等教育质量观。关于法国高等教育的性质，该法案认为公立高等教育同时具有科学性、文化性和职业性，应该发挥以下功能："有助于开展各类教育都必需的科学研究，提高全民族和每个人的科学、文化、职业水平；有助于执行国家和地区发展计划，加速经济进步，落实为满足当前需要和将来发展而制定的就业政策；有助于缩小社会和文化方面的不平等，实现男女平等，保障所有既有愿望又有能力的人都能接触最高形式的文化和科学研究。"[①] 高等教育机构职业性功能第一次被明确提出，高等教育的经济功能和促进社会平等的政治功能成为衡量高等教育机构质量的重要指标。在此基础上，该法案把《富尔法案》中规定的"教学与研究单位"（UERs）改为"培训与研究单位"（UFRs）。名称的改变体现出高等教育理念的变化，《萨瓦里法案》开始强调高等教育在职业培训、科研转化方面的重要作用，强调高等教育的社会功用。这与日后高等教育改革中课程的职业化、促进学生成功的大学第一、二阶段改革等都有很大关系。《萨瓦里法案》确立了20世纪80年代后法国高等教育改革的总基调，成为法国高等教育质量保障的指导思想，该法案的许多条款在当时以及日后都发挥了重要作用。

《萨瓦里法案》第20条重申了1968年《高等教育指导法案》所确定的高等教育机构在行政、财务和教学方面的自主权，从而将尚停留在

---

① 邢克超译：《高等教育法》，转引自瞿葆奎主编，张人杰选编《法国教育改革》，人民教育出版社1994年版，第413页。

理论或形式上的改革真正付诸实施。从这以后，法国高等教育机构在法律上具有了管理自主权，这是高等教育机构进行自我治理、维系教育质量的制度性前提。在此基础上，为进一步促进大学财政自主，该法案支持并认可大学与国家签订的发展合同，规定"……这些机构是自治的，在执行本法所规定的范围内，本着信守合同的原则，确定自己的教学、科研和资料工作政策。……可把教学、科研和资料工作，纳入它们与国家签订的多年合同。合同应规定这些机构承担的义务和国家为此提供的经费与人员编制"[1]。该法案通过大学与国家签署合同的方式调整了政府对高等教育机构的干预模式，建立了政府与大学之间的平等对话关系，明确了合同期间双方的责任与权利，从而使得政府投资和高等教育机构运转更具合理性。此外，合同制有助于提高高等教育机构自我治理的能力，对高等教育机构提高效益、实现其社会责任发挥了极大的促进作用，构成了法国高等教育质量保障体系建立与发展过程中重要的制度基础。为促进大学内部民主管理，该法案第26条还规定了高等教育机构的内部治理结构，"大学的管理，通过校长的决定，校务委员会的决议，科学审议会和教学与大学生活委员会的建议和意见得以实现"[2]。大学管理委员会（Conseil d'Administration）、科学委员会（Conseil Scientifique）和教学与学术生活委员会（Conseil des études et de la vie Universitaire）三级委员会都有权利参与学校管理，互相监督，通过分权与集中的内部管理方式共同致力于大学内部管理质量的提高，这是大学正常运转、保障质量的民主基础。因此，合同制这种模式有利于打破以往学院制的教授权威，从内到外确立了大学自治的空间。

在给予大学自治的同时，《萨瓦里法案》提出了成立国家评估委员会，通过评估的方式调控、监管大学的教育质量。该法案规定，国家评估委员会是"公立的科学、文化、职业性机构"，其使命是"负责评估第四条规定的使命的完成情况；它与负责制定和执行教育与科研政策的机关一起，评估各高等教育机构及其执行合同的结果；它有权对每件事进行现场调查；它可以就旨在改善机构的运转及教学与科研效率的措

---

[1] 邢克超译：《高等教育法》，转引自瞿葆奎主编，张人杰选编《法国教育改革》，人民教育出版社1994年版，第421页。

[2] 同上书，第424页。

施,特别是高等教育的布局和招生及对学生的方向指导方面的措施提出建议……"① 该条款成为国家评估委员会运转的法律依据。合同制与国家评估委员会均为促进大学自治、履行责任的工具,两者相伴而生。合同制是促进大学自治的工具,大学自治是进行评估的前提与目标,评估是对大学自治以及合同制进行监管的手段。《萨瓦里法案》第 20 条规定:"经费每年按财政法的规定提供。这些机构应定期汇报合同执行情况,并按第 65 条规定将报告提交全国评议委员会(即国家评估委员会)。"② 因此,该法案通过确定评估与合同制在高等教育质量保障中互为前提、互相制约的关系,奠定了法国政府保障高等教育质量的制度框架与法律基础。

为促进学生就业,《萨瓦里法案》一方面分别规定了大学第一、第二和第三阶段的教育目标,提出了有关学位、学业考核方式等方面的规则;另一方面规定设立高等教育远景与指导部际委员会(Comité interministériel de la perspective et de l'orientation),负责提供有关国家各个部门科研发展、就业趋势和职业资格变化方面的信息指导。该法案要求高等教育面向社会、面向企业,要求"职业界参与高等教育的组织;派代表参加课程计划的制定;派实际工作者参加教学活动"③,组织工读交替制教学,把教学实习安排到企业或者行政部门。这样,通过与企业开展全面的深度合作,使高等教育办学方向、教育内容符合社会经济发展的需要,增强了高等教育的社会适应性。《萨瓦里法案》通过这种实用性教学内容促进教育内容和教学方法的现代化,推动了学生就业和教育质量的提高。

《萨瓦里法案》是一部承上启下的法案,该法案是法国政府在 20 世纪 80 年代的政治、经济和社会背景下对 1968 年《高等教育指导法案》的继承与发展,意在通过合同制和高等教育质量评估调整高等教育管理体制和经费投入体制,旨在促进大学自治、激发大学内部活力的基础上,加强大学与社会之间的联系,从而使自治、社会适应和现代化成为这一时期法国高等教育质量保障体系的主要特征。法国政府以《萨瓦里

---

① 邢克超译:《高等教育法》,转引自瞿葆奎主编,张人杰选编《法国教育改革》,人民教育出版社 1994 年版,第 421 页。
② 同上书,第 421—422 页。
③ 同上书,第 414 页。

法案》为依据,在改进大学第一阶段教育质量、加强高等教育实用性（职业性）、促进大学自治方面取得了较大进展。大学合同制改革、国家评估委员会的建立等都是以此为依据的。

第二节　政府放权与高等教育内部质量保障体系的形成

在《萨瓦里法案》的指导下,这一时期法国政府在高等教育领域实行了合同制改革,在确保政府宏观指导的前提下,实施权力下放,从宏观管理体制和经费投入体制改革着手,推动法国高等教育机构实现自治管理,促进了高等教育内部质量保障体系的形成。

一　政府放权的管理框架：合同制改革

到20世纪80年代,"就全球而言,减少控制成为许多政府用来作为促进学校自我管制的新手段,这也是政府确定的优先考虑的重点"[①]。世界各国在教育领域开始注重提高教育质量和基础学习,而不再考虑重大改革。"即使人们目前继续在力求使大学发生重大变迁,但也未必再借助重大改革,而宁愿采取鼓励政策,以便在大学自治的范围内促使大学有所革新。"[②] 在上述趋势下,法国政府改革高等教育的指导思想也发生了相应的变化,合同制改革就是受此影响而提出的。

1988年密特朗继任法国总统,新组阁的米歇尔·理卡德（Michel Ricard）内阁继续把教育放在优先发展的重要地位,莱昂内尔·约瑟宾（Lionel Jospin）时任国民教育部部长。新学年伊始,学生人数激增与学校经济困顿造成教学资源更显匮乏。迫于经费压力和对学生罢课的恐惧,约瑟宾部长决定改变以往国家与大学之间自上而下的直接命令式管理模式,在遵守其他既有规定的基础上,采用一种新的政府与大学之间平等对话的协商管理模式。政府通过让渡高等教育机构一定的管理与经营权,与大学签署合同,建构平等对话与协商的方式,明确双（多）

---

① [英] 玛丽·亨克尔、布瑞达·里特主编：《国家、高等教育与市场》,谷贤林等译,朱旭东校,教育科学出版社2005年版,第12页。
② 瞿葆奎主编,张人杰选编：《法国教育改革》,人民教育出版社1994年版,第635页。

第二章 放权、干预与质量保障:法国高等教育质量保障体系的形成

方应负的责任,即"合同制"改革。"合同制"具有较强的兼容性与适应性,首先应用在研究领域,称为研究合同,后扩展到大学教学和管理等诸多领域,之后进而整合进整个大学机构,并与其他公共研究机构进行合作,称为机构合同或大学合同。因合同期限为四年,通常又称为"大学—国家四年发展合同"。

实际上,"大学—国家四年发展合同"是国家与大学在综合考虑国家优先发展重点的框架内,结合大学实际问题而制定的发展规划。不管是研究合同还是大学合同,都是按照学区划分分批签署的。在实践中,将法国的全部大学分为四个地理区域,即四大合同区域,每年都要重新协商一个新的合同区域。合同签订的顺序、程序及其评估都遵循一定的原则,这一原则既考虑到国家的规划重点,同时也考虑到该地区的发展状况和高等教育机构的自身状况。这是一个有助于教育发展和质量保障的各种因素整合的过程。通常,由法国中央政府任命一名负责人掌控整个合同程序。该负责人要亲赴实地考察两次,在了解大学政策与发展重点的基础上提出国家的期望,以帮助大学制定与国家发展要求相一致的教育规划。对大学而言,这似乎又是确定评估标准的过程,明确了教育质量保障的目标与责任。法国大学和教育部代表之间确立了一种合作互信的关系,教育部能够更好地认识大学的需求与存在的现实问题,从而在进行合同相关预算时能开展更符合现实的协商,而这使大学能够获得预期的教育经费,因此得到大学负责人的普遍欢迎。可见,大学合同和研究合同既是高等教育机构的活动指南,也是法国政府对大学进行引导、调控和管理的一个重要杠杆。合同制改革重塑了大学与国家之间平等对话的合作关系,不仅使法国政府摆脱了对大学日常事务事无巨细的管理,而且使法国大学通过财政独立赢得了更多的自主权,从而实现双赢乃至多赢。

"合同制改革"没有政治宣传,只以一纸通告的形式宣布其实施,但"合同制改革"觅得了这一时期乃至日后法国整个高等教育改革的路径。高等教育管理和经费投入体制改革都是在这一道路上推进的,法国高等教育在实现自治和现代化的过程中逐渐形成了适合高校自主发展特征的高等教育内部质量保障体系。因此,大学合同制改革常常被学界称为是一场"没有改革的革新"。

二　高等教育机构自治的发展与内部质量保障体系的形成

"合同制"的建立是法国政府确立符合高等教育机构自身特点的管理体制和相应的配套措施的过程。大学与国家签署的"四年发展合同"的内容、程序以及所产生的影响都集中反映了政府和高等教育的各级负责人在一个象征性的合同框架内落实应负的责任，共同致力于高等教育质量保障的过程。由是观之，法国高等教育机构自治发展的过程，也是高等教育质量内部保障体系形成的过程。

（一）质量保障目标的确立

"大学—国家四年发展合同"试图明确大学和国家共同确定的高等教育质量保障的内容与主题，这是高等教育质量保障的首要环节。

首先，合同要反映高等教育机构的发展重点和质量保障的主要内容。比如在1989—1993年期间，合同的首要作用是作为落实迎接第一、第二阶段学生这一政策的工具，促进大学发展，为学生提供实现学业成功和顺利就业的最好的条件保证。尤其是对于第一阶段的学生，所有的"大学—国家四年发展合同"都鼓励大学加强对学生的接收与指导，创建大学生生活观测站，以确保对该阶段学生的指导与管理。在与学业失败作斗争方面，大学合同重点资助一些有助于学生成功的措施，例如辅导制、重新定向、个性化大学课程、强化教育学课程、方法论的支撑、信息通讯技术的使用与接触、自我培训等。[①] 所有这些措施都是与改进大学教育质量直接相关的因素。

保障教学质量也是"大学—国家四年发展合同"要实现的重要目标。资格授予程序的合同化期限亦为四年。为推动大学更好地满足社会需求和学生期望，合同明确规定开发面向工商业的职业化课程和文凭，意在向各个研究和培训单位注入发展实用性学科教学的动力。此外，对于社会所急需的职业培训，教育部通过合同拨款优先发展继续教育，通过采用相应的教学措施和工具以适应社会需求。因此，合同不仅是政府有效管理高等教育机构的工具，而且成为解决高等教育质量问题的重要

[①] Armand Frémond (Président); Rapporteur général Daniel Renoult; Rapporteur Mohamed Harfi, Thierry Bergeonneau, François-Xavier Fort. *Les universités françaises en mutation: la politique publique de contractualisation* (1984–2002). Paris: La Documentation française. Février 2004. p. 50.

第二章 放权、干预与质量保障:法国高等教育质量保障体系的形成

杠杆。

为提高人才培养的质量,"大学—国家四年发展合同"涉及有关人才养成的多重要素,如物资设备、师资保障、文献资料等。从1989年起,法国政府通过合同划拨经费的方式加强一些重点文献档案项目的建设,如围绕这一时期接收第一、二阶段学生、为其提供优质教学服务的项目,合同支持购买大量相关资料,鼓励自由存取丛书,在公共资料服务中心内创建大学文献中心,这些措施极大地促进了大学图书馆和大学文件档案政策的发展。此外,合同还积极鼓励开发通讯信息交流技术,在教学和科研中添入新的教育支持(远程教育)和机构设备,用来促进教学与管理的现代化。与此同时,大学合同中还提议改进接收和培养外国学生的条件,促进学生和教师—研究者的国际流动,在教学培养规划和科学研究方面实现国际化标准,鼓励发展与国外大学之间的合作关系,通过国际合作促进科学发展,以提高法国大学教育的国际声誉。

为改善大学生的生活条件,法国政府重视大学社区建设,大学合同中还包括文化、社交和体育政策,比如创建乐队、大剧院以及体育活动设施,为大学生提供更多的社交和文化体验的场所;加强大学社区卫生设备的维护与更新,改善接收残疾学生的条件。通过这些举措,法国政府希望学生在日常交往过程中能更好地融入当地社区,缩短了大学和城市之间的距离,而且通过大学的发展带动了地方文化的复兴。上述内容是这一时期密特朗政府推动的国土整治规划中的重要项目之一。

从"大学—国家四年发展合同"的内容可以看出,该合同是法国政府在国家整体背景下对大学发展的一种规划,通过合同拨款的方式有利于集中优势力量解决最突出的教育质量问题,引导大学作为一个实体参与高等教育质量保障。可见,国家政策引导和经费支持、大学自身的积极实践营造了法国高等教育质量保障的外部和内部环境,是法国政府推动下高等教育质量保障体系形成的重要环节。

(二)内部质量文化与自我评估的形成

从文化学的角度看,大学拟定合同的过程也是进行自我评估、创建内部质量文化的过程。首先,大学要陈述有关学校状况的一些最基本数据,如建筑面积、师资设备、非教学人员分布、学生注册情况等。在签署第一批合同时,法国有许多高校居然对自身的基本情况不甚了解,有的甚至只是各个院系材料的简单组合。而合同制的实施迫使大学进行反

思，开始全面自查、制定本校系统、连贯、透明的管理制度。这成为学校内部质量评估的前奏。这一时期，由于国家评估委员会还没有与合同制改革同步进行，大学在签署第二次合同时，通常需要对前期合同的结果进行简要的分析与总结，以更加全面地描述本校状况。这个描述与总结的过程是大学从整体规划的视角对自身优势与不足进行自我评估的重要组成部分。并且，法国大学在向教育部提交合同时，一方面要说明大学长期的（比四年合同期更长）总发展规划、目标、发展战略与方向；另一方面还要制订一个综合考虑国家发展重点的四年发展规划。制订规划的过程是学术生活与教学委员会、科学委员会和管理委员会内部就机构未来的发展方向进行决议和辩论的过程。尽管参与者在广泛性上还存在一定局限，但合同制改革促使法国大学内各层次人员积极致力于大学发展规划，创建大学内部质量文化，从而奠定了法国大学质量保障体系形成的内部制度基础。

法国大学合同协商的过程也是明确各方责任的过程。根据1998年5月22日的公告，合同协商过程分为三个阶段[①]：第一阶段是全面交流阶段，主要是对比大学与教育部确定的不同发展方向，讨论大学优先发展议题，确定关于合同谈判中应涉及的问题清单；第二阶段是就不同的问题领域，大学校长与相关部门的负责人以及教育部该问题的负责人之间进行专业交流；第三阶段是高教部部长与大学校长共同明确四年内双方应负的责任。经大学管理理事会投票表决，高等教育部长和校长郑重地签署合同。可以说，明确责任是法国大学合同的核心，也是法国政府与高校共同建立教育质量保障体系的关键所在。

（三）高等教育自治的发展与质量保障体系的形成

"合同制"的实施给予了法国大学经济自决的权力，从而促进了大学自我治理能力的成长，这是大学独立应对社会需求的前提，也是高等教育内部质量保障体系形成的关键。

从"合同制改革"的结果看，"合同制"的实施从很大程度上改变了法国高等教育系统的结构。国家与高等教育机构、高等教育机构与市

[①] Armand Frémond (Président); Rapporteur général Daniel Renoult; Rapporteur Mohamed Harfi, Thierry Bergeonneau, François - Xavier Fort. *Les universités françaises en mutation: la politique publique de contractualisation* (1984 - 2002). Paris: La Documentation française Février 2004. p. 62.

第二章 放权、干预与质量保障:法国高等教育质量保障体系的形成

场以及高等教育机构之间的关系都发生了相应的变化。法国大学作为一个法人主体登上了历史舞台,保障了大学自治能力及其成长,对法国高等教育质量保障体系的形成产生了巨大影响。主要表现在以下三个方面:

首先,"合同制改革"打破了传统的教授权威与学科逻辑,改变了法国大学在国家与专业三角关系中的薄弱地位,促进了大学自治。"合同制改革"通过法国大学与国家之间签署契约合同的方式,迫使国家向大学提供经费资助,还在维护稳定的前提下把高等教育场域内部的各个参与者融合到合同框架内,从而建立起一个新的"多维"的综合性框架。虽然没有完全动摇以往大学决策的根基,但在系统、互动、整合和均衡的关系中,法国大学通过根据自身情况签署四年发展合同的形式,其主体地位得到了加强。法国国家议会管理和评估使命(Mission d'evaluation et de controle de l'Assemblee nationale, MEC)对此作出了恰当的评价——合同制构成了"大学自治天然的对立物"[①],"假如说1968年《高等教育指导法案》结束了学院制,那么合同制的实施才使得大学作为一个实体的地位真正显示出来"[②]。国家、大学和学科(学院)之间的关系得到了平衡。

事实上,法国大学只得到了有限的财政自治。从对大学提供的合同经费拨款中可以看出,法国政府给大学的拨款中教职员工的工资占了约80%,在剩余的由大学来管理的20%的拨款中,只有1/3的款项属于四年合同的内容。合同中用于教学部分的经费尽管自1998年以来增长了两倍,但到20世纪90年代末仍然是很有限的,不超过16%。[③]虽然大学能够自主支配的经费仍非常有限,但不管怎样,合同制毕竟为大学财政自治提供了一定的发展空间。

其次,"合同制"改革也促进了大学自我管理能力的成长,这集中表现在大学管理职业化和大学校长地位与作用的加强。在"合同制"实施过程中,随着高校行政地位和作用的加强,高校整体发展规划开始

---

① Armand Frémond (Président); Rapporteur général Daniel Renoult; Rapporteur Mohamed Harfi, Thierry Bergeonneau, François - Xavier Fort. *Les universités françaises en mutation: la politique publique de contractualisation* (1984 - 2002). Paris: La Documentation française Février 2004. p. 26.

② Ibid..

③ Ibid., p. 59.

出现，校级管理职能权利扩大，效率也随之提高。大学校长是教育部长的重要对话者和大学规划的推动者。对内，校长有权协调各个院系的利益关系，统领全体教职员工共同致力于大学教育质量的提高；对外，校长代表学校开展与其他单位的合作，并组建校级领导团队，统领全校事务。培养一种新的行动能力，远比制定完美无缺的目标更重要。"合同制"为大学校长提供了直接支配一部分经费的可能性，使得校长能够以研究质量奖金（Bonus Qualité Recherche，BQR）的名义，从合同经费中抽取15%（这个比例由科学理事会来决定，比率为0—15%），根据其机构政策的优先事项在各研究单位中分配。[1] 大学自主治理能力的养成为大学灵活地应对外界需求、调整本校发展战略、解决质量难题提供了不竭动力。但这一阶段，校长只在形式上具有资源、权利决策者代表的特征，大学内学科逻辑仍然起着主要支配作用。

再次，"合同制"提高了大学效益，改进了大学教育质量。合同如同外在的刺激物，是实现大学管理合理化发展的工具。"合同制"自从创立就致力于促进大学的行政管理、审计和经费统计的现代化，且采用了性能优良的软件以改善工作方法。从1989年开始，法国政府还实施了四年中期合同考察，即在合同签署两年后对其实施情况进行中期检查，以促使每所大学都对其所将支配的款项进行全面的安排部署。这样，政府通过合同拨款的方式提高了资金的有效利用率。[2] 在合同制的推动下，法国大学根据科研合同，除了发展实验室科研战略外，还创建了大学科研政策，并使之合理化。合同政策的实施使法国大学在师资和设备等方面为接收汹涌而至的入学高峰提供了可能，并力求实现数量和质量的统一。这是"合同制"对这一时期法国高等教育最大的贡献。

"合同制"既是一种工具，也是一种理念，一种方法论，其内涵上的包容性与方法上的灵活性使高等教育的不同利益相关者都可从中各取所需。这个象征性的框架，虽不具有任何法律效力，但在现实高等教育管理中仍具有较大的操作性意义，随着时间的推移将发挥更大的作用。

---

[1] Armand Frémond（Président）；Rapporteur général Daniel Renoult；Rapporteur Mohamed Harfi，Thierry Bergeonneau，François - Xavier Fort. *Les universités françaises en mutation*：*la politique publique de contractualisation*（1984 - 2002）. Paris：La Documentation française Février 2004. p. 47.

[2] Ibid. , p. 26.

"合同制"最大的成功是重建了国家和大学之间的关系。[①] 国家与高等教育机构之间的权利交换关系的稳定性被打破了，政府意识到"管理并不必然意味着权威，然而管理却永远需要自觉的行动和有意识的参与"[②]，开始运用一种协商的方式使以往高高在上的监管者变为与大学平等的对话者与合作者。与此同时，"合同制"还促进了法国高等教育机构之间、高等教育机构与外部、高等教育机构内部各个院系之间的对话与合作。"合同制"是一种具有缓冲特征的制度，这种协商文化有利于更新法国原有的社会控制模式，打破既有的权利的垄断格局，消解中央集权，建立合理的权利关系形态和新型的人际关系，为高等教育内部质量保障体系的形成提供了良好的氛围。

第三节 高等教育数量与质量的均衡发展："U2000 规划"的实施

政府权力下放与合同制改革推进了法国大学自治，为大学走出"象牙塔"面向社会办学、与企业界以及社会各界合作提供了制度性前提。在市场推动下，法国通过实施"U2000 规划"，实现了高等教育与社会的有效对接，高等教育机构开始"在类似市场的环境中试图找准自己的位置以适应环境"[③]；同时实现了经费来源多元化、高等教育地方化与均衡化，为迎接高等教育大众化的人口挑战、实现高等教育"质"与"量"的均衡发展提供了经济与物质保障。

一 "U2000 规划"："量"的压力与"质"的诉求

1990 年 6 月 26 日，法国在索邦大学召开全国高等教育会议，与会者包括政府官员、教育及与高等教育部门相关的各级领导以及教育专家和学者，大家就法国当前由高等教育大众化所引发的教育质量问题和青

---

① Armand Frémond（Président）；Rapporteur général Daniel Renoult；Rapporteur Mohamed Harfi, Thierry Bergeonneau, François - Xavier Fort. *Les universités françaises en mutation : la politique publique de contractualisation* (1984 - 2002). Paris: La Documentation française. Février 2004. p. 25.

② [法] 米歇尔·克罗齐耶：《法令不能改变社会》，张月译，上海人民出版社 2007 年版，第 17 页。

③ [英] 玛丽·亨克尔、布瑞达·里特主编：《国家、高等教育与市场》，谷贤林等译，朱旭东校，教育科学出版社 2005 年版，第 20 页。

年学生失业问题进行了深入探讨，提出了在 90 年代通过优化资源配置和高等教育均衡化，实现法国高等教育"质"与"量"均衡发展的目标。该规划被称为"U2000 规划"。

"U2000 规划"是在市场驱动下法国国土资源整治规划的重要组成部分。面对 20 世纪 80 年代以来法国复杂的社会问题和强烈的市场需求，密特朗政府为促进高等教育在地区经济发展中的作用，同时减轻政府经费负担，鼓励社会参与办学，实现高等教育经费来源多元化和地方化均衡发展。正如总理米歇尔·理查德在国务会议上所呼吁的那样，"高等教育并不是从里面按照内部逻辑发展的……它是从外面根据外部逻辑发展的，来自社会外部的推动力是不可抗拒的"[①]。随着市场经济的发展，高等教育的经济功能和社会服务功能成为指导法国高等教育改革的重要指向。"U2000 规划"在实现高等教育"质"与"量"均衡发展的过程中，高等教育机构必须坚守以下三大原则：一是继续加强知识的生产与传播，重视教学与研究之间的联系，发挥高等教育的科学与文化功能；二是加强高等教育职业培训，培养国内（或国际社会）需要的工程师、技师和领导者，发挥高等教育的经济功能；三是协调相近地理区域内大学的科学知识功能，促进大学适应当地环境，实现高等教育地方化。这是新的时代背景下高等教育得以生存与发展的理由与依据，反映了国家和社会发展对高等教育的诉求，体现了外适性的高等教育质量观和社会功用成为衡量高等教育质量的重要标准。法国政府通过"U2000 规划"为社会各界参与法国高等教育质量保障开辟了通道。

二 高等教育经费来源多元化："量"与"质"并重发展的前提

"U2000 规划"最大的突破是地方参与高等教育经济资助，实现了高等教育经费来源的多元化，为高等教育质量保障体系奠定了一些必不可少的物质与经济基础。权力下放政策与合同制改革为地方当局以及当地企业参与高等教育公共事务管理提供了合法依据，大学自主管理能力的提高为大学自我治理以及与地方进行协商、合作提供了可

---

① Délégation à l'aménagement du territoire et à l'action régionale. *Développement universitaire et développement territorial: l'impact du plan Université 2000: 1990 - 1995*. Paris: La Documentation française, 1998. p. 15.

能。"U2000规划"就是在政府放权与市场推动下,法国政府、高校和社会各方之间互惠、互利、相互协商、合作的过程,从而在资源互换中实现各方利益最大化的过程中奠定高等教育质量保障的物质与经济基础。

"U2000规划"的一个重点是建设、翻修教室,改善接收学生的条件,扩大大学实有面积,以接纳新生。1991—1995年这一阶段要实现以下目标:建筑面积达到150万平方米;经济资助拨款为322亿法郎,其中160亿法郎由地方承担。另外,"U2000规划"力求改善当地大学生均占有的建筑面积,到这一规划结束时,法国大学生均占有的建筑面积从1989年的4.5平方米/生增加到5平方米/生。[1] 表3可以说明这一时期法国大学在基础建设方面的进展情况:

表3　　　　　　　　校舍创建和翻修活动的发展

	1991年	1992年	1993年	1994年	1995年	总计(m^2)
规定的面积(m^2)	150000	310000	350000	400000	300000	1500000
每年实建面积(m^2)	73049	198458	389207	348350	504915	
累计实建面积(m^2)	73049	271507	660714	1009064	1513979	1513979

资料来源:Délégation à l'aménagement du territoire et à l'action régionale. *Développement universitaire et développement territorial: l'impact du plan Université 2000: 1990 – 1995*. Paris: La Documentation française, 1998. p. 16。

"U2000规划"标志着法国地方行政区域团体在高等教育经费投入领域内的干预不断增长。法国国家教育部高等教育司对法兰西岛和海外省及海外地区(DOM – TOM)之外的各个学区进行了调查研究,收集了详细的数据,撰写了《"U2000规划"中区域化经济资助总结》,其中反映出法国高等教育机构相关各方的经济资助情况,主要表现为如下几个特征:

其一,在经费预测框架内,国家资助呈逐渐减少态势,实施中比预测更少。相比之下,地方行政区域团体的参与比例则不断增加,基本上

---

[1] Délégation à l'aménagement du territoire et à l'action régionale. *Développement universitaire et développement territorial: l'impact du plan Université 2000: 1990 – 1995*. Paris: La Documentation française, 1998. p. 15.

达到了全部预测的 95%，并且地方团体的资助占了 1/2 强（达 53.1%）。① 具体见表 4：

表 4　　　　　　　　　"U2000 规划"经济资助框架

单位：10 亿法郎	最初的经济资助框架*	预测的经济资助框架*		事后经济资助总结（23 个学区）
		总计	外省	
"U2000 规划"	23.0	32.9	22.6	21.8
国家	16.2（70%）	16.3（49.5%）	10.4（46.1%）	8.8（40.3%）
地方行政区域团体（collectivité locale）	6.8（30%）	16.2（48.9%）	11.7（51.7%）	11.6（53.1%）
——大区（le région）				6（27.9%）
——省（le département）				3（13.8%）
——市镇（la commune）				2.5（11.4%）
其他基金		0.5（1.5%）	0.5（2.2%）	1.4（6.6%）

＊资料来源：Y. Fréville, Assemblée nationale, Rapport sur l'enseignement supérieur, 1991 et 1992, pp. 30 – 31。

其二，通常首批设备经费主要由国家提供。大部分建筑经费由地方团体提供，在地方行政区域团体中，地区是高等教育机构的主要合作者。② 如表 5 所示：

表 5　　　　　　　　　地方团体之间经济资助的分配

单位：10 亿法郎	总计	国家	地方行政区域团体			
			总计	大区	省	市镇
投资，其中	21.8	8.8（40.3%）	11.5（53.1%）	6	3	2.5
——建筑物	20.3	8.03（39.5%）	11.03（54.3%）	5.7	2.9	2.4
——第一批设备	1.4	0.81（56.6%）	0.52（36.2%）	0.35	0.08	0.09

资料来源：BILFIN, pp. 11、12、13。

---

① Délégation à l'aménagement du territoire et à l'action régionale. *Développement universitaire et développement territorial：l'impact du plan Université 2000：1990 – 1995*. Paris：La Documentation françaises 1998. p. 20.
② Ibid., p. 21.

其三，总的说来，学生经费的投入已有一定的改善，但各地区差异很大。这主要是由于新建大学是按照学生人数的标准享有教育成本，学生人数的减少必然导致总经费的降低，而旧大学（原有大学）的教育经费是有固定数额的，因其招生人数的扩大会导致生均经费减少。并且不同学区在每个学生经济资助总额以及各个团体的参与程度等方面都存在很大不同。这主要是因为教育投资是与该地区经济发展密切相关的。由于1989—1993年间部分大学与国家签署了合同，国家在"U2000规划"启动前后投入的年度建筑经费比重不同，地方行政区域团体在"新"（U2000启动之后）、"旧"（U2000启动之前）大学建设工程之间的经费分配也不相同，如表6、表7所示：

表6　　　　　"旧"工程经济资助结构的学区分配

经济资助方	资源（%）	变化系数
国家	46.84	0.73
地方行政区域团体	50.45	0.65
大区	29.44	0.62
省	12.54	1.22
市镇	8.47	1.16

资料来源：根据 BILFIN，p.25。

表7　　　　　"新"工程经济资助结构的学区分配

经济资助方	资源（%）	变化系数
国家	38.09	0.50
地方行政区域团体	54.98	0.53
大区	27.98	0.72
省	14.68	0.66
市镇	12.31	0.68

资料来源：根据 BILFIN，p.25。

其四，通过上述"新"、"旧"工程中各方经济资助变化的对比可以看出，法国政府在工程投入中的比例呈逐渐减少的趋势，地方行政区域团体的力量明显加强，其中最为突出的是市镇，其次是省。大区的投入已经减少,但仍然构成地方行政区域团体中的重要组成部分。尽管国家依然是法国高等教育方面唯一的资助者,但是在项目、规划和经费资助者以及建设中还存在许多潜在的合作者。可以说,"U2000规划"是国家向地方行政区域团体转让高等教育费用这一复杂过程的开端。在地方行政区域团体参与方面,"U2000规划"的经济资助方式也是在已有合作关系基础上的一大创新。

经费的增长为创建新大学、实现法国高等教育规模扩大、接收更多的学生提供了可能,促进了法国高等教育民主化和大众化的发展,有利于实现法国高等教育均衡和社会公平,并且为法国高等教育质量的发展奠定了物质基础。按照法国社会学家布尔迪厄的文化资本理论,文化资本(高等教育文凭等)的发展与分配是受制于经济资本的分配与流通的。但事实上,由于法国各个地区经济发展水平不同,高等教育发展的均衡与民主也是相对的和有限的。

三 高等教育地方化:"量"与"质"的均衡统一

从西方中世纪大学诞生地来看,大学都坐落于相对重要的城市,在国家版图上分布极不平衡,法国大学也是如此。几个世纪以来,虽然法国大学校舍状况有了很大改善,但其不平衡的根本特征却未改变。长期以来历史原因造成的法国高等教育地区分布、学科之间以及技术与人文课程之间的不均衡状况制约着法国高等教育整体质量的提高。为此,"U2000规划"肩负着通过重建和新建法国大学、重新部署法国高等教育、实现高等教育均衡发展的重任。具体而言,这种均衡主要体现在:法兰西岛(指大巴黎地区)和外省之间、大城市和中等城市之间、各个教学领域之间,重点强调科学、技术和职业课程的发展。该规划的构成主要基于一种经济资助的合作关系,将国家与地方团体、地区、省和城市联合起来。通过这种方式,"U2000规划"以高等教育的空间布局为切入点,调整法国高等教育在校舍、设备等外部设施以及课程设置等影响高等教育质量的内在因素上的布局。通过挖掘外省资源、建设外省大学,优化资源配置,实现全国高等教育均衡发展。这样做不仅可以缓解高等教育大量入学学生给巴黎市带来的压力,同时也解决了巴黎之外地区经济、教育落后的状况。因此,"U2000规划"成为法国国家发展的战略性选择,不但是实现高等教育民主化和大众化目标的重要基础,

第二章　放权、干预与质量保障:法国高等教育质量保障体系的形成

还是这个时期法国高等教育质量保障的必要措施。

"U2000 规划"对巴黎之外的大学治理发挥了很好的作用,重新部署了法国高等教育整体格局,逐步实现学区之间、法兰西岛与外省、不同教育机构之间的均衡,即合理化布局。这是健全法国高等教育结构体系、提高高等教育整体质量的重要前提。"U2000 规划"在巴黎近郊以及外省,如西部等创建了地区性大学,在空间上扩大了大学的规模和范围,增加了法国高等教育的招生能力（尤其是实用的理工学科）,改善了学生的生活和学习条件,实现了预期的量化目标。里尔、雷恩、南希－梅兹、凡尔赛学区等被认为是学生人数增长最强劲、而校舍远远落后的地区,它们从建设和翻修校舍措施中受益最大。"U2000 规划"中的地方城市承包了所有与学生生活条件相关的工程,使与学生学习生活相关的设施都得以修整和建设。比如拉洛舍尔市所坚持的政策是有助于学生住宿,力求更好地将学生融合到城市中。但客观说来,在改善学生学习生活环境方面的投入还是有限的。体育与文化设施、大学寓所、地方性社团活动以及学生宿舍等发展都较为有限。大学图书馆和餐厅作为重要发展部分,却只占经费投入的 10%。[①]

"U2000 规划"的实施促进了法国高等教育在地理上的就近招生。例如在强烈支持地方招生的南布列塔尼,3/4 的学生都是来自莫尔比昂地区,中部地区的地方大学中的 64% 属于在当地招生。巴黎大区的新大学也出现了地方性招生改革。这不仅为学生接受高等教育提供了机会,缓解了接收学生尤其是第一阶段中学生的压力,并且有效地缓解了巴黎地区大学的人口压力,不失为一种促进高等教育平等的方法。这是自 12 世纪巴黎大学创建以来法国第一次对巴黎市中心的大学生人数增长加以控制。而且,地方性招生有利于保证地区发展的人才需求,起到稳定当地青年人口数量的作用,符合当时推行的国土资源整治规划的要求。但高等教育地方化招生同时也带来了新的教育学和社会学的思考:一是从学生构成来看,新大学中注册的学生大多是来自社会中产阶级;二是从学生知识背景及发展前景看,通常表现出强烈的地方性特点。无疑,这不利于多元化教育的开展,也不利于学生流动。因此,如何确保地方性招

---

① Délégation à l'aménagement du territoire et à l'action régionale. *Développement universitaire et développement territorial: l'impact du plan Université* 2000: 1990 – 1995. Paris: La Documentation françaises 1998. p. 17.

生后学生的教育质量成为法国高等教育质量保障面临的又一问题。

在法国，高等教育地方化与均衡化是一致的。"U2000规划"的实施促进了高等教育地方化与均衡化的进程，形成了密集而有序的高等教育网络。"U2000规划"实施五年后，虽然法国大城市内高等教育机构高度密集的现象仍然没有明显缓解，但是这种集中是适合法国人口密度状况的。高等教育在法国各地区整体分布上均匀，几乎每一个行政区都有一所或几所高等教育机构，即使居住人口少于5000或者在5000—10000之间的小市镇也建立了高等教育机构，甚至在最偏远的农村地区也拥有了20多所大学。上述举措使法国实现了地区与巴黎，北部、西部地区与南部地区以及不同学科和专业之间的多重均衡，从而缓解了法国历史上形成的地区高等教育差距过大的现象。至此，法国出现了一个学生人口和高校布局较为均匀合理的高等教育新版图。这不仅有利于实现高等教育民主化，扩大了接受高等教育的人口范围，为地方培养更多的人才，更重要的是，高等教育均衡发展的过程也是高等教育职业化的过程，为高等教育适应市场需求、提高高等教育社会认可度奠定了基础，这也是质量保障确立的基础。表8以一向为人诟病的法兰西岛与外省之间的鸿沟为例，可以说明地方人口和均衡化的效果。

表8 高等教育各个阶段大学生人数状况：法国/法兰西岛的再均衡
大学第一阶段学生人数的发展——法国/法兰西岛

1985—1986	法国	法兰西岛	地方，法兰西岛之外
大学第一阶段	486478人	120138人	366340人
大学技术学院	60714人	8237人	52477人
比例（其中大学技术学院）	100.0%	24.7% (13.6%)	75.3% (86.4%)

1995—1996	法国	法兰西岛	地方，法兰西岛之外
大学第一阶段	671914人	155967人	515947人
大学技术学院	99201人	13424人	85777人
分布（其中大学技术学院）	100.0%	23.2% (13.5%)	76.8% (86.5%)

资料来源：Délégation à l'aménagement du territoire et à l'action régionale. *Développement universitaire et développement territorial; l'impact du plan Université 2000: 1990 - 1995*. Paris: La Documentation françaises 1998. p. 27。

第二章　放权、干预与质量保障：法国高等教育质量保障体系的形成

通过上述表格对比两个阶段大学第一阶段学生分布情况，法国与法兰西岛已经呈现出对地区高等教育发展有益的均衡，法兰西岛大学第一阶段学生人口占全国同类学生人数的近1/4，大学技术学院在法兰西岛以外的地区得到较大发展。

表9　　大学第二、第三阶段学生人数的发展——法国，法兰西岛

1985—1986	法　国	法兰西岛	法兰西岛之外的地区
大学第二阶段	323284人	105773人	217511人
大学第三阶段	158015人	67700人	93315人
分　布			
大学第二阶段	100%	32.7%	67.3%
大学第三阶段	100%	42.6%	57.2%

1995—1996	法　国	法兰西岛	法兰西岛之外的地区
大学第二阶段	458256人	126981人	331275人
大学第三阶段	204867人	75849人	129018人
分　布			
大学第二阶段	100%	27.7%	72.3%
大学第三阶段	100%	37.0%	63.0%

资料来源：Délégation à l'aménagement du territoire et à l'action régionale . *Développement universitaire et développement territorial*：*l'impact du plan Université* 2000：1990 – 1995. Paris：La Documentation françaises 1998. p. 27。

在上述十年间，相对于第一阶段的发展而言，法国大学第二、三阶段的学生人数在法兰西岛和外省之间出现了明显的均衡（见表9）。并且通过数字可以看出，法国大学第一、二、三阶段在法兰西岛的比例成递增分布，并且它们在地方化发展过程中地区化的速度也呈递增态势。这既与各个阶段的人口基数有关，更重要的是反映出法国在发展高等教育地区化过程中的策略，以期实现不同学区和不同教育级别之间的均衡，以及高等教育体系整体良性发展。这可以通过表10得到更明确的说明：

表10　　大学第一、二、三阶段学生人数增长比例——法国、
　　　　法兰西岛及其以外地方

10年内的增长比率	法国	法兰西岛	法兰西岛之外的地区
大学第一阶段	38.1%	29.6%	40.8%
大学技术学院	63.4%	63.0%	63.5%
大学第二阶段	41.75%	20.10%	48.60%
大学第三阶段	28.40%	12.00%	38.30%

资料来源：Délégation à l'aménagement du territoire et à l'action régionale. *Développement universitaire et développement territorial*：*l'impact du plan Université* 2000：1990 – 1995. Paris：La Documentation françaises 1998. p. 28。

对比上述几个表格，可以看出法国大学各个阶段学生人口的增长比例，不管在大学的哪个阶段，地区大学的学生人数都比法兰西岛大学的人数增长更快。其中增长最快的是第三阶段，是法兰西岛的三倍多；其次是第二阶段，是法兰西岛的两倍多；最后是第一阶段，是法兰西岛增长速度的一倍多。这其中只有大学技术学院例外，尤其是法兰西岛的大学技术学院发展严重不足。这再次反映出法国政府将高等教育尤其是第二、第三阶段教育引向地方，以带动地方经济和文化发展的倾向。

总的说来，这个时期"U2000规划"的实施完成了法国高等教育机构重新部署的工作，使得法国大学开始了重新定位和分配，实现了先前规定的量化指标。但是由于时间短暂，至少到20世纪90年代中期时，法国关于高等教育与研究的地区发展规划和中学后的高等教育课程方面还没有形成普遍的一致性政策，并且教育机构与其空间环境之间的连贯性和融合程度仍有待于进一步提高。

四　适应社会需求的职业技术教育的勃兴

在"U2000规划"背景下，法国社会日益关注高等教育的应用性，对大学进行评价的首要标准是看其培养的毕业生能否适应社会，而不是考量其掌握学科知识的多寡，因此地方行政当局在参与经费资助过程中功利性极强。社会最为看重的是高等教育机构的服务功能，地方团体希望高等教育开展职业技术课程，促进地方经济和文化发展。企业则希望大学开展的研究活动能直接为经济发展服务。中等城市的企业主要为高

第二章 放权、干预与质量保障：法国高等教育质量保障体系的形成

等教育机构的科学实验室提供资助，希望他们的产品能为技术创新提供帮助。在所有基建投资中，86%都是围绕"教学与培训单位"、大学技术学院和工程师大学校的发展。地方性团体常常将工程师大学校和理科"教学与培训单位"列为优先资助的重点，将这些机构视为促进他们发展的重要载体。例如，在斯特拉斯堡地区，国家（法国政府）负责地方行政团体或大学不愿意接手的项目；地方通常管理与技术和应用科学转让相接近的工程，例如化学大学校；城市社区负责那些在城市组织中能为城市生活带来影响的工程；至于省则仅局限于对大学的经济资助。

应用研究能为当地企业带来直接的经济效益，而基础研究则是法国大学宝贵的传统和学术职业成功的关键。高等教育机构虽然认识到科研与企业以及培训与企业之间关系的必要性，但为了追求纯粹的知识，不愿意将企业需求纳入他们的科研政策。教师—研究者认为，应用型研究、研究的开发利用、技术的转化会危及他们的研究自由，应属科研的附属活动，适合于让那些尚未职业定位的教师来做。然而，在社会功用已成为有效高等教育评价标准的时代，尽管地方关注的是具体的、即时的利益，大学关注的是普遍的、长远的利益，大学也应跨越这两种逻辑的对立，在与地方协商中考虑地方的实际需求。正如大学校长委员会（Conference des Presidents d'universite，CPU）所要求的那样，"大学意识到它们能够和应该在提供符合地方需求的课程中发挥作用，大学要响应国家的要求"[①]。

因此，"U2000规划"中建立的大学技术学院比原来增加了一倍，再加上高等教育地方化招生与1990—1995年这一阶段获得中考毕业证书的学生比例的增加，使得法国大学生人数增长最快的就是大学技术学院和大学教师教育学院，增长比例高达31.6%。[②] 这不仅满足了社会对实用性人才的需求，有效地促进了就业，同时也为许多中等城市增添了活力。此外，法国在20世纪80年代引进了企业孵化器，建立大学与企业之间的科技转化园区，如政府、斯特拉斯堡地方行政区域和路易·巴斯德大学

[①] *Conférence des présidents d'universités du 22 mars 1996*, p.12, in PDU, p.88. 转引自 Délégation à l'aménagement du territoire et à l'action régionale. *Développement universitaire et développement territorial: l'impact du plan Université 2000: 1990 – 1995.* Paris: La Documentation françaises 1998. p74.

[②] Délégation à l'aménagement du territoire et à l'action régionale. *Développement universitaire et développement territorial: l'impact du plan Université 2000: 1990 – 1995.* Paris: La Documentation françaises 1998. p.25.

(Louis – Pasteur Université）三方在梅诺（Meinau）工业区内曾共同创建了一个包括物理和生物化学的工程师大学校在内的科技园区，通过合同协商实行大学与地方合作，有力地推动了当地科技与经济的发展。

五 大学自治的加强

"U2000规划"促进了法国大学的自治。"U2000规划"在实施过程中涉及关于教学经费、运转费用和校舍、场址的管理等建设经费的分配与管理的协商问题，这类协商通常由校长委员会与国家、地方各方共同参与。例如在城市规划的建筑方面就比较有代表性，通过促进大学与地区、大学与地方当局对话的方式，打破原来大学处于城市之外的冷漠与割裂的状态，从而使大学也获得了更多自治。虽然法国大学以往在决策之前也进行理论上的辩论，但通常都是封闭性的。"U2000规划"的实施将法国大学推向地方，从而在大学和地方之间建立起一种对话关系，其中大学校长被视为地方的所有社会、经济生活的重要参与者。由于所有合作者的工作都紧密结合，这就扩大了法国大学自治的范围，使大学具有实施多样化改革的空间。但事实上，自治的实现还是困难重重。例如，法国每所大学理应都有处理当地问题的资格，然而有时却连最微不足道的事情都要上报到教育部，这使大学自治常常处于"短路"状态。另外，在实施"U2000规划"的同时伴随着合同制的实施，将大学和国家置于一种对话式的、四年期限的关系中，这意味着法国大学自治的发展还是有限度的。但不管怎样，"U2000规划"开辟了法国政府、社会与高等教育机构之间合作与协商的框架。而经济的投入必然要求最高的回报，为了实现最高的回报各方彼此制衡监督，共同促进高等教育质量的提高。合作、协商与监督融为一体，所有这些因素构成了法国高等教育质量保障不可或缺的环节。在这一合作框架下，各方在追求利益最大化的过程中形成法国高等教育质量保障的合力。

其实，从长远看，"U2000规划"中新大学建设过程只是实现了高等教育"外延式"的均衡，现实中仍遗留了很多问题：一是均衡是相对的，表现在巴黎地区大学没有得到任何发展；二是许多地方性办学点通常规模较小，单学科居多，有的重复设置，这进一步分散了教学资源，不利于发挥集中办学资源的优势。其弊端主要在于既不利于多学科综合性人才的培养，还降低了法国高等教育的国际竞争力。这些都成为进一步加剧法国高等教育质量问题的因素。

"U2000 规划"的实施构成了这个时期法国高等教育改革的基础，它积极应对了迎接大量学生的挑战，重新塑造了大学与地区的关系，促进了高等教育地区化发展，实现了高等教育机构的结构分化与均衡。更重要的是，该规划促进地方城市、经济和文化的发展，吸引了众多社会力量参与，形成了全新的经济资助合作网络，打破了国家对高等教育的单独资助关系，使得高等教育经费来源多元化，从而在物质层面上奠定了法国高等教育质量保障的基础。虽然在改善学生学习生活条件方面尚不显著，但这并不影响"U2000 规划"的成功。

第四节 公平与质量的统一：法国高等教育人才培养模式的调整

"U2000 规划"为迎接法国高等教育的入学高潮并为促进就业提供了物质保障。但影响人才培养质量的因素很多，除了国家宏观的教育政策、教育管理、经费投入等外在因素之外，招生、课程设置、师资、教学方式等因素也是影响人才培养质量的根本。"U2000 规划"为法国学生进入大学提供了平等的机会，但如何培育教化这些多样化的学生，对其实施适当的教育并促进其顺利就业则是实现教育公平、保障高等教育质量的必然要求。法国高等教育质量保障的重要举措就是调整以往以培养高级专业人才为宗旨的传统人才培养体制，建立与社会适应的、现代化的人才培养体制。

一 灵活多样的高等教育招生制度的建立

法国实行全国统一的高中会考制度，该制度富有独具法国特色的政治和教育内涵：高中会考作为一种人才筛选机制，其统一性是平等的象征，体现着民主精神；高中会考意味着中等教育阶段的结束，同时意味着大学教育的开始。因此，会考类型的变化代表了高等教育招生方式的变革，直接影响着高等教育的规模与结构，因而对人才培养和教育质量也有直接的影响。

20 世纪 80 年代以来，随着社会对实用性人才的需求和对接受高等教育的普遍要求，法国会考出现了多样化的特征。普通会考（baccalauréat

général）是法国中等教育中最集中的、唯一被公众认可的考试。到1986年出现了一种新类型的会考——技术会考（baccalauréat technologique），持有技术会考文凭的人数增加很快。最初许多技术会考的毕业生直接走向工作岗位，但随着就业市场日益重视高等教育文凭，技术类学生进入高等教育的人数日益增加，从1980年的不足60%增加到1993年80%以上。① 这就需要高等教育机构作出相应的调整，以合理吸收具有不同专业知识背景的学生。1986年还出现了第三种会考，即职业会考（baccalauréat professionnel）。职业会考证书持有者拥有继续接受高等教育的权利，可以进入综合大学，但通常多半都进入了高级技术员培训班。

随着进入综合大学的学生日益增多和他们知识背景的多样化，为进一步适应社会需求，法国大学利用获得的自主权，新设了大量的大学文凭，其中最著名、最广泛的就是一种注重课程与实习相结合的大学第二阶段文凭（Magistères），通常属于职业性学科。另一项国家文凭改革就是在20世纪90年代早期创建的大学职业学院（instituts universitaires professionnalisés – IUPs），这类学院颁发类似于20世纪70年代创建的工程师学院的工程师硕士文凭（ingénieur – maître），这类文凭因符合社会对人才的需求，因此发展非常迅速。大学技术学院、大学职业学院和工程师大学校构成了法国综合大学"开放"系统中"封闭"的一极②，也是发展迅猛且日益多样化的一极。但这些高等教育机构所容纳的学生人数仍然较少。虽然高级技术员培训班以及一些新出现的学院声誉逊色于大学校，直接招收持有会考文凭者，但也为社会培养了许多实用人才。

面对社会非传统人口对高等教育的需求，20世纪80年代后法国大学学习阶段和文凭的划分也出现了一些新变化。1994年，法国设置了大学学习录取文凭（Diploma for Admission to University Studies, DAEU），该文凭面向与大学特殊入学考试的申请者具有相同特征的申请者，持有该文凭者拥有进入大学学习的权利。持有与所申请专业学习相关的工作

---

① Eurydice：*Vingt années de réforme dans l'enseignement supérieur en Europe：de 1980 à nos jours*. Etudes Eurydice. 2000，p. 327.

② 法国综合大学实行开放式招生，所有持有高中会考证书者均可注册入学，因此成为开放的一极。这是相对于法国实行严格选拔式招生的大学校而言的。大学技术学院、大学职业学院和工程师学院创建于综合大学内部，但实行选拔式招生，因此被称为综合大学开放系统中封闭的部分。

第二章 放权、干预与质量保障:法国高等教育质量保障体系的形成

经历证明者,经过职业经历认证后亦具有获得文凭的资格。这使那些具有实习或工作经历的年轻人可以进入职业高中和中学后的各种学习机构——高级技术员培训班、大学技术学院和工程师大学校(écoles d'ingénieurs)——接受国家职业教育。由于这一时期《权力下放法案》的实施已经将职业培训的权力从国家转交地方,国家和地区之间以合作的方式拟定了一项地区青年职业培训规划(plan régional de formation professionnelle des jeunes, PRDF),这就为年轻学徒提供了参与开放的中学后培训课程的机会,他们可以通过工学交替的方式继续学业。完成这些学业的学生可获得高级专业学习文凭(Diplômes d'études Supérieures Spécialisées – DESS),这一新文凭适应了社会发展的需要,因而获得了极大的成功。为了方便学生,所有会考证书持有者与没有会考证书的学生都可以通过远程教育的方式注册课程。如国家远程教育中心(Centre national d'enseignement à distance – CNED,创建于1939年)、23个远程学习中心和大学联合学习中心(Fédération inter – universitaire de l'enseignement à distance – FIED)都提供这类课程。

20世纪80年代后法国高等教育进入持续调整阶段,高中会考变革、多样化的招生方式以及高等教育机构和学位文凭的相应调整适应了高等教育大众化的要求,为大量传统的和非传统的入学人口提供了接受高等教育的机会,同时也提供了多样化的选择以促进所有学生学业成功。如图11、图12所示:

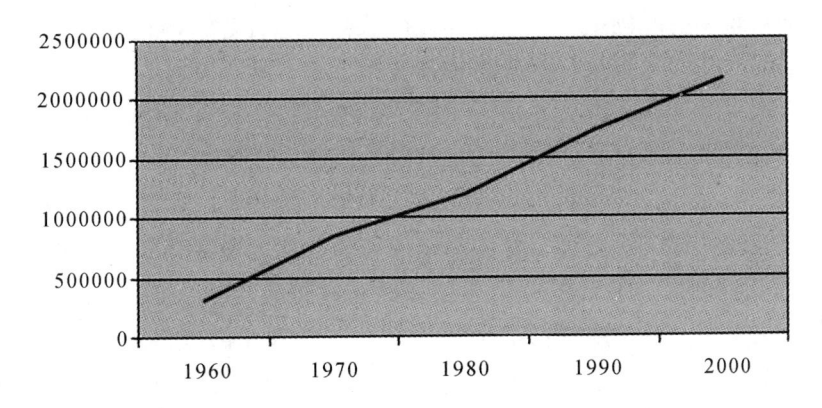

图11 1960—2000年间法国高等教育机构中注册的学生总数的增长
资料来源:评估与展望司(Direction de l'Evaluation et de la Prospective),2004。

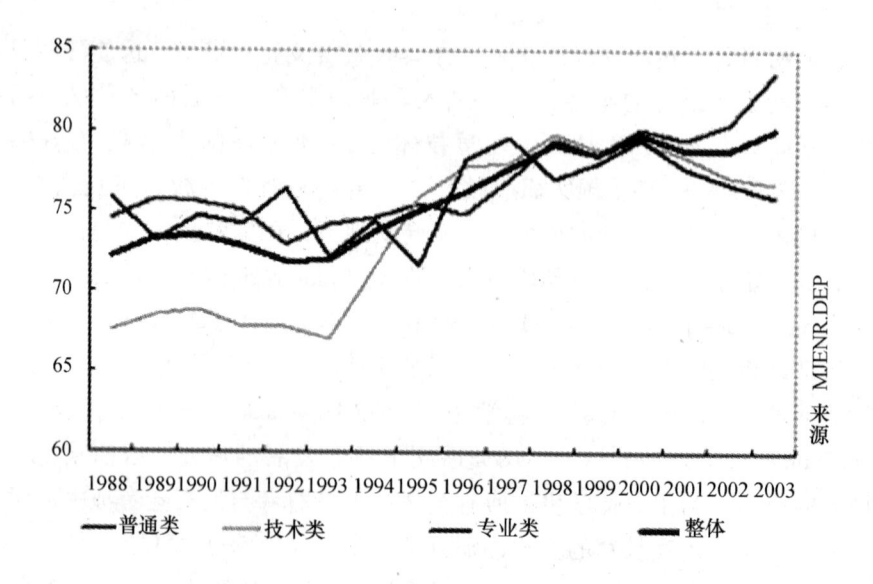

图 12　1988—2003 年会考成功率的变化

资料来源：评估与展望司（Direction de l'Evaluation et de la Prospective），2004。

对比图 11、图 12 可以看出，从 20 世纪 60 年代起，法国高等教育入学人数出现增长趋势，其中从 20 世纪 80 年代到 90 年代中期是高等教育人数增长幅度最快的阶段。此阶段普通会考、技术会考和专业会考的成功率相对平缓，虽在 90 年代初略有下降，但总体上到 90 年代末均呈现增长趋势。其中技术会考的成功率一直处于上升状态，直到 90 年代末三种会考才趋于一致。这个曲线图反映了这一阶段法国高等教育在遵循双轨制的基础上，通过多样化的法国高等教育结构在接收多样化学生的同时为学生提供尽可能多样种类的教育，培养多样化人才，满足了高等教育大众化和社会发展的要求，同时也符合教育发展的规律，促进了社会公平，体现了公平与质量的统一。这是高等教育质量保障的最大成就。

然而，这一阶段法国复杂多样的高等教育机构在与中学的衔接方面存在一定问题，在与高中建立更多联系，提供更多有关专业的信息指导，为学生专业定向提供准确的信息与指导方面仍有很大改善的空间。另外，为了学生的长远发展，法国政府应该在这些不同类型的高等教育机构之间建立广泛联系，为学生的分流、融合提供通道，以及从课程设置和制度方面为学生能再次选择专业和可持续性发展提供现实可行性。

这成为下一阶段法国高等教育质量问题的根源。

二 适应社会需求的现代化课程与教学的实施

1980年之后法国大学在发展新专业和组织课程方面拥有了更多的自主权，发展与社会相适应的现代化课程与教学是这一阶段法国高等教育质量保障和促进学生就业的重要措施，也是高等教育改革的最终落脚点。1993年和1994年时，法国大学第一、二阶段的普通教育课程进行了普遍改革，减少了获得国家文凭所必修课程的难度与数量，尤其对获得大学普通教育文凭的课程进行了深入改革，引进模块式课程，为学生及早转变专业方向、改变选课方向提供了可能。同时，这次改革也为大学在传统专业领域内引进新的学习内容或者创建得到国家认可的新专业提供了可操作性空间。这些改革以现代化理念为依据修订学习内容和学习方式，以期降低学生在初始普通教育阶段的学业失败率。因此，此次改革亦被称为初始阶段的现代化。在1987—1997年阶段，职业化专业领域接纳了所有注册大学的学生人数的23.3%。[①] 法国大学大力发展职业化课程，促进了学术性课程与职业化课程之间的融合，结束了以往的传统学术学科与纯粹职业化学科之间的分野与割裂状态。这是法国大学课程发展史上的一大飞跃。

这一阶段，法国大学第一、二阶段的改革对改进大学教育质量、提高效率起到了重要推动作用，主要基于以下原因：创建或调整新课程的动力来自于高等教育机构自身，而不是政府推动；这次改革能够为大学所在地区及其经济资助者提供更好的适合地方需求的课程；大学、社会和政府均认识到严格的中央集权型管理与高等教育机构的复杂设置在应对多样化的外部需求时瘫痪、无能为力的状况，大学和地方强烈要求在课程方面的决策权力，这次改革就是在这种严峻的背景下提出的。大学在课程设置方面的自治成为新课程改革的有利环境和重要前提。

这一时期法国高等教育中出现了灵活的教学模式和先进的教学技术，奠定了现代化教学的基础，为法国高等教育质量的提升提供了保

---

① Eurydice. *Vingt années de réformes dans l'enseignement supérieur en Europe*：*de 1980 à nos jours*. Etudes Eurydice, 2000. p. 333.

障。例如1992—1993学年许多大学的学科教学中实行模块式教学，每个模块为一个单元，每个单元都围绕着有关知识的几个要素，可以自由选择适合个人情况的几个要素去分块学习，考核也相应分为几部分。学生每年完成3—6个模块课程，累积学分以获得预期的文凭。这样就减少了学业失败的概率，促进了学生日常学习中的积累。20世纪90年代初，法国大学教学中开始引入现代化技术，如计算机和信息通讯技术等，所有的大学都配备了最低数量的计算机以实现教学目标，图书馆实现了计算机化，语言实验室也配置了计算机，以便学生自学外语。1992—1993学年，法国大学中将计算机课程视为所有本科生的必修课程。新技术不仅作为教学内容的一部分，更主要的是作为一种教学方法，为提高教育教学质量提供了方法和观念的现代化基础，成为法国高等教育质量保障体系的重要成长点。

三 教师招聘与培训制度改革

大学教师的素质是决定大学教学质量的关键，教师招聘程序及其培养措施是影响高等教育质量保障的重要因素。传统的法国大学是专门致力于学术研究的场所，并不参与学校教师的职业培训。在1989年7月10日《教育指导法案》的推动下，综合大学内创建了教师教育学院（IUFMs），这是一个自治的、但又必须附属于一个或多个大学的公共教育机构。该学院的创建目的是扩大大学职能范围，为所有的中小学校教师提供普通职业培训，同时提高小学教师和中学教师专业化程度，并通过师资培训加强大学和中学的联系。此外，值得注意的是，中小学师资水平的提高也是影响高等教育生源质量的重要原因。

1984年，法国取消国家博士（Doctorat d'état），创建了新博士学位。这直接影响了对高等教育教师的资格要求。学生只需要在获得深入学习文凭（DEA）之后的三年或四年内完成他们的论文，就有资格直接参加讲师的竞争性考试（maître de conférence），获得讲师资格。如想成为教授，他们首先必须获得指导研究的资格（habilitation à diriger les recherches，HDR），然后通过地方或国家竞争性考试才可以申请。法律、经济和商业管理等学科都属于这类情况。

为进一步提高教师水平，1989年法国建立了高等教育创新指导（Monitorat d'initiation à L'Enseignement Supérieur）和高等教育创新中心

(Centres d'initiation à L'Enseignement Supérieur）进行教师培训。通常从在读博士生中招聘教学助手，聘期一般为三年，要求在教师/导师指导下每周完成两个课时的授课任务，每年参加 10 天培训。在这三年期间，他们获得一定的研究经费。在完成论文答辩之后，在他们获得讲师职位之前，可以被雇用为临时的教学和研究助手（Attachés Temporaries d'Enseignement et de Recherche，ATER）。这种方法增加了博士生教学与研究互相促进的机会，是另一种形式的工作实习，同时也是有效利用人才和教育资源的方式，从师资和教学两方面保障了高等教育质量。

此外，法国国家教育部和一些大学还提供经费对大学科研或行政管理人员进行培训，例如有关外国语、软件处理或科学设备的使用等。教师评价开始重视科研活动，强调国家对教师职业的管理，这虽然对高等教育质量保障是必不可少的措施，但在一定程度上限制了大学鼓励课程和教学方法创新的动机。

四 提高高等教育内部效率：大学第一、二阶段教育质量改革

1984 年《萨瓦里法案》确定了大学第一、二、三阶段的培养目标，并围绕高等教育职业化提出了两项措施：一是加强对学生提供有关职业的信息指导，让学生及早了解职业信息，进行正确的职业选择；二是设置专业针对性较强的大学科技学习文凭（DEUST），促使学生获得适应社会所需要的职业技能、科学方法等方面的基本训练。合同制改革和"U2000 规划"都将提升大学第一、二阶段教育质量列为优先发展的重点。法国政府通过合同制杠杆鼓励大学根据社会需求自主设置大学学位，并通过增加大学教师—研究者岗位的方式，增加了大学第一、二阶段的师资力量。"U2000 规划"则通过优化资源配置、调整高等教育结构布局、改善大学学习和生活设施、建立与地方合作关系等方式为大学第一、二阶段改革提供外部支持。国家评估委员会通过主题评估和学科评估全面诊断大学第一、二阶段质量问题，并提出诸多建议。国家教育行政总督导也从学区建设等方面开展评估，为这一改革的顺利开展创造了良好的环境。

从 1991 年开始，法国大学普通教育领域开始对大学第一、二阶段进行改革。主要措施如下：首先，加强大学信息和指导团队建设，更广泛地参与并加强与高中的联系。这些措施都在大学自身改革措施的范畴

之内。各高校开展了多种多样的活动，例如召开信息会议、在高中召开职业论坛、设置大学对中学生的开放日、在7月大学招生之前安排几周的介绍期、建立导师辅导制为处于学业困境的学生提供可能的帮助等；其次，除法律专业以外，可以通过组织一个以模块为基础的大学普通教育学位，改进关于可能性选择的信息，在第一学期或第一学年结束时为转换课程提供更大的可能性。提供并改进关于学生评估程序的信息系统；再次，设置新文凭，开办新专业，重视传授新技术；最后，加强教育的职业化，组织学生赴企业实习，邀请企业人员参与学校教学与课程设置等活动。

由于改革进程缓慢，直到1996年、1997年，这项改革才真正开始生效。1995年9月，法鲁委员会（Fauroux Commission）对法国整个教育制度进行了系统的考察，于1998年时提出了大量关于有计划地改进学生指导和研究设施的建议，提议加强高等教育机构在学术与管理方面的自治，通过指导（guidance）和辅导制（mentorship）改善中等教育和高等教育之间的衔接，这为法国高等教育质量内部保障的后续发展指明了方向。

其实，教育质量是一个相对的概念，衡量视角的不同直接影响对质量的评价。通常法国衡量学生学业失败率的标准是根据学生在学习两年或三年之后获得普通教育学位的比率。如果单从学生的角度来考查学生在注册三年后获得学位的比率，则学生辍学率就下降为15%。研究显示，学生注册大学校预备班，在结束培训后未能顺利进入大学校的失败率为38%。[①] 因此，人们开始质疑"学生成功的路径"（filières de la réussite）——通常人们认为进入大学校的学生成功率很高，其实这种所谓的高成功率是相对的，因为与综合大学的失败率所使用的标准不同。这体现了法国高等教育评估上的不严密。尽管法国高等教育中学生在规定学制期间的失败率较高，但许多学生往往用多于规定年限的时间来保证获得预期的文凭，没有获得任何文凭就离开学校的比率是很小的。因此，法国高等教育质量整体是很高的，而如何提高大学内部效率则成为下一阶段高等教育结构调整的重要目标。

---

① Eurydice. *Vingt années de réformes dans l'enseignement supérieur en Europe: de 1980 à nos jours*. Etudes Eurydice, 2000, p. 329.

第五节　创建评估机制：法国高等教育外部质量保障体系的形成

20世纪80年代以来，法国高等教育经历了管理体制、经费投入体制和人才培养体制的改革，在拥有了自治权的基础上与国家、社会建立了全新的平等与对话的合作关系。在进行"能量交换过程"中，高等教育质量成为国家以及所有高等教育利益相关者普遍关注的中心。为促进高等教育质量提高，为公众、政策制定者和管理者提供透明的高等教育制度信息，法国政府建立了以国家评估委员会为执行主体的评估机制，对法国高等教育机构进行全面评估，在评估的运行中形成了政府主导的高等教育外部质量保障体系。

一　法国高等教育质量评估机制的形成

高等教育质量评估是现代社会中法国政府对高等教育进行有效管理的一种新的干预措施，也是大学自治必不可少的对立物。法国高等教育质量评估的兴起有着复杂的原因，受到政府、社会、历史传统以及国际潮流等多方面的影响。

具体而言，从经费投入与效益看，政府和社会对效益的追求是法国进行大学评估的首要推动因素。国家评估委员会在对法兰西共和国总统的第一份报告（1987年）中对此缘由进行了很好的诠释：高等教育需要花费很大的代价，并且代价将越来越大。政府在不停地投入、增加投资和设备的同时，希望高等教育机构能够提供优质的服务和卓越的知识。从教育管理的角度看，随着法国高等教育自治程度的提高，高等教育结构和功能日益趋向多样化，科研创造、知识生产、培育精英、传播文化等成为高等教育的重要使命。政府以往实行的监督手段不适合具有多样化功能的现代大学制度。为了对高等教育自治进行有效的监督，衡量政府教育投入的有效性，评估成为政府对高等教育实施有效管理的必然选择。另外，从高等教育机构方面看，质量评估的终极目标是促进高等教育（包括教学、科研和社会服务）质量的提高，这一方面需要高等教育机构了解国家和社会的现实需求，以便作出积极的反应；另一方面高等教育机构需要对其自身实际所拥有的师资、物质性存在的教学资源、科研产出情况进行检查，这是提高教学与研究质量、高等教育社会公信度、国际知名度和吸引力的必要措施。因此，质量评估是高等教育与外界之间沟通的桥梁，凝聚着政府与社会对高等教育的期望与诉求，同时也构成了对高等教育质量进行管理与提高的外部保障体系。

其实，高等教育评估属于政府公共政策管理合理化改革的范畴。拿破仑三世（Napoléon III）和维克多·迪律依被视为法国实施高等教育评估的先驱。拿破仑三世在位期间，为发展科学技术，提高教学和科研质量，曾吩咐当时的几位学者对生理学、外科学等进行深入调查，并根据调查结果起草有关改革的专家报告，这被视为最早的评估。迪律依生活于法兰西第二帝国经济复苏之际，他于1853年创建了专门负责教学评估和审批创建学院的帝国公共监督委员会（Conseil Impérial de l'Instruction publique），其成员由教育部长推荐，经皇帝任命，由各个学科的知名专家和学者按照学科逻辑，在同一学科内部对教学内容进行横向或者纵向比较，并进行判断、提出建议。根据评估结果选择需要重点支持或创建的学科。其评估报告被政府视为进行教育规划与治理的参考依据。因此，法国高等教育评估从一开始就被视为规范工作、开展教育改革的动力。尽管时隔一个多世纪，教育评估由政府主导、专家参与的评估模式、实地调查的评估方法以及提供建议、推动教育规划与规范工作的使命仍然是新背景下法国建立高等教育评估机制的珍贵的"历史遗产"[1]。

此外，法国高等教育评估的兴起深受国际评估运动的影响，与世界性公共政策评估高潮的出现相一致，尤其是20世纪80年代英美国家兴起的以责任和效益为核心的第二次评估高潮对法国公共政策管理产生了较大影响。20世纪80年代中后期，法国理查德政府在公共政策改革中引进了盎格鲁—撒克逊式方法，将评估作为一切管理的原则，力图通过公共服务革新的方法来增强国家公职人员的责任感。虽然当时法国对新制度主义、市场机制等还存有疑虑，对以往否认国家目的与企业目的之间存有共同点的理念开始动摇，但是"经营主义"和"企业主义"理论已开始影响国家权力管理。国家开始重新思考公共开支的评估。鉴于

---

[1] Comite National d'Evaluation. *Évolution des Universités*, *Dynamique de l'évaluation*, *Rapport au Président de la République 1985 – 1995*, Paris: La documentation françaises Paris, France, 1995, pp. 5 – 10.

第二章 放权、干预与质量保障:法国高等教育质量保障体系的形成

这一时期许多发达国家,如美国、加拿大和英国,都已经在高等教育领域实施评估,现代意义上的大学评估作为公共政策评估的一部分才被正式引入法国高等教育改革中。

为了明白"大学在做什么及目的是什么,使法国在高等教育评估领域能够与其他工业国家尤其是英语国家并驾齐驱地发展"①,1984年1月26日,法国《萨瓦里法案》第65条提出了创建国家评估委员会。1985年2月20日颁布的法令规定了国家评估委员会的组织原则和使命,于1985年5月由法兰西第五共和国总统密特朗隆重签署并开始运行。1989年7月《教育指导法案》第27条正式规定了国家评估委员会隶属于国家总统,独立行使管理权,不需要对教育部长负责。国家评估委员会的使命是对隶属于高等教育部的所有具有科学、文化和专业性特征的大学、大学校及高等教育机构等公立机构进行整体评估,描述高等教育机构的整体状况,并提出建议。具体而言,包括初始教育和继续教育;科学技术研究及其结果的开发应用;文化和科学技术信息的传播;国际合作。此外,国家评估委员会还要考察这些机构的管理方式、政策及经营等。在此过程中,国家评估委员会没有权力去评估个人,无权授予课程或者分发资金,其职责仅限于对这些机构在教学和科学政策的背景下所采取的措施和整体活动进行分析,其最终目的是促进高等教育机构质量的改善、自治的发展及改进高等教育的公共服务职能。国家评估委员会的建立标志着法国高等教育评估制度的合法化与组织化,也是高等教育外部质量保障体系正式确立的标志。

此外,法国高等教育机构还接受其他类型的评估。比如,教育部所开展的评估,法国的国家教学总督导(Inspection générale de l'éducation nationale,IGEN)由于需要对中小学教师教学进行评估而对大学的教师教育学院开展评估;国家教育行政总督导(Inspection générale de l'administration de l'éducation nationale – IGAEN)主要评估公立高等教育机构的所有改革与创新,与国家评估委员会不同,它能对所有大学的一个既定主题或学科进行跨机构的评估;成本检查委员会(Observatoire des Coûts)通过对高等教育资源评估来促进教育资源使用的合理化。合

---

① Andre Staropoli. "The Comite National d'Evaluation: preliminary results of a French experiment", European Journal of Education, Vol. 22, No. 2, 1987. pp. 123 – 131.

同制的实施使得高等教育机构的自我评估成为必需，这不仅促进了高等教育机构对自身的了解，形成内部评估文化，同时也为其他评估机构的外部评估和国家决策提供尽可能准确的数据资料。还有，从1997年开始在政府鼓励下，许多法国大学建立了自评制度，自发组织对校内所提供的课程进行系统评估，体现了一种责任文化的形成。此外，大学学位课程也会引起其他评估。1984年《萨瓦里法案》规定大学拥有创建大学文凭（Diplômes d'Université）的自主权，即根据实际需要，通过一定的程序自主设计本校专业和文凭。大学经过一段相对自由的实验阶段，需要经由来自国家组成的该学科专家代表的评估，如果顺利通过，则作为一个模型确定为获得国家文凭（Diplômes Nationaux）的课程。该学位被社会接受程度或者接受资助的多少则意味着来自市场的另一种类型的评估。许多工程师大学校或商业大学校以及私立院校都借鉴了国外由学生来评价教师的经验，但这遭到了教师群体的质疑与反对。在法国高等教育评估中，学生参与评估的权利尚存争议。

所有上述高等教育质量评估机构或团体从不同的角度来透视、衡量法国高等教育的质量，提供有关法国高等教育机构质量、效率以及人才培养等方面的丰富信息，与国家评估委员会一起构成了一系列质量评估机构，塑造着评估文化，构成了法国高等教育外部质量保障体系。

二 国家评估委员会质量评估工作的开展

质量评估是法国政府保障高等教育质量的手段，国家评估委员会作为一个常设性机构对法国高等教育进行机构评估，这是在法国特有的社会和政治机构影响下历史发展的结果。这不仅是一个简单的制度变化，还意味着法国政府重新审视高等教育、展望其发展前景。国家评估委员会的人员构成、评估程序和评估原则体现了这一阶段法国高等教育质量评估的特色，反映了法国高等教育制度的变革，促成了法国高等教育外部质量保障体系的确立。

（一）多元化的人员构成

法国国家评估委员会由25名成员组成——1名总代表和24名管理者，分别来自与高等教育相关的各个领域。其中11名是学术和研究领域的代表，他们分别从全国大学协议会（Conseil national des universites，CNU）主席、国家科学研究中心（Centre national de la recherché scientifique, Reserch National Council, CNRS）主任和法兰西学院（l'Institut de France）院长中选出。3 名成员由大学校长协商会（Conférence des Présidents d'université, CPU）成员选出，1 名成员由工程师教育与大学校中心（Directeurs d'Ecoles et de Formations des Ingenieurs, CDFI）主任选出，1 名成员由大学中的小学教师培训机构中心主任（Directeurs d'Institut Universitaire de Formation des Maitres, CDIUFM）中选出。3 名成员来自国外的教学与研究机构，是由部长委员会在挑选后根据相关法令而任命的。4 名成员由社会经济委员会（Conseil Economique et Social, CES）推荐，1 名来自国家委员会（Conseil d'Etat），1 名来自国家审计办公室（Cour des Comptes）。国家评估委员会主席从这 25 人中产生。这些成员由总统在部长会议上任命，任期 4 年，卸任后不得立即再次任用。半数成员每两年更新一次。国家评估委员会负责外部评估的专家主要是从科学家、教师—研究者中选定，其遵循的原则是鼓励跨学科、相似性和多样化。[①]

通过国家评估委员会的人员构成可以看出，这是一个兼具政治和专业色彩的评估机构，具有权威性、客观性和专业性，保证了国家评估委员会作为一个独立性行政机构在一个高度中央集权型管理体制的国家内独立实施评估的现实可行性。3 名外国专家的人员构成表明，法国开始注重在国际高等教育中的声誉和地位。参与评估人员的多样性体现了社会各界对高等教育的期望与监督，代表着社会各界民主参与高等教育管理以及对高等教育质量的诉求与建议。通过评估的方式，高等教育与社会各界建立了普遍的联系，由此建立了法国高等教育外部质量保障体系广泛的社会基础。

（二）科学有序的评估程序

国家评估委员会制定了科学有序的评估程序，保证了法国高等教育质量评估的科学性、可信性和透明性。在总统的提议下，国家评估委员会召开全体会议决定开展高等教育机构评估，期间由总统提名国家评估委员会的 1—3 名成员来领导评估。评估小组由国家评估委员会成员、总代表以及评估项目负责人构成。机构评估由两个必要的步骤组成：首先是高等教育机构组织的内部评估，然后是国家评估委员会在同行专家

---

① http：//www.cne-evaluation.fr/2008-10-19.

意见基础上组织的外部评估。这些专家都是大学教授、高等教育管理者或高级技术主管、资深的经济界人士,并且法国人与外国人均可充任。评估具体分为以下几个阶段,在一年内分期进行[①]:

——准备期。在此期间国家评估委员会的行政部门在各个部级单位和其他机构的帮助下收集资料,预先进行调查研究。评估负责人与被评机构的领导人在第一次见面时确定评估程序。

——内部评估。由大学机构以《内部评估指南》(*Guide pour l'évaluation interne*)为参照进行自评。内部评估覆盖大学内比较重要的几个要素,如校长团队、"教学与培训单位"的主任,有时候也包括教师。最后形成报告,分析自身的优势、不足及未来发展前景。

——国家评估委员会的人员分析内部评估结果,比较、鉴定收集到的各方面信息。

——专家们去大学机构访谈调研,期限原则为三天;他们向全体成员介绍评估程序,被评机构的与会者主要由管理小组、教师小组(尤其是系主任)、行政人员和学生代表组成。最后实地考察、会晤等,形成一个具有说服力的报告。

——在内部评估报告和专家评估报告的基础上起草报告方案,在全体会议上提交国家评估委员会。

——最终报告要考虑大学校长的意见,并得到委员会的准许,最后形成一系列的总结和建议,提交给被评机构。

——以纸质文件和国家评估委员会网络数据库的方式发表报告,同时附上高等教育机构负责人的反馈意见。

国家评估委员会的分析被记入机构报告和主题报告中。机构报告寄给负责监管这些机构所属的部级单位,此外,还要寄给被评机构的前任负责人。主题报告则寄给国家教育部和其他相关部级单位。国家评估委员会要制作一个活动规划,每年向总统递交一份年度报告。另外,国家评估委员会将这四年所有的评估情况汇编成一个有关高等教育总体状况的总结,并将这个总结寄给总统。年度报告和总结都要公开发表。因此,国家评估委员会的评估报告是该委员会、而不是专家团体的活动报

---

① Comite national d'evaluation. *Guide de l'evaluation des universites*. CNE – janvier 2001, www.cne-evaluation.fr/WCNE_ pdf/GuideCNE_ Univ. pdf2008-10-18.

第二章　放权、干预与质量保障:法国高等教育质量保障体系的形成

告,所有报告都是公开的。上述发表程序充分体现了国家评估委员会评估的透明性,有助于提高高等教育机构与国家评估委员会自身评估的社会公信度,同时也体现了对所有高等教育利益相关者的知情权的尊重,符合公共行政机构的服务宗旨。

法国高等教育质量评估中还包括一个后续环节,即在评估报告发表18个月后还将召开一次会议,由被评机构的管理小组参加,会议的主旨是考察评估对于机构运行的实际影响和作用。这是国家评估委员会对自身工作的效果进行内部评估的表现,是对高等教育机构与国家评估委员会自身工作的监督。

此外,国家评估委员会还进行着学科教学评估,下面的牙医学科评估材料可充分展现这类评估程序的发展过程。

牙医学科评估[1]

在对地理、通信信息与技术学科进行评估之后,国家评估委员会对牙科学进行了评估。该项评估由国家评估委员会的摩尔纳克斯(Mornex)教授主持,共分两个阶段。第一阶段从1993年9月到12月,向被评单位介绍由法国专家组准备的日程安排。专家报告要提出一些与该学科相关的问题,这要以大学评估报告(当时16个牙科学"教学与培训单位"中已经有12个接受了"国家评估委员会"评估,3个正在进行评估,最后一个很快也要接受评估)和关于每个"教学与培训单位"活动的量化数据为依据。在和牙科系主任委员会的会晤中要确立一些具体的问题。这些问题比对机构评估各个部分所提出的问题更详细。此外,还对二年级和五年级的学生就其大纲以及项目进行了两项问卷调查。在第二阶段(1994年1月到4月),法国评估专家中还要融合一些外国专家,按照预期的日程安排和调查结果,根据国际协商会标准,工作组将致力于制订一些指标,对教学、科研、有关16个"教学与培训单位"的形成性数据和管理质量进行对比性评估。这些专家和工作组成员为获得一些完整的信息将再次到被评机构集合,就这个领域提出一些工作设想。1994年"国家评估委员会"公布其最终评估报告。并且为了加大评估的透明度,"国家评估委员会"中参与评估的法国专家和外

---

[1] Comite national d'évaluation. *L'Ondotologie dans les universites françaises*, Paris: La Documentation françaises Novembre 1994. pp. 10 – 14.

国专家的名字都在日程安排中列出。

通过这些评估程序可以看出，国家评估委员会的评估首先从高等教育机构自评开始，评估专家等各个评估者在大学机构内部评估的基础上，结合实地考察撰写评估报告，形成评估建议后，再次反馈到大学负责人那里。这体现了尊重大学内部逻辑、切实以提高大学教育质量为中心的评估理念。最后向公众公开评估报告，使高等教育得以接受公众的监督，同时也履行了作为评估机构自身的使命。这不失为中央集权管理制度下高等教育质量保障的可行性运转模式。

（三）国家评估委员会的评估特征

1. 定性和定量研究相结合。1987年，国家评估委员会与大学校长委员会共同确定了评估范围，并将其分为12个定量和定性标准。这12个标准涉及以下领域[①]：学生指导、考试成功率、获得学位的平均时间、前景分析、成年人课程、科研、科研改进、高等教育机构资源的相对比例、生均费用、每位教师的平均费用、服务、设备与服务、生活质量。有些指标最后是从部门、领域、学科、文凭或阶段来划分的。其中，定性标准更为重要。国家评估委员会评估的主要特征是对被评机构进行定性的过程评估，而不做任何排名。其目标是促进被评机构质量的提高，而非证实其质量的优劣。毕竟每个高等教育机构在规模、学科、课程考核、结构以及历史和地区环境方面都存在巨大差异。因此，评估报告陈述时进一步分为九个专题：结构、学术与非学术人员、方式（维修和设施）、费用与资源、服务、学生、培训、科研、大学及其地区与国际环境。量化评估指标主要集中于预算、审计、金融管理与投资、学术人员的管理、学生教学与生活管理、校园生活等几大方面。1993年后，法国国家评估委员会与大学校长委员会试图减少操作性指标的数量，以期鼓励大学根据可靠的信息和教学、科研以及管理领域内的关键性数字创建自己的程序。最后的评估主要针对预算、活动和结果进行。这些指标必须符合质量标准，并遵循规定的方法论原则。

因此，法国国家评估委员会非常重视被评机构的背景、具体情况、进展及目标等。在内部和外部评估报告的基础上，总评估报告重点分析

---

① Danielle Potocki Malicet. *"Evaluation and Self-Evaluation in French Universities"*. *European Journal of Education*, Vol. 32, No. 2, 1997, pp. 165–174.

被评机构既定项目及实现这些目标的方式。这有助于学生、大学的合作单位尤其是国家和其他资助者更好地了解这些机构。他们提供的建议将成为一种战略工具,被评机构尤其是校长和他们的团队会参照这些建议来制定他们的政策,改进教学方法、提高科研与管理的水平。

2. 与被评机构建立平等对话关系。"在一个自我保护和专门化倾向明显的背景下,规章制度和机构设置自然重要,但相互的信任和沟通才是成功的关键。"① 为实现评估目标,国家评估委员会需要与高等教育机构建立和谐的关系,更重要的是与这些机构之间建立有效的对话机制,深入被评机构内部,充分挖掘、激发被评机构在评估中的积极作用,把评估工作推向深入,这是评估得以推动高等教育机构质量提高的关键。因此,国家评估委员会的评估是建立在国家评估委员会与被评机构平等对话的基础上,大学校长委员会与国家评估委员会共同商讨、确定评估的标准和指南,以对话的方式确定内评的评估方法与程序,对大学进行制度评估,以避免可能出现的冲突与恐慌。起草的报告会提交给校长,其反馈意见将在最终评估报告的末尾公开发表。这样,评估才可能不流于形式,真正发挥出推动质量提高的作用。

3. 实证主义方法论。国家评估委员会在评估中采用最为简单实用的程序:将搜集书面信息与专家实地调研相结合。信息来自法国国家教育部、主要的研究机构(尤其是国家科学研究中心 CNRS、国家医学研究与建筑署 INSERM)以及被评估机构自身。另外,国家评估委员会尤其注意摒弃没有价值的信息,每次都尽可能利用现有文件,进行深入思考和及时反馈。以至于专门委员会(本科生和研究生学位的认证)和国家研究委员会(CNRS)都能够很清晰地说出国家评估委员会已经完成了什么以及将要完成什么,因为国家评估委员会将使用这些机构获得的相关数据。国家评估委员会对这些机构的尊重为自身工作的开展创造了良好的环境,增加了不同评估机构之间的协调一致性。充分利用其他机构为教育部专家小组准备的大学四年发展合同资料,保障了评估连贯性、系统化决策的可能性,同时有利于获得关于被评机构的全面信息,有利于去伪存真、得出令人信服的结论与建议。

---

① [法]雅基·西蒙、热拉尔·勒萨热:《法国国民教育的组织与管理》,安延译,教育科学出版社 2007 年版,第 370 页。

4. 同行专家评估。同行评估本不是法国的创新，国家评估委员会采用这种方法征集教授的观点和相关数据，这是确保评估科学和学术活动质量的最好方法，当然仍不可避免存在一定的主观性。国家评估委员会聚集了许多专家：例如，30多名专家去评估斯特拉斯堡第一大学或埃克斯—马赛第一大学；15名以上的专家去评估波城大学。他们尽量选择那些在学术观点上没有冲突的人，大部分是大学教授或研究室主任；许多专家来自外国，还有一些是企业界代表。当然，秘书处尽可能安排专家担任，常常是每个主要的学科领域有两名以上的专家，他们用2—4天的时间进行调查访问，然后向国家评估委员会递交一份翔实的报告。在此基础上，国家评估委员会的成员在秘书处的帮助下准备最终报告。"同行评估原则"有利于维持法国大学中存在的学科逻辑与大学逻辑两种张力之间的平衡，促进以专家为代表的不同高校之间的交流，同时也是中央集权管理制度下保证学者参与、遵循学术标准的一种选择。

5. 数据分析与评估标准。国家评估委员会明确表明评估目标，采取准确严密的措施，提高数据搜集与分析能力，并在每一阶段都公开接受检查。然而，在搜集有关机构及其运转的信息，描述一所机构所需要的基本事实及数据方面，却常常差强人意。国家评估委员会发现，要得到大学可靠的、连贯的数据极为困难，如有关他们的管理及主要活动的数据——包括教学和研究人员的数量、素质与技术水平，教职员工管理、学生数量及其所学课程、成功率的分析等，更不用说学生就业率了。更困难的是对系或学院的情况进行考察，这取决于该机构的组织情况。通常，要想建立一种有意义的关系，从而客观地判断各种情况，如师生比、考试通过率、每门课程或者每个学生的费用等，都是不现实的。在这种情况下，由顾问、国家评估委员会或者其他直接相关者确定一定的比率是很有意义的，尽管他们的解释也存在着许多主观性。例如，不同年级教师的数目，或者具体单位研究员的数目以及大学院系内从事教学和科研人员的数量关系，等等。但是，标准和比率的选择必须考虑评估不同类型机构所面对的使用者：政策决定者、学者团体和学生。这一选择取决于该制度所期望的效力水准，而不必都是关于费用和收益的，因为大学与商业公司之间是有相同之处的。国家评估委员会的一个重要的目标就是起草一套所有大学都普遍认可的标准作为评估排名

第二章　放权、干预与质量保障：法国高等教育质量保障体系的形成

的基础。显然，如此一致性的基础是对所有机构、院系或者主要学科领域进行比较的前提，而这也是这一阶段国家评估委员会评估的重要特色与不足。毕竟，国家评估委员会的评估不仅要发挥质量监管的作用，更要起到以评促建的功能，这才是建立法国高等教育质量保障体系的根本宗旨所在。

（四）"永远适应"的评估原则

"永远适应"是国家评估委员会开展评估活动的最大特征，这尤其体现在评估主题方面。这一阶段国家评估委员会开展了主题评估和横向学科评估。从主题评估看，国家评估委员会第一份年度评估报告《大学走向何方？》（*Où va l'Université*？1987）和第一份四年工作报告《大学发展重点》[*Priorites pour l'Université：Rapport de fin de mandat au President de la Republique*（1985—1989），1989]都是针对当时法国大学中存在的最严重的第一、二阶段质量问题和法国大学自治为主题的。1990年国家评估委员会发布的《高等教育大众化》（*L'enseignement supérieur de masse*）和1991年的《开放的机会》（*les Chances de l'ouverture：Rapport au President de la Republique*. 1991）建议加强大学内的继续职业培训制度，寻找解决第一阶段难题的一个出路。国家评估委员会10年后发表的《大学的演进，评估的动力》（*Evolution Des Universités，Dynamique de L'Evaluation*，1985—1995.）和《高等教育的使命：原则与现实》（*Les missions de l'enseignement supérieur：principes et réalités*，1997）则开始关注法国高等教育的社会责任，如对当地培训与教学、与地方行政区域团体的关系以及学生就业等的思考。到1989年国家评估委员会已经完成了对法国1/3大学的评估，为了更深入地了解法国高等教育状况，国家评估委员会希望在全国层面上完成一门学科的横向评估，从而合理地判断出该学科教学的整体状况，从中探寻影响学生学业失败的教学上的原因。

学科评估就是在上述背景下出现的。国家评估委员会首先从基础学科地理学开始，组建了一个委员会，由国家评估委员会的一名成员马克思·格里安夫人（Max Querrien）主持，她在这两年内一直进行这项工作，开展了无数次听证会，其中既包括教师和研究人员，也包括学生以及经济界与学术界人士。她还对联邦德国、英国等外国的一些与地理学相关的体系作了很多研究。最后，该委员会对地理学科的科研、深入发

展文凭以及毕业生就业开展了深入调查。学科评估仍然遵循定性与定量相结合的方法论，一是量化数据的收集与整理，但这次是以更加系统的方式，因为已经对全国所有的地理系或"教学与培训单位"进行了调查与访谈；二是对现存的将近一半单位的所有专家进行了定性评估。地理学作为一门处于数门学科边缘的基础学科，国家评估委员会认真地分析了该学科通常呈现出的多样化特征，以及地理学内部按照传统与现代、自然地理与人文地理的两分法所导致的割裂的特殊现象。在回顾学科发展史的基础上，国家评估委员会把发现的大量具体问题形成了一个总报告，在其结论中提出了有关提高教学质量、重新激发科研动力的建议，以及认可该学科的大学承担一些专业研究，并提出一些具体措施以赋予地理学新的动力。之后，国家评估委员会又对一些应用学科如通讯信息科学（1993）、医学类牙科学（1994）和理科化学（1996）进行了评估。学科评估改变了国家评估委员会以往进行机构评估的方法论，是其评估活动的一大创新。

这一阶段，国家评估委员会的关注点主要从法国大学第一、二阶段学生学业失败率高、就业难的质量问题开展主题评估，并转变机构评估逻辑进行学科评估，这一视角的转变不仅反映了国家评估委员会"永远适应"的特征，还突出了国家评估委员会评估除了代表政府、社会等外界意愿之外，还具有教育学的判断，体现了对教育、对政府和社会的双重责任。

三 国家评估委员会的贡献与不足

国家评估委员会建立的宗旨就是评估法国高等教育制度，发现并解决高等教育中存在的质量问题。促进大学发展是国家评估委员会开展评估的动力。国家评估委员会根据形势的变化而不断调整评估方法论，根据被评机构的实际情况，扩大专家队伍及改变评估方法；在合同制背景下，国家评估委员会扩大了成员的社会构成，帮助机构建立自身相对恒定的评估文化。同时，国家评估委员会通过提供建议的形式，向教育决策者提供符合实际的决策参考。在这一时期，国家评估委员会为解决高等教育第一阶段教育质量问题提供了诸多建议，作出了许多贡献。

（一）对法国高等教育质量保障的积极作用

在法国独特的高度中央集权型教育管理体制背景下，国家评估委员

第二章 放权、干预与质量保障:法国高等教育质量保障体系的形成

会是政府应对高等教育规模的快速扩张、经济增长和产业结构调整以及高等教育体系不合理等状况的一个重要革新战略。国家评估委员会的创建既是法国政府重视高等教育质量问题和高等教育大众化向纵深发展的必然,也是政府对长期以来社会潜在要求的回应。1986年后,按照国家评估委员会规定的评估方法和日程安排,所有的法国大学都接受了国家评估委员会的评估。国家评估委员会为法国高等教育质量保障付出了很多努力,其积极作用主要表现在以下几个方面:

1. 对于决策者而言,通常评估与分析这些机构的地位和状况的需求相联系,以期得出他们是否应该提供资助的决策。例如,1986年10月,国家评估委员会发表了第一份名为《研究与大学》的报告,调查评估发现,只有一半的具有教学—研究资格的人员真正从事研究。这引起了政府和社会对此问题的高度关注。从根本上说,建立国家评估委员会的动机是政府意识到高等教育制度最深层次的缺陷。评估有助于促进政府对高等教育的重视,促进高等教育机构和政府进行合理化决策与改革。如密特朗总统在谈到国家评估委员会评估对高等教育机构的作用时指出:"任何高等教育制度都需要多样性和灵活性,而不是一致性。"[①]

国家评估委员会通过评估为政府决策者提供关于教育发展规划的建议。例如,在1989年国家评估委员会提交给共和国总统的报告《大学优先发展的重点》中提出了实现2000年预期目标、改善高等教育的一些优先重点,如建立多样化教学,尤其关注大学第一阶段存在的诸多困境,关注大学新校区的工程建设、改善校园生活与学习条件、吸引并留住优秀教师、鼓励高等教育机构与当地或国际环境开展合作。该报告呼吁政府必须加大公共投入,促进大学真正自治。国家评估委员会的这些建议都被采纳并应用到从1991年启动的"U2000规划"和20世纪90年代末实施的"U3M规划"中,成为法国高等教育发展战略指南。

2. 对高等教育机构自身而言,国家评估委员会既没有决策权,同时又独立于中央集权管理之外,因此它所实施的评估可以满足三个需求:

首先,它能够得到被评机构更真实的信息,更清楚地判断高等教育

[①] Andre Staropoli. "*The Comite National d'Evaluation: Preliminary Results of a French Experiment*". *European Journal of Education*, Vol. 22, No. 2, 1987, pp. 123-131.

机构的政策导向、判断其优势与不足，建议开展必要的改革，而其建议也易于让被评机构接受。在这个意义上，这是"国家评估委员会"的审计（稽查）（audit）功能。

其次，它有助于说服政府及外部人士考虑该机构的具体问题，如由于人员或者资源不足所导致的学术研究和学生生活的困难，以引起人们对大学的关注，为大学争取更多自治和资源，解决实际问题。这是国家评估委员会作为调解者的作用。这突出表现在解决法国大学第一、二阶段质量问题上国家评估委员会所付出的诸多努力：其一，组织专家和学者、相关政府决策者从整个机构、学科或者专题等各个层面对大学第一、二阶段质量问题进行会诊，引起高等教育机构、政府决策者和社会各界人士对这一问题的正确认识；其二，国家评估委员会在其评估报告中针对这一改革，为政府决策者和高等教育机构提供建议，有利于他们采取正确的决策和改革措施；其三，通过评估的杠杆，监督高等教育机构按照国家确立的质量标准开展教学改革，提高效益。这份报告中对现状的分析以及关于招生、注册费以及改进第一阶段教学必要的改革的建议，同样引起了学术界的极大兴趣。这虽然在政治上是敏感问题，但是在现实中国家评估委员会却勇于面对，因而赢得很多支持者，同时也招致一些指责。

最后，因为评估结果并不作为教育部拨款的重要依据，这使法国式高等教育评估区别于英国式高等教育评估，反而可以让法国大学能够客观、中立地接受评估，避免了因为评估所附带的经济激励而导致的功利性与虚假性，更有助于大学的自我完善。因此，法国学界指出："国家评估委员会属于法国高等教育与研究体系的一部分，国家评估委员会的目的不在于发挥它自身的平衡或控制力量，而在于发展学术体制自身的评估能力。"[1] 即促进高等教育机构内部评估和质量管理的能力。因此，法国大学校长委员会主席曾称赞国家评估委员会开展的评估是法国大学所接受的最好的评估。

3. 对一般民众来说，评估反映了他们这一部分人——尤其是学生自己、学生的家长及大学的合作者，要求知道他们所参与的机构的价值以及教学、研究的状况和相对于其他机构的地位。他们尤其想知道所获

---

[1] Andre Staropoli. "*The Comite National d'Evaluation: Preliminary Results of a French Experiment*". *European Journal of Education*, Vol. 22, No. 2, 1987, pp. 123–131.

第二章　放权、干预与质量保障:法国高等教育质量保障体系的形成

得文凭的价值,这决定着就业的可能性。他们还关注专家的建议,并且在国家层面上,从其他机构的统计信息来看高等教育制度大部分都是高质量的,而这些信息往往缺乏有效性,定性的判断信息尤甚,而这恰恰属于国家评估委员会的职权范围。

总的说来,法国国家评估委员会的创建对法国大学的质量评估发挥了决定性作用,米歇尔·库松(Michel Cuson)在"评估与质量"中说道:"国家评估委员会是法国大学在通向卓越、优质的过程中首要的王牌。国家评估委员会对大学、公众以及教育部部长们的看法发挥着影响作用,它的努力正在不断得到肯定。"[1]

(二) 国家评估委员会于法国高等教育质量保障的局限

1. 缺乏对被评机构之间的对比因素。国家评估委员会采用的是高度个性化的方法,如统计数据中包含的对大学产出的量化数据的综合分析、专家对所调查机构的访谈调查报告以及更定性的标准等,符合高等教育机构自身的教育性价值,有利于高等教育机构去开发、收集信息并形成内部评估体系,但却无法与其他国家同类评估进行比较,其评估方式和标准也影响其透明性,难以接受监督,人们也无法获得不同大学之间同一类型文凭具有价值的相关信息。

2. 评估报告用途不明确。在1999年以前,法国大学与国家教育部之间签订的合同与评估日程安排不一致。在影响范围方面,评估对高等教育管理层有较大影响,在教学和研究领域的影响则较小。因此,国家教育部对评估报告的使用目的并不明确。如同法国高等教育研究专家克里斯蒂娜在其所著的《法国大学的长征》中指出,评估并不能被教育部用以指导对各个大学的资源分配,这个事实表明,国家评估委员会建立的报告最终对高度集中的中央管理的影响非常小,大学机构自身应用也很少。[2] 这表明了国家评估委员会评估的孤立性,以及对大学监督的微弱影响。即便如此,从国家评估委员会的角度看,虽然评估没有带来大学机构真正的自主管理,但政府的确在大学公共服务方面建立起了一种真正的责任文化。

---

[1] Andre Staropoli. "*The Comite National d'Evaluation*: *Preliminary Results of a French Experiment*". *European Journal of Education*, Vol. 22, No. 2, 1987, pp. 123–131.

[2] Christine Musselin, *La longue marche des universités françaises*, *Sciences sociales et sociétés*, Paris, PUF, 2001. p. 107.

3. 法国存在多种高等教育评估机构，如国家教育与研究总督导、工程师委员会、大学科学使命、国家科学研究委员会和其他公立研究评估机构、国家科研评估委员会、审计院和地区审计所、负责教育资格和为大学机构提供建议的高等教育署等，它们只对高等教育的某一方面进行评估。尽管这些机构非常配合国家评估委员会进行的工作，但由于评估的特殊性及分散性、重叠性，却形成了事实上的资源和人力的浪费。

从本质上说，作为一个全国性的高等教育评估机构，国家评估委员会代表了在法国中央集权型管理制度下，对政府主导型高等教育制度和追求高度自治的高等教育机构进行调适和干预的力量。从国家评估委员会遵循的原则上说，其遵循不干预、不判断、不决策、不排名，而遵循独立的、对话的方式进行诊断、提供建议的原则保证了评估的客观性和公正性，赢得了高等教育机构和政府的双边信任，客观上对教育部也起到监督与咨询作用，营造了一种与法国历史文化传统相切合的文化氛围。从国家评估委员会的评估措施和评估方法论上看，重视高等教育机构的内部评估和专家学者的外部评估，采用定性与定量相结合的分析方法和实用主义方法论，尊重教育机构的多样性和独特性，坚持一种全面的质量观，是符合大学自由教育观的。从其使命与最终的效果看，大学自治与质量提高是国家评估委员会一贯遵循的逻辑，尽管其建立与评估活动给大学带来的自治是有限的，但确实促进了大学的整体发展，尤其是扩大了校长及其团队在大学事务中的管理权。诚如克里斯蒂娜所说："1985年创建的国家评估委员会的使命是对学科逻辑占主导的大学进行整体评估而不是学科评估。其实，它还是完成了几个学科评估，但从根本上说这是一种制度性变革。"[1]

20世纪80年代到90年代末是法国政府引领高等教育质量保障体系确立的阶段，也是高等教育制度实现全面、重大发展的阶段。这一时期法国政府越来越重视高等教育与经济发展之间的关系，经济因素成为法国高等教育质量保障体系确立的重要驱动力。法国政府通过放权和以大学自治为核心的管理体制改革确立了政府与高等教育之间平等合作的新

---

[1] Bourdin Joël, André Pierre, Plancade Jean–Pierre. *Placer l'évaluation des politiques publiques au coeur de la réforme de l'Etat*, Les rapports du Sénat. http://www.senat.fr/rap/r03-392/r03-39259.html. 2008-11-19.

关系；与此同时，推动了大学与社会实现对接，通过发展实用性职业技术教育为社会服务，确立了经费来源多元化的路径，推动了法国高等教育地方化与均衡化进程，为高等教育"量"的扩充与"质"的提高奠定了物质基础。高等教育多样化的招生方式和与社会相适应的现代化课程与教学方式以及教师资格要求的改革为接收、培育多样化的学生提供了教育公平的基础，实用性的现代化教学内容奠定了学生成功就业之路。高等教育质量评估机制代表了以政府为首的国家、社会各界以及学术界对高等教育质量的期望与要求，以大学自治为前提，在尊重大学内部逻辑的基础上实行灵活的、个人化的定性评估，成为推动法国高等教育外部与内部质量保障体系形成的重要推动力。法国高等教育在自治、适应社会和现代化过程中完成了高等教育质量保障体系的建立，如图13所示，实现了从自治到公平与质量的统一。

总之，法国高等教育管理体制、经费投入体制、人才培养体制改革与评估机制的创建构成了法国高等教育质量保障体系建立的制度的、经济的与管理的基础，国家与大学关系的改变与国家、大学和社会之间的互动、合作关系的建立成为法国高等教育质量保障体系建立的软环境，大学自治成为高等教育质量保障体系建立与发展的目标与动力。然而，这一时期大学自治的发展还是十分有限的，高等教育已经实现了数量上的扩张，但高等教育质量和内部效率的提高则需要高等教育体制和结构的调整才能实现。

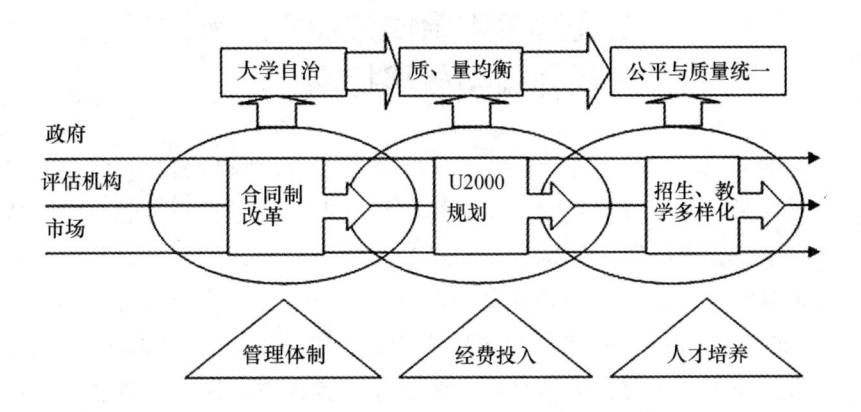

图13 法国高等教育质量保障体系的形成

第三章 国际化与质量保障:法国高等教育质量保障体系的发展

(1998—2005)

自 1998 年《索邦宣言》、1999 年《博隆尼亚宣言》发表之后,随着全球化、经济一体化和知识经济社会的进一步发展,欧洲进入了高等教育一体化快速发展阶段,高等教育国际化与质量保障成为欧洲高等教育发展中的两大重点。针对本国高等教育中存在的诸多质量难题,法国政府将国际化视为高等教育质量保障的重要措施,希望通过国际化的途径和欧洲高等教育的质量标准重塑法国高等教育的国际竞争力与吸引力。到 2005 年时,法国政府已经在《阿达里报告》的指导下,启动了"U3M 规划"和"358"学位制度改革,在建立与国际接轨的学位制度、提高科研质量与效益以及高等教育现代化建设等方面都取得了较大的成绩,从而通过外部质量保障推动法国高等教育质量保障体系实现了内涵式发展。

第一节 法国高等教育质量保障体系发展的时代背景与战略指南

20 世纪 90 年代末期,随着知识经济的发展,国与国之间的竞争日益从对自然资源的依赖转向对知识和科学技术的倚重,高等教育已经成为与国家社会经济发展休戚相关的重要支柱。经济、贸易全球化已经影响到高等教育领域,高等教育质量保障及其国际化成为世界各国参与世界竞争的重要战略。因此,在国际化背景下考量、反思法国高等教育、诊断法国高等教育质量症结是促进法国高等教育质量保障合理化发展的重要根据。1998 年法国发表的《建立欧洲高等教育模式》(*Pour un modéle européen d'enseignement supérieur*)提出了促进法国高等教育国际化的一个系统规划，推动法国积极谋划并参与博隆尼亚进程。该报告构成了法国高等教育质量保障体系进一步发展的背景与战略指南。

一 法国高等教育质量保障体系发展的时代背景

（一）知识经济社会的影响

20世纪90年代末，知识经济社会（Knowledge – based society）的兴起将高等教育置于经济发展的引擎的重要地位，各国经济社会的发展更加倚重人力资源的知识与智能，知识已成为推动经济发展的一个内在的独立要素和重要源泉。知识的生产、传播与应用是世界经济增长的基础，高科技成为支柱产业发展的重要支撑，信息化成为知识经济的基础，这是一个富有高度生命活力的新型社会形态。因此，知识经济时代的到来使得高等教育对社会的责任被提到前所未有的高度，成为衡量高等教育质量的重要标准，这对全球高等教育产生了重要的影响，知识经济社会成为高等教育质量保障体系发展的重要推动力量。就法国高等教育质量保障而言，法国政府在这个阶段更强调科研创新及其效益转化，强调高等教育向社会开放、为社会服务的功能。其最重要的影响也表现在法国高等教育结构的调整方面，因为知识经济社会中所谓的知识具有多重内涵，既包括关于客观事实的知识（know – what）、关于原理和规律性知识（know – why），也包括操作性技术、技能、诀窍等应用能力（know – how），还包括管理、转化这些知识和能力的知识（transfer and create）。这代表了人才培养的四个不同的层次，因此"适切性"与"质量"已成为高等教育应对知识经济社会需求的重大战略。

所谓"适切性"是指高等教育对社会所起的作用与社会对高等教育的期望的契合度。这种契合度是决定和衡量高等教育发挥社会功用的关键因素，强调高等教育社会功用的前提就是强调这种契合度，其本质意味着高等教育质量的衡量标准。为保障高等教育的契合度，首先，需要处理好高等教育与社会的关系，即高等教育通过先进的思想和技术引领社会变革，通过各种类型的学术性服务，解决社会乃至整个人类在经济、环境、能源等各个领域普遍存在的问题，促进社会和整个人类的可持续性发展；其次，加强高等教育与产业界的密切联系，关注市场变化与需求，调整高等教育内容、教学方式、教育时限和教育评价方式，培养学生适应社会经济需求的知识技能、态度、信心，提高学生就业能力和职业适应能力；最后，确立高等教育与国家之间的合理关系，高等教育机构的自治和学术自由是高等教育机构自由、灵活地进行筹资、自我评价、回应社会需求的根本前提，是高等教育机构提高效益、肩负社会责任、提高教育质量必不可少的制度性条件。高等教育质量是一个多维度概念，涉及教学、科研和为社会服务等高等教育所有职能，要求重视与学生、基础设施、学术生活环境、机构形象等有关的所有因素。这是更好地发挥高等教育社会责任、加强高等教育"适切性"的根本。1998年10月联合国教科文组织在巴黎总部召开了具有空前规模的世界高等教育大会，主题为"21世纪的高等教育：展望与行动"，将高等教育质量视为促进学生就业、提高国民素质和国家竞争力的重要发展战略。

可见，这一阶段法国政府更加关注高等教育在促进法国经济发展中的作用，要求在高等教育科研活动中引入企业精神，与外界企业建立联合实验室，联合培养学生，注重学生实习环节。并通过建立职业学位和学术学位这样彼此分立又互相融通的学位制度，调整人才培养模式。"358"学位制度改革后所建立起的高等教育结构体系就体现了这一精神，这对于加强法国高等教育的适切性和提高质量、促进学生就业和学术创新都发挥了重大推动作用。

（二）经济全球化与欧洲一体化的影响

20世纪90年代末，世纪之交的高等教育面临诸多挑战。其一是全球化。世界各国在经济、贸易、环境、能源等方面的问题日益需要在世界范围内通过全球化的方式来解决，相互依赖程度愈益加强，高等教育全球化也越来越深入；其二是地区化。欧洲一些国家为了增加欧洲在国际上的竞争力，结为联盟或集团，共同就教育、经济、文化、劳务市场等领域的事情统一行动，促进经济、贸易和文化一体化。欧洲联盟（European Union，EU，简称欧盟）就是其中最重要的联盟。欧盟建立于1993年11月，是由欧洲共同体发展而成的、集政治实体、经济实体于一身的区域组织，其旨在欧洲内部建立无国界壁垒的空间，加强欧洲经济和社会交往，实行共同的外交和安全政策，并通过发展统一货币的经济联盟促进各成员国经济和社会的均衡发展，从而提高欧盟在国际舞台上的地位。欧盟成员国的增加与欧洲经济区（European Economic Area）的建立为欧洲各个成员国之间的密切合作提供了平台。再加上科学技术尤其是通讯信息交流技术的发展、经济和贸易全球化、区域化的出现使得地球村的表现愈益突出。

随着经济全球化、区域化发展，劳动力市场的全球化与区域化也将成为必然的趋势，多种多样的欧盟行动和大范围的多边规划项目也不断加强着这一趋势，高等教育国际化成为在激烈的国际竞争中世界各国开展交流与合作的重要方面。欧洲各国通过不断开拓高等教育的国际视野，以期培育更加灵活的、适应性强的流动型劳动力，从而加强欧洲经济和社会的凝聚力，促进各国之间相互理解。到20世纪末时，"国际合作是世界学术界的共同目标，而且还是确保高等教育机构功能发挥的质量和效果所不可缺少的条件"[①]。国际化成为提高高等教育质量的重要发展战略，各国通过促进高等教育国际交流，吸引国际优秀的师资和生源，争取国际经费来源。同时，通过资源共享，互相交流经验，在合作中汲取先进办学理念和先进知识，与世界高等教育质量标准接轨，培养高质量的人才，使高等教育发展更具前瞻性和竞争力。在此意义上讲，国际化是促进高等教育质量发展的重要推动力，是高等教育质量保障体系发展的重要路径。在这一阶段，高等教育国际化是法国政府解决高等教育质量问题，促进质量保障体系发展的重要战略之一。法国加入博隆尼亚进程，推行"358"学位制度改革都是在此背景下进行的。

（三）法国高等教育国际竞争力的下降

高等教育国际化是20世纪下半叶以来一个不断加强的趋势，也是世界各国在全球化或区域化发展中获得发展空间、彰显国家软实力的重要基石。随着国际化的发展，各国都需要具有国际视野和多元文化背景的人才，其中国际流动是各国青年学生应对世界挑战、为在未来互相依存的世界中生存做准备的一种有效的知识及阅历储备。各国政府和用人单位也认识到受过良好训练的、具有全球职业意识的劳动力对确保国家、地区和个人的国际竞争优势的重要作用。因此，互派留学生、抢占国际留学市场成为这个时期世界各国提高高等教育质量的一个重要目标与驱动力，吸引优秀青年学生的多寡成为衡量一国高等教育质量的重要指标。

---

① 赵中建选编：《全球教育发展的研究热点——90年代来自联合国教科文组织的报告》，《高等教育变革与发展的政策性文件》（1995），教育科学出版社2003年版，第149页。

法国的巴黎大学早在中世纪就已是欧洲留学中心,然而到20世纪90年代中后期,法国在国际留学市场上的排名却不尽如人意。例如,1995年,在50多个国家注册的160万名外国留学生中,美国(占总数的28%)、英国(占总数的12%)、德国(占总数的10%)、法国(占总数的8%)、俄罗斯联邦(占总数的4%)和日本(占总数的3%)是主要的接收国,接收的留学生占总数的2/3。其中,将近1/3的外国留学生分布在美国,法国低于英国和德国位居第四。① 从留学生的平均年注册率增长来看,在1985—1995年10年间,10个主要的留学生接收国中除了法国之外,其他国家高等教育学生国际流动的数量均持续增长。日本增长了15.8%,澳大利亚平均每年增长11.5%,英国为13.9%,葡萄牙增长了13.0%,德国为8.4%。② 从学生流动趋势上看,欧洲内60%的学生流动主要趋向于英联邦、德国和法国。除了欧洲的学生进行流动之外,欧洲65%的留学生来自于欧洲之外其他国家。由于历史原因,法国大多数留学生来自于撒哈拉非洲和阿拉伯国家,来自这两个地区的学生分别占19%和40%。③ 法国高等教育中的外国留学生曾占大学学生总数的8.6%,居于欧洲最高地位,但是自1984年之后这个比例迅速下降。尤其是非欧洲学生在法国大学学生总数中的比例在15年间下降了近一半,从1982年的11.6%下降到1996年的6%。④ 如何吸引欧洲以及非洲以外的生源,尤其是吸引处于强劲增长状态的东亚的优秀学生,成为法国在高等教育国际化竞争中的一个战略重点。

总体而言,青年学生的国际流动遵循市场竞争原则,其中高等教育的"质量"是关键。法国在青年学生国际流动的竞争中已经明显落后于其他国家,原因是多方面的。其中最主要的原因与法国高等教育质量有关:一是法国接收外国留学生的条件无法令人满意,其中包括硬件设施和教学语言等;二是法国大学文凭与国际公认的学习年限不一致。一句

---

① UNESCO. World Statistical Outlook on Higher Education: 1980 – 1995, World Conference on Higher Education, *Higher Education in the Twenty – first Century: Vision and Action*. Paris: UNESCO, 5 – 9 October 1998. p. 20.

② Ibid., p. 21.

③ Jallade Gordon Lebea. *Student Mobility within the European Union: A Statistical Analysis*, Paris: European Institute of Education and Social Policy, 1996, pp. 23 – 24.

④ Rapport de la commission présidée par Jacques Attali: Pascal Brandys … [et al.]: *Pour un modéle européen d'enseignement supérieur*, Paris: Stock, 1998. p. 17.

第三章　国际化与质量保障：法国高等教育质量保障体系的发展

话，法国高等教育的物质设施和国际透明度距离美国等其他高等教育发达国家差距很大。如何提高法国高等教育的国际竞争力、通过现代化建设提高质量和国际吸引力成为高等教育质量保障体系发展的重要议题。

（四）法国科技竞争力的下降

在知识经济社会中，国际竞争是以科技和人才为核心的竞争，科研创新成为国家社会、经济以及科技发展进步的决定性要素，是国家得以立足世界、具有充沛坚实竞争力的基础。高等教育作为重要的科研基地，应该促进科研转化和科技进步，肩负起创新重任。历史上，法国是一个富有创新精神的国家，曾两度在世界近现代科技发展史上谱写了辉煌的篇章。20世纪80年代，法国因其在工业和核能领域的战略性创新奠定了其在航空航天以及以空客为核心的航空领域的世界性领先地位，并一直持续至今。

然而近年来，与美国相比法国在科研转化为生产力、促进经济发展方面一直处于下风。例如，在世界软件编程前五十强中，法国只有两家企业；在世界计算机十大制造商中，法国一家公司也没有，世界生物技术的前100家企业中法国只有一家，而世界半导体领域的十大企业中法国也仅有一家。[1] 反观美国，仅麻省理工学院的教师和毕业生就创建了4000家企业，养活了将近100万人口。这些企业完全是在大学内部诞生的软件工业，成为美国的第三产业。另外，美国的生物基因工程技术也位居世界前列。美国由大学教授和学生创办企业的成功经验说明，现代企业的创新与发展必须与大学紧密联系，才能得到创新的源泉。法国由于科研制度的复杂性和高等教育与社会疏远的原因，高科技企业通常与法国高等教育尤其是大学联系很少，造成了法国企业创新发展的动力不足。加强大学与科研机构、企业与科研机构的合作成为这一时期法国提高科研质量的重要措施。

此外，由于法国在制度上缺乏以市场为导向的竞争机制，尤其是20世纪80年代以来密特朗政府在经济政策上尊崇平等、统一规划的传统，不重视中小企业的创新，大型企业国有化程度过高，导致科技和工业政策以及投入方面忽视了现实发展需求，在工业创新和网络信息技术等领域都坐失良机。20世纪90年代以来，法国经济因为缺乏新的生长

---

[1] Rapport de la commission présidée par Jacques Attali; Pascal Brandys … [et al.]: *Pour un modéle européen d'enseignement supérieur*, Paris: Stock, 1998. p. 20.

点而一再下滑,陷入疲软状态,严重地影响到后续发展。而在20世纪80年代末至90年代初以信息技术为核心的第四次科技革命的竞争中,美国的异军突起和亚洲四小龙以及瑞典、芬兰等后起之秀都给法国政府带来极大的警示:健全富有激励措施的科研创新机制,加大科研创新投入,建立以市场为导向的竞争激励机制已成为当务之急,政府急需采取措施以弥补法国在这一期间所形成的差距,重塑法国科技强国的形象。

与美国相比,法国在经济发展和科技创新方面的落差需要高等教育机构作出积极的回应,重视高等教育的科研与服务功能成为这一阶段法国政府推动高等教育质量保障体系发展的指导原则。企业应该担负起国家就业与发展的部分责任,大学也要为企业的创新与发展作出贡献,大学教授所进行的基础研究应该成为企业创新的源泉。法国高等教育在强调以往教学与科研功能的基础上,开始越来越重视多样化的社会服务功能。

(五)法国高等教育学生学业失败率高、就业问题突出

尽管自20世纪80年代以来法国政府和高校就把改革大学第一、二阶段教学、提高教育质量作为改革的重点,但是到20世纪90年代末仍收效甚微,教学质量依然令人担忧。在大学第一阶段,进入大学的60%的适龄青年进入大学普通教育学习,平均学习年限为2.7年,34%的学生在第一学年结束时就放弃了学业,只有28%左右的大学生能够在正常的两年时间内获得大学普通教育文凭,60%左右的学生用五年时间才能获得该文凭。按照规定,大学生每学年都要注册一次,在大学普通教育阶段最多可以注册四次,这意味着40%左右的学生在学习五年后不能拿到任何学位而失败地离开。[①] 这是多年来法国大学面对的最尴尬的难题。

20世纪90年代上半期,法国高等教育大众化的成就是实现了数量增长方面的目标。1988—1993年,法国高等教育在读学生总数年增长率维持在7%,此后的两年增长率低于2%,1995—1998年间高等教育人数减少了52000人。之后法国高等教育入学人数一直呈现稳定而缓慢的增长态势,2005年增长0.2%(即注册人数增加了5000人)。[②] 从这个时期法国高等教育人数扩张的分布情况看,扩张主要集中于除技术、职业学院之外的综合大学。大部分学生进入综合大学普通教育专业,而这部分学

---

① 郑亚:《1997—1998学年法国大学教育改革》,《外国教育研究》1999年第3期。
② http://media.education.gouv.fr/file/10/3/3103.pdf2009-09-29.

生平均在校时间最长，远远高于技术类和专业类学生。因此，提高大学教学质量、促进学生成功仍然是大学工作的重中之重。并且这个时期高等教育大众化所带来的数量压力不再表现为教室和学校规模的扩张，而是如何通过改进高等教育结构为多样化学生提供满意的教育，促进他们学业进步、走向成功，从教育过程和教育结果层面上维护社会公平。

法国大学生学业失败的原因十分复杂，除了教育思想、教育管理、教育内容、教学方法等因素之外，法国坚持实施高等教育民主化却无法提供足够的教育条件是导致教育质量问题的首要根源。例如，在师资方面，由于法国秉持严格的教师招聘标准，崇尚宁缺毋滥原则，结果许多大学常常招不到足够的教师，因此造成大学师资不足，师生比例过大严重地影响了教育质量。另外，物质资源也是影响教学质量的一个重要方面。诚如联合国教科文组织所说，到世纪之交时，"全世界几乎所有国家的高等教育，实际上都处于危机之中。虽然就学人数在不断增加，但国家的资助能力则在下降"[1]。在法国，与大学校相比，综合大学（除去技术类院校）中生均费用为35500法郎，大学工程师学院生均费用将近90000法郎，大学技术学院生均费用53500法郎，大学校预备班生均费用75000法郎。[2] 教育经费投入的不足直接影响了高等教育现代化进程，必定会影响到教育质量。因此，改善高等教育设施，尤其是巴黎地区的教育设施，加大教育经费投入成为这一阶段法国政府推动高等教育质量保障体系发展的重要措施之一。

学业失败直接影响大学生就业，导致这些学生就业往往很困难，即使勉强就业工作也很不稳定。虽然这种状况最近几年有所改善，但大学仍无法确保其毕业生就业机会的均等。除了上述影响教学质量的原因之外，还存在以下原因：其一，学生指导制度的缺失，尤其缺少从高中向大学过渡方面的指导。为促进社会公平和所有学生普遍成功，加强大学内的学生专业指导以及大学与高中之间的衔接，成为这一阶段法国高等教育质量保障的一个重点；其二，大学普通教育文凭不具有任何职业性目标，不符合社会职业需求，严重影响了学生就业，造成了较大的人力

---

[1] 赵中建选编：《全球教育发展的研究热点——90年代来自联合国教科文组织的报告》，《高等教育变革与发展的政策性文件》(1995)，教育科学出版社2003年版，第116页。

[2] Rapport de la commission présidée par Jacques Attali; Pascal Brandys … [et al.]: *Pour un modèle européen d'enseignement supérieur*, Paris: Stock, 1998. pp. 16, 53.

资源浪费；其三，企业人力资源的负责人常常质疑法国大学第二阶段文凭的职业性与广博性，不大认可或者承认其毕业生，而政府部门又不能提供足够的就业岗位；其四，大学所有院系和研究部门很少关注国家整体需要，研究课题缺乏连贯性，人员招聘、经费和物质资源投入以及科研创新、与企业合作等方面都存在重大缺陷，这些割裂和缺陷从不同方面影响了学生顺利就业。而学生就业是评价高等教育质量的重要指标。因此，加强高等教育的职业化、采用新学制成为这一阶段法国政府推动高等教育质量保障体系发展的重要内容。

二 法国创建欧洲高等教育模式的政策指南：《阿达里报告》

1998年联合国教科文组织在巴黎召开的世界高等教育大会上，各参加国达成了共识，将高等教育视为促进社会发展的重要部分，强调了高等教育在促进国家社会进步、经济发展和文化繁荣方面的社会责任。在这种趋势下，法国政府面对本国高等教育与经济状况，为应对知识经济和国际竞争的挑战，法国时任国民教育部长的阿莱格尔（Claude Allègre）任命著名经济学家雅克·阿达里（Jacques Attali）为高等教育改革委员会主席，联合一批经济界人士对法国高等教育的发展状况进行调查，并于1998年春发布了题为《建立欧洲高等教育模式》，简称《阿达里报告》（*Rapport de la commission présidée par Jacques Attali*）。该报告提出了法国应建立与欧洲接轨的高等教育体系，通过高等教育国际化的路径根除法国高等教育体制弊端，用欧洲的标准来保障法国高等教育质量。该报告成为引领新世纪法国高等教育与研究发展的重要指南。

《阿达里报告》提出了促进法国高等教育国际化的重要路径，勾勒了法国高等教育质量保障体系发展的蓝图。该报告在肯定法国高等教育体制卓越性的基础上，指出了法国现行高等教育体制存在较大的问题，比如：大学和大学校之间的割裂与对立、大学现代化程度不高等。法国高等教育体制中不同层次之间存在的割裂与封闭现象直接影响到教育公平，进而影响了社会分层和社会公正。并且，法国高等教育双轨对立的局面在某些领域形成重复设置，造成了有限教育资源的极大浪费。此外，双轨制因资源分散、竞争优势不集中而严重影响了法国高等教育整体质量及其国际知名度。随着社会发展和开放程度的增加，法国高等教育制度已经成为制约法国高等教育质量的重要症结所在。为建立与欧洲接轨的高等教育，《阿达

第三章　国际化与质量保障：法国高等教育质量保障体系的发展

里报告》提出了一系列有关高等教育制度改革的方案，力图通过实施"358"学位制度改革，打通大学和大学校之间的鸿沟，促进高级技术员培训班或大学技术文凭与大学文凭之间的转换，开拓法国复杂多样的高等教育机构之间互相融通的门径，提高法国高等教育的国际透明性与开放性，并通过采用欧洲学分转换制度促进学生的国际流动。

与此同时，为提高法国高等教育的国际吸引力和竞争力，《阿达里报告》提出了大学三千禧年规划（文中简称"U3M 规划"），该规划起源于"市场国际化的进程"①，是"U2000 规划"的继续与发展。该报告重申了通过大学科研促进知识进步、加强教学与科研之间联合，提高大学科研质量的使命。为此，该报告提出改变法国高等教育管理方式，建立大学与企业之间的联系，鼓励大学创办企业的设想，并通过改变大学教师—研究者的评估方法来促进科研转化，以提高法国科研的竞争力。此外，"U3M 规划"继续加强巴黎地区图书馆、实验室等建设，改善学生的学习与生活条件，提高法国高等教育的国际吸引力。这些措施通过引进富有企业精神的市场化管理方式为提高法国高等教育与科研质量勾勒了一幅生机勃勃的图景。但在传统的法国大学教授看来，这简直就是"冒天下之大不韪"。

为避免可能出现的论战与冲突，阿达里提出了构建欧洲高等教育模式的建议，来加强法国高等教育国际化建设。"假如法国的精英更好地认识世界、世界的精英更好地认识法国的话，法国将成为一个世界强国。因此，如果可能的话，法国学生的培养应该在外国高等教育机构中取得一个文凭或文凭的一个阶段。作为互惠，法国高等教育机构也应该以非常体面的条件接收外国的学生和研究者。理想的状况是，法国能成为世界上所有国家中最聪明的学生的学术生涯中自然整体的一部分。"②这样，法国政府试图通过创建"一个教育的欧洲"，实现一个"就业的欧洲"，将法国高等教育参与市场竞争的范围扩大到欧洲乃至整个世界。1998 年《索邦宣言》、1999 年《博隆尼亚宣言》的发表和博隆尼亚进程的启动标志着《阿达里报告》的正式实施。

---

① Rapport de la commission présidée par Jacques Attali; Pascal Brandys… [et al.]: *Pour un modéle européen d'enseignement supérieur*, Paris: Stock, 1998. p. 6.

② Ibid., p. 24.

三 法国高等教育质量保障体系发展的国际驱动力：博隆尼亚进程

1998年法国利用巴黎索邦大学800年校庆之际，联合德国、意大利和英国高教部长签署了著名的《索邦宣言》，宣布建立欧洲高等教育区，创建欧洲和谐一致的新学位制度。1999年，在意大利博隆尼亚大学900年校庆时29个欧洲与会国签署了《博隆尼亚宣言》，重申《索邦宣言》，博隆尼亚进程正式启动。博隆尼亚进程是在欧洲各参与国政府推动下，各参与国的教育部长们对完善除大学内部设施（这是各国政府自己的事情）之外的大学制度、内部组织结构、学位制度和学生就业等方面进行协商的过程。从博隆尼亚进程的目的、落实过程和阶段性结果看，欧洲高等教育一体化是其首要目标，高等教育质量是博隆尼亚进程的宗旨和最终归宿，促进各国高等教育质量保障体系的发展是其核心内容。

博隆尼亚进程是欧洲各参与国的高等教育部长在规划创建欧洲高等教育区的一系列会议的结晶。从1998年《索邦宣言》到2006年，五次教育部长峰会在欧洲不同的城市（巴黎、博隆尼亚、布拉格、柏林、波尔根）召开，如图14所示，这不仅意味着博隆尼亚进程覆盖范围的扩大，而且从其颁布的公告中可以看出该进程发展的脉络以及触及内容的逐步深入。

博隆尼亚进程时刻表

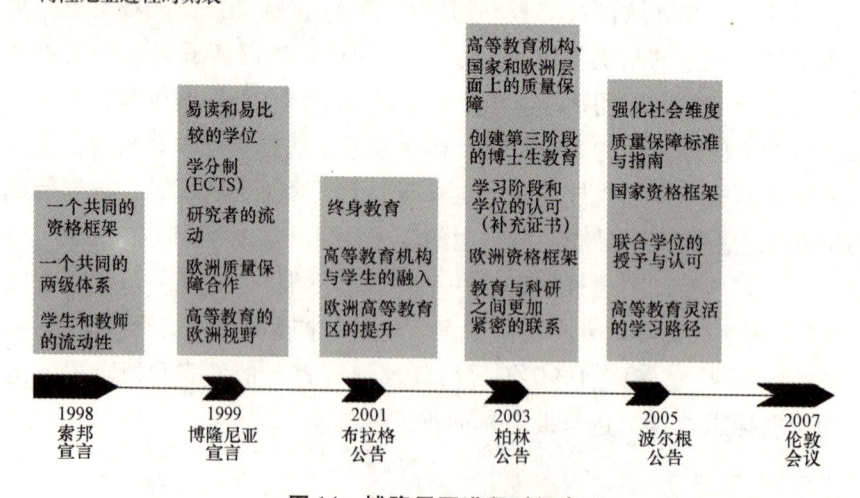

1998 索邦宣言	1999 博隆尼亚宣言	2001 布拉格公告	2003 柏林公告	2005 波尔根公告	2007 伦敦会议
一个共同的资格框架；一个共同的两级体系；学生和教师的流动性	易读和易比较的学位；学分制（ECTS）；研究者的流动；欧洲质量保障合作；高等教育的欧洲视野	终身教育；高等教育机构与学生的融入；欧洲高等教育区的提升	高等教育机构、国家和欧洲层面上的质量保障；创建第三阶段的博士生教育；学习阶段和学位的认可（补充证书）；欧洲资格框架；教育与科研之间更加紧密的联系	强化社会维度；质量保障标准与指南；国家资格框架；联合学位的授予与认可；高等教育灵活的学习路径	

图14 博隆尼亚进程时间表

资料来源：http://eacea.ec.europa.eu/ressources/eurydice/pdf/0_integral/086EN.pdf p1420090708。

第三章 国际化与质量保障：法国高等教育质量保障体系的发展

从博隆尼亚进程发展时间表中可以看出，1998年5月由法国、德国、意大利和英国四国教育部长签署的关于欧洲高等教育制度框架和谐化的《索邦宣言》(Sorbonne Déclaration) 确定了博隆尼亚进程的基本准则和欧洲高等教育区的共同框架。《索邦宣言》强调通过逐步建立一致性的资格框架和学位制度，提高大学课程的国际透明性和对资格文凭的认可，这为高等教育质量保障国际化提出了挑战。1999年6月，博隆尼亚宣言（Bologna Déclaration）进一步明确提出了促进欧洲质量保障合作、促进高等教育的欧洲视野（关于课程发展与机构之间合作）的目标，[①] 这也是高等教育国际合作的一个重要内容。2001年5月，布拉格会议颁布的《布拉格公告》(Prague Communiqué) 将加强欧洲高等教育区的吸引力视为博隆尼亚进程未来两年的一个重点事项，[②] 而构成高等教育吸引力的根基就是教学、科研以及管理服务的质量。欧洲各国通过提高欧洲高等教育区吸引力的各项改革，开始构建具有国际视野的质量保障体系。

2003年9月在柏林召开的会议是博隆尼亚进程中的一项重要内容，《柏林公告》(Berlin Communiqué) 明确地将在机构、国家和欧洲层面

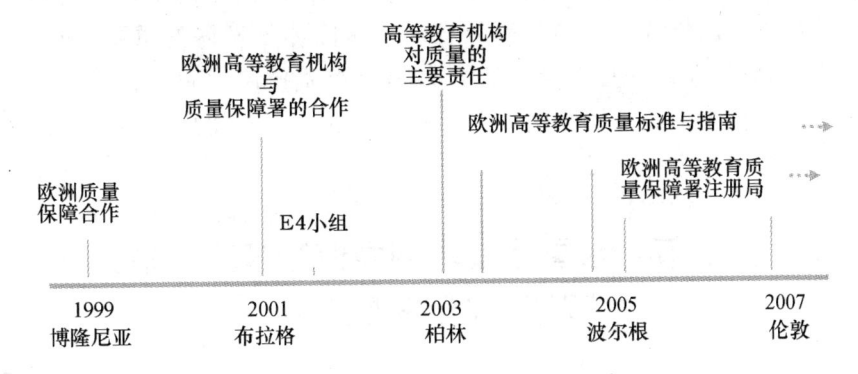

图 15　博隆尼亚进程中的质量保障

资料来源：Peter Findlay. *European Quality Assurance and the European Standards and Guidelines* (ESG), 2008. http://www.eua.be/fileadmin/user_upload/files/Publications/EUA_Trends_V_for_web.pdf20081119。

[①] Eacea. *Higher Education in Europe* 2009: *Developments in the Bologna Process*, Eurydice, March 2009. http://www.eurydice.org 2009-04-24, p. 11.

[②] Ibid., p. 14.

上发展质量保障视为未来两年博隆尼亚进程的优先重点事项之首,如图15 所示,[1] 从而使之成为构建欧洲高等教育与研究区各项改革目标的重要动力。2005 年 5 月,博隆尼亚进程中的第四次会议——波尔根峰会上明确提出了高等教育质量保障的问题,要求实施欧洲高等教育质量保障协会(European Association for Quality Assurance,ENQA)报告中所提出的质量保障的标准与指南,开发可与欧洲高等教育区所采用的认证框架相兼容的国家认证框架,高等教育质量保障的国际化成为欧洲高等教育区(European Higher Education Area)建设的重点。

博隆尼亚进程是促进欧洲各参与国高等教育质量保障体系全面发展的过程,可分为三个阶段,第一、二阶段致力于教育制度的改革,这是一个调整高等教育结构的基础性阶段。如法国进行的"358"学位制度改革;第二阶段致力于各国高等教育质量保障的具体技术层面,如质量评估标准与指南的制定等,这是问题的关键;第三阶段即发展博隆尼亚进程的工具——学分转换制度、补充证书等,可以视为拉动博隆尼亚进程的"马车",亦即高等教育质量保障的管理性工具。这是从结构质量、要素质量到工具动力循序渐进的发展过程,欧洲各参与国关注的重心逐渐从政策的制定过渡到实施措施的探讨。博隆尼亚进程成为这个阶段法国高等教育质量保障体系发展的重要驱动力。随着"358"学位制度改革,法国高等教育质量评估制度在国内、国际高等教育改革的背景下也发生了较大发展,主要体现在评估方法论的调整与国际化的进展。

第二节 与国际接轨的学位制度的创建:"358"学位制度改革

学位是学生完成某一阶段学业后由高等教育机构所授予的资格凭证。学位具有丰富的内涵,凝聚着学科要求、课程设置、学习年限、能力要求等所有与高等教育质量相关的因素。因此,在创建富有竞争力和吸引力的欧洲高等教育区的过程中,建立欧洲和谐一致的三级学位制度

---

[1] Eacea. *Higher Education in Europe 2009: Developments in the Bologna Process*, Eurydice, March 2009. http://www.eurydice.org 2009 - 04 - 24,p. 11.

成为博隆尼亚进程中建设"知识的欧洲"、"教育的欧洲"和"就业的欧洲"的一个重要杠杆。在创建欧洲高等教育区的背景下，法国时任教育部长阿莱格尔提出"根据全欧洲的要求，使结构现代化"[①]的战略，以学位制度改革为切入点，在保持本国原有学位特色的基础上，启动了一场自上而下的、渐进的学位制度规范化改革，简化了原有的学位体系，改善了高等教育结构，建立起与国际接轨、与欧洲和谐一致的学位制度，在促进法国高等教育国际化的同时，实现了法国高等教育质量保障体系的内涵式发展。

一 "358"学位制度改革情况

早在中世纪时巴黎大学就具有了世界上最早的、作为从业资格证书的学位，当时欧洲统一的教学语言和学位制度使法国成为欧洲各国学生游学中心。随着民族国家的兴起和国家主义教育思想的盛行，欧洲各国都形成了本国学位制度和教学用语，在一定程度上，这种复杂的学位制度成为高等教育国际化的一大障碍。到20世纪90年代末，法国已形成一套分层的、碎片状的三段式学位制度。第一阶段为普通教育阶段，学制两年，学生在达到规定的考核标准后，颁发"大学普通教育文凭"。为提高这个阶段毕业生的就业能力，在基础学科中融入科技知识，1984年《萨瓦里法案》规定增设新的国家文凭——大学科技学习文凭，同时加强对学生的专业信息指导。第二阶段为专业教育阶段，学制两年，完成第一年学业者授予学士学位（LICENCE），这相当于我国的专科文凭。若继续深造，完成第二阶段学业并考核合格者被授予硕士学位（MAITRISE），这相当于我国的本科学位。第三阶段是培养高级教学和科研人才阶段，在学业和研究符合一定标准后被授予博士学位。1984年7月5日法国通过的《高等教育指导法》进一步统一了第三阶段博士学位的名称，统称为大学博士学位。至此，法国形成了"普通教育"、"专业教育"和高深的"学术研究"彼此联系又相互独立的三段式学位制度。大学医学院、药学院以及大学技术学院和高级技术员培训班都颁发相应的文凭，再加上大学校那一轨，法国的学位制度呈现出双轨制、

---

① Claude Allègre. *Toute vérité est bonne à dire*. Entretiens avec Laurent Joffrin. Paris: Robert Laffont& Fayard. 2000, p. 263.

多层次、碎片式特征，如图 16 所示：

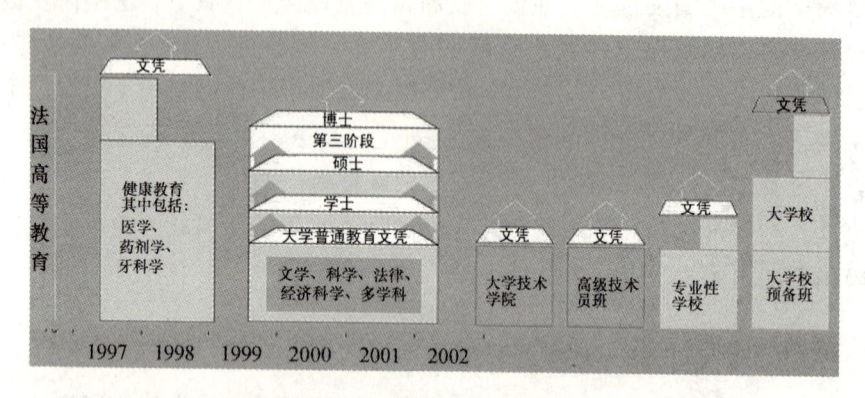

图16　法国"旧"高等教育学位制度图（2005年以前）
资料来源：根据法国教育部网站相关资料、表格翻译整理而成。

从图中可以看出，法国学位复杂多样，名称众多，甚至连法国人都很难说清楚法国到底有多少种学位，因此更不易于被国际上识读，特别是与其他国家学位不等值，这样就很难进行国际学分、学位转换，造成无法与国际教育接轨，这严重影响了法国高等教育国际上的知名度与透明性，进而影响到国际化进程，不利于人才国际流动和国际化劳动市场的形成，阻碍了法国在欧盟一体化进程中的发展。而且，从法国大学学位内部结构看，不同学位之间彼此封闭、割裂，在实行人才分流、培养多样化人才的同时，却导致了严格的社会分层和教育不公平。此外，法国学位是在原来传统精英教育基础上的扩充与延续，过多地强调学术研究，职业性特征不明显，不适应时下社会经济发展的需求，造成学生学业失败率居高不下和就业能力普遍较差的状况。

为改变法国高等教育存在的上述问题，法国利用博隆尼亚进程建设"欧洲高等教育区"的背景，在政府推动下进行了有步骤、有计划的改革，建立起新的学士（Licence）—硕士（Mastre）—博士（Doctorat）三级学位制度，亦称"LMD"（LICENCE—MASTRE—DOCTORAT）学制改革。按照新学制规定，高中毕业会考文凭（简称 BAC）依然是法国高等教育的准入文凭。通常情况下，学生入学后三年获得大学学士学位（180 学分）、五年后获得硕士学位（300 学分）、八年后获得博士学

第三章　国际化与质量保障：法国高等教育质量保障体系的发展

位，按照法国习惯说法①，学士、硕士和博士可以表述为 bac + 3、bac + 5 和 bac + 8，于是这次改革亦称"358"学位制度改革。新建的学位制度图如图 17 所示：

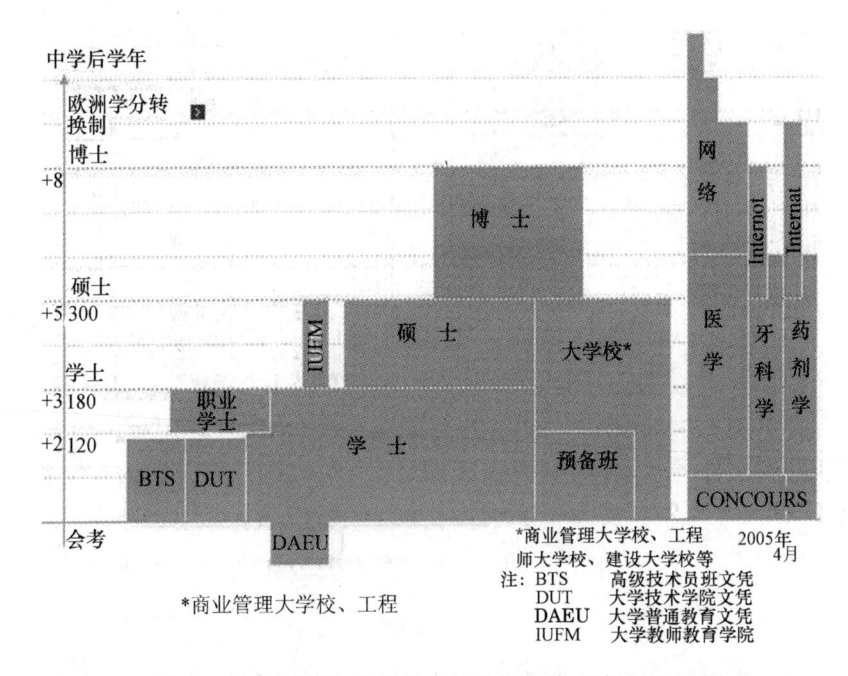

图 17　法国"新"高等教育学位制度图（2005 年之后）

资料来源：Ministère de l'Enseignement supérieur et de la Recherche. Plan pluriannuel pour la réussite en licence，http：//www. nouvelleuniversite. gouv. fr/IMG/pdf/Document - D - orientation - Licence - . pdf。

---

① 由于法国高中会考文凭 BAC 是进入高等教育的重要凭证，再加上法国高等教育学制的复杂人们习惯于用"BAC + X"的形式说明接受高等教育的年限，因此法国以前的学士文凭即 BAC + 2，硕士文凭即 BAC + 4，博士文凭则通常为 BAC + 8。当问及一个法国人的学历时，他（或她）常常扳起指头给你介绍，若浏览一位求学经历颇丰的人的简历可以看出一个连贯的学位机制图。然而，法国学位的神秘性日益成为一种局限，限制了法国与其他国家之间人才的流动，成为法国创建欧洲高等教育与研究空间、融入欧洲一体化、提高法国高等教育竞争力的一个重大障碍。因此，法国推行的"358"学位制度改革成为法国融入国际、参与高等教育国际市场竞争的必要前提。

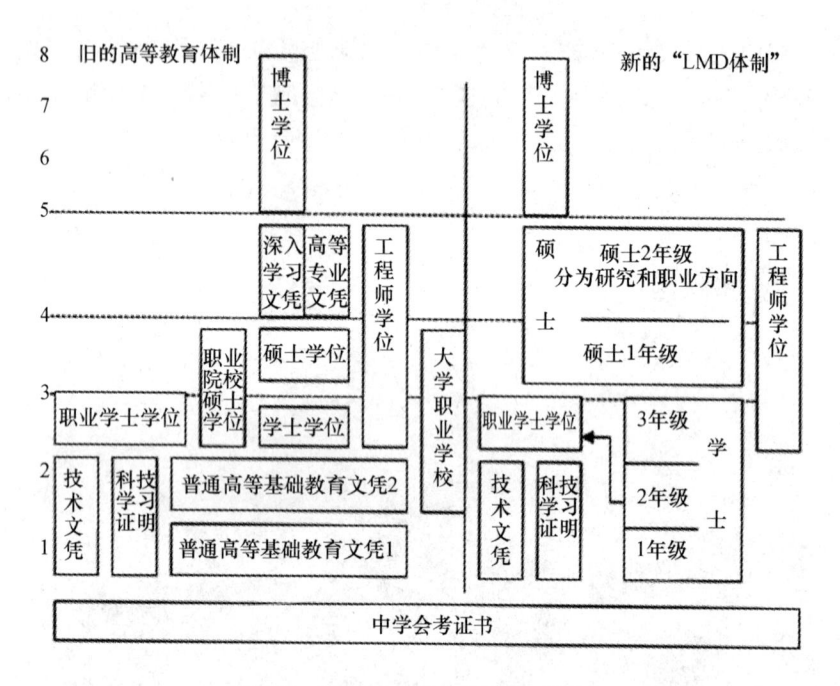

图 18　法国新、旧学位制度对照图

资料来源：法国教育部，Les établissements d'enseignement supérieur——structure et fonctionnement, Nov., 2006。

对比法国学位制度改革前后的学位示意图如图18所示可以看出，新学位出现了四大变化：一、复杂的学制得以简化、齐整化和标准化，新学位制度非常明显地分为学士、硕士、博士三个阶段，高等教育的许多机构都被整合到这个学位制度中，最突出的是大学校也因此获得可与大学相互对比的框架。除了医学、牙医学和药剂学之外，整个学制图呈现出金字塔形状，是一个整齐、统一的整体；二、新学制采用学分的形式，用新的框架使所有高等教育机构具有可与欧洲以及世界其他国家进行比较的透明性，各级学位的学习年限更接近国际常规体制；三、新学位最大的变化是以五年的新制硕士学位取代从前的四年制"硕士"学位，法国出现了历史上真正意义的硕士。并且，硕士学位对"大学校"同样开放。这些大学校无须对它们的主要专业（工程师文凭、管理文凭等）作任何改动，就能提供具有硕士教育价值的、对外国学生具有较大吸引力的新课程；四、新学位的就业指向更加明确。根据新学位制度，取得学士学位

140

第三章　国际化与质量保障：法国高等教育质量保障体系的发展

或同等学力的学生可以申请注册攻读新制硕士一年级课程，在获得过渡文凭（即修满240个欧洲学分）后进行定向，可选择以就业为目标的职业型硕士，也可选择以从事研究为目标的学术型硕士，此后才开始新制硕士二年级课程，以获得硕士学位（300个欧洲学分）。研究硕士属于博士学位课程的第一阶段，通常由相关学校的博士生院组织承担。从上面有关法国新旧学制对比图可以更加清楚地描述"358"学位制度改革所带来的变化及其意义。

总之，新学位制度奠定了法国参与构建欧洲高等教育与研究区（Area of European Higher Education and Research）的制度基础，为法国高等教育国际化扫除了障碍。实际上，"358"学位制度改革不仅是学制形式上的变革，更重要的是根据欧洲或国际标准推动了与文凭相关的法国高等教育结构、课程设置、学位评估等所有层面的变革，重建了文凭质量的保障体系，通过高质量的学位确保法国高等教育在国际高等教育市场上的竞争力。就此而言，法国促进高等教育国际化的过程本质上成为高等教育质量保障的过程。

二　新学位的建立：法国政府保障高等教育质量之路

为推动"358"学位制度改革顺利、高效地进行，法国政府颁布了一系列与学士、硕士和博士学位相关的法令，提出了新学位的目标及相关要求，并设立了相应的质量评估机构，确保新学位的立法基础与"含金量"，在保障法国高等教育质量的基础上加快了国际化进程。

法国政府1999年8月20日第99—747号法令设置了硕士文凭，在此基础上于2002年4月8日又颁布了第2002—482号法令，该法令第5条规定："按照欧洲学士、硕士、博士三个层次重新设置法国高等教育学习框架；按照学期和教学单位组织教学；实施欧洲学分转换制度。"[1]这确立了法国新学位的框架，成为实施新学位制度改革的基础性文件。该法令还指出学位制度改革要实现的一些具体目标："统一学制，规定不同层次需要达到的学分量，如学士180个学分，硕士300个学分；促进多学科教学；加强高等教育职业化；鼓励教师和学生国际和国内流

---

[1] *Décret n°2002 - 482 du 8 avril 2002 portant application au système français d'enseignement supérieur de la construction de l'Espace européen de l'enseignement supérieur.* NOR：MENS0200157D.

动；加强对学生综合技能的培养，例如外语、电脑等；鼓励使用通讯信息交流技术等现代化设施促进教学创新。"[1] 以此为基础，法国国家高等教育与研究部还于 2002 年 4 月 23 日和 25 日先后颁布了三条法令，进一步明确规定了学士、硕士、博士三级学位的相关要求，法国政府从法律上确立了新学位的合法性，并设置学士、硕士和博士三级学位目标、考核要求以及质量评估机构，保障各级学位的质量。具体规定如下：

（一）学士学位的相关规定及其质量保障

为培养具有国际视野的人才，打造一个"就业的欧洲"，首先需要创建一个"教育的欧洲"。2002 年 4 月 23 日法国《关于学士学习的相关组织法令》规定，新学士学位要"培养学生在欧洲地区内就业所必需的学术和职业技能"，使学生达到"学士学位所应该具有的能力和目的"[2]。在这里，学士学位是一个终止性文凭，表示学生所要达到的要求。[3] 同时，学士学位也是通向硕士学习的中介性文凭。因此，新学士教育有两大方向——一是面向就业市场而设计的职业学士学位，二是面向高等教育更高阶段的研究硕士或专业硕士学位。职业学士学位是根据 1999 年 11 月 7 日颁布的法令创建的，旨在建立大学与企业、职业部门以及其他培训机构之间的合作与密切联系，提高以往高等教育机构提供的职业教育质量，是高等教育职业化进程中一个重大突破。高等教育第一阶段的分流通过为学生提供就业和学术取向的教育，提高学位的适切度，促进学生顺利就业。

2002 年 4 月 23 日，法国政府颁布的《关于学士学习的相关组织法令》规定，新学士学位以促进学生学业成功为宗旨，分为六个学期 180 个学分，通过对学生的职业指导帮助学生明晓自己的能力性向，顺利地获得学士学位。新学士学位包括以前设置的相关文凭的内容，如大学普通教育文凭、多学科文凭、公共行政管理学士、大学技术文

---

[1] *Décret n°2002 - 482 du 8 avril 2002 portant application au système français d'enseignement supérieur de la construction de l'Espace européen de l'enseignement supérieur.* NOR：MENS0200157D.

[2] Soulas Josette, Descamps Bibiane, Moraux Marie - France, et al. *La mise en place du LMD en France.* Ministère de l'Education nationale de l'enseignement supérieur et de la recherche, Inspection générale de l'administration de l'éducation nationale et de la recherche. Paris. 2005. p. 29.

[3] Ibid. .

凭、大学科学技术学习文凭、职业文凭（1999年11月17日法令设置的）等具有应用取向的文凭。[1] 可见，新学士学位教育保留了法国原有的高等教育制度，只是在中间层次、学士学位层面上又规定了一些新目标。比如，在教学方面，采用多学科（尤其是双学科或者多学科）联合创新的方式；为希望获得职业学士学位的学生修订了大学普通教育文凭的教育内容；保留大学技术文凭的职业特色，调整大学技术学院的学习，为学生提供多样化的学士教育；将中学后多种教育机构，如高级技术员培训班、大学校预备班以及医学教育统一整合到新学士教育中。通过这种方式，一方面促进大学不同院系之间开展合作教学，另一方面促进与同一地区的其他中学后机构（尤其是高中）开展合作教学。这种设置简化了法国以往中学后复杂的学位制度，提高了学位制度的透明性与国际学士学位制度接轨的和谐性；并且打破了以往各中学后教育机构之间的封闭与割裂状态，通过开展合作教学提高了各机构的教育质量。而其中影响最大的是取消了原来两年制的大学普通教育文凭，将大学技术学院学制延长为三年，从教学时间等基础条件上保证了法国高等教育质量。

为了保证学位文凭的国家特色和质量标准，给社会提供相关质量信息，提高学位的国际可信度，2002年4月23日的《关于学士学习的相关组织法令》第8条规定，参与新学位改革的大学必须接受2002年4月8日法令所规定的全国阶段性评估。其评估主题有两个：一是改进教学，二是强调为具有职业倾向的学生提供职业化教育。[2] 大学教学向多个学科和多个职业领域开放，教学内容由大学学习与生活委员会与职业界代表协商之后决定。[3] 这有利于保证大学教学的开放性与实用性。为确保授予学士学位的质量，2002年4月23日法令第9条规定成立一个学士学位调查委员会，考察各所大学的学位教学情况是否符合规定的要求，如教学目的、教学组织以及与欧洲学分的衔接、教学内容、教学模

---

[1] *Arrêté du 23 avril 2002 relatif au Etudes Universitaires – Etudes universitaires conduisant au grade de licence.*

[2] Soulas Josette, Descamps Bibiane, Moraux Marie – France, et al. *La mise en place du LMD en France.* Ministère de l'Education nationale de l'enseignement supérieur et de la recherche, Inspection générale de l'administration de l'éducation nationale et de la recherche. Paris. 2005. p. 61.

[3] *Arrêté du 23 avril 2002 relatif au Etudes Universites – Etudes universitaires conduisant au grade de licence.*

式、教学量、课程的有效模式、特殊招生条件等。此外，还包括学生的学习结果、成功率等。[1] 通常由高等教育部长确定阶段性评估的方式，与高等教育机构签署合同程序相配合。

学士学位的授予与评估还涉及与工商界之间的联系。例如国家职业学士学位评定委员会的成员主要由来自社会企业组织及其工会代表、全国高等教育和研究委员会（CNESER）与大学生联合会组织的代表以及高等教育机构的代表三部分组成，以调查职业学士学位的教学与以往毕业生的就业情况。工商界代表也参与国家阶段性评估，所有评估标准都是公开透明的，大学具有颁发国家学位或者与其他几所大学创办联合学位的权力。虽然这种评估方式仍代表政府的意愿，是一种政府性的调节措施，但从参与人员的构成来看，学术界、工商界和学生的广泛参与保证了大学教育的开放性、透明性和适切性，提高了大学的公信度，在不干涉大学教师教学和学术研究自由的前提下，对学位教育质量提供制度性保障，这是得到国际认可的必要前提。

（二）硕士学位的相关规定及其质量保障

硕士学位是与职业学士和研究学士学位两个方向相衔接的文凭，同时具有初始教育和继续教育两个发展方向："一轨是职业目的；一轨是研究目的。"[2] 其宗旨是"致力于实现教育需求与国家文凭之间更好的平衡，保证区域平衡以及职业硕士与研究（专业）硕士的和谐发展"[3]。职业硕士是一个新的国家硕士文凭，该学位更加明确了硕士培养中职业和学术取向的分流，加强了人才培养的针对性。并且，新硕士文凭最大的变化是用五年的新硕士学位取代从前的四年制硕士学位，进一步规范、完善了法国学位制度，极大地提高了人才培养的质量。

2002年4月25日《关于国家硕士文凭的法令》第3条规定，硕士学位两年，学生在获得学士学位的基础上获得相当于120个欧洲学分后可获得硕士学位。[4] 拥有学士学位的申请者无须考试，可直接申请入

---

[1] Arrêté du 23 avril 2002 relatif au Etudes Universites – Etudes universitaires conduisant au grade de licence.

[2] Soulas Josette, Descamps Bibiane, Moraux Marie – France, et al. La mise en place du LMD en France. Ministère de l'Education nationale de l'enseignement supérieur et de la recherche, Inspection générale de l'administration de l'éducation nationale et de la recherche. Paris. 2005. p. 52.

[3] Arrêté du 25 avril 2002 relatif au diplôme national de master, NOR：MENS0200982A.

[4] Ibid. .

第三章 国际化与质量保障:法国高等教育质量保障体系的发展

学。硕士学位属于学位制度的中间层次,不管学生是为了就业,还是为了进一步从事研究,硕士学位都发挥着重要的过渡作用。因此,硕士教育中包括理论性、方法论和应用性教学,通常分阶段进行。许多大学在硕士一年级设置理论性更强的、对所有专业而言都具有普遍价值的公共基础课程,第二年则设置实用性课程。[①] 研究硕士通常在博士生院培养,这样,新研究硕士学位整合了法国原有的硕士学位和深入学习文凭(DEA),成为博士学位教育的第一阶段。这一方面提高了研究硕士学位的学术质量,另一方面减少了从硕士到博士过渡的复杂环节,节省了人才培养的时间,并且相对地降低了从硕士向博士过渡的难度,激发了学生继续攻读博士学位的信心与兴趣,从而扩大了从事高深研究的人数,有利于法国高等教育整体质量的提高。

硕士学位与学士学位、硕士学位与博士学位之间的教学课程的连贯性是决定法国高等教育整体质量的重要环节。为此,法国政府成立了硕士监督委员会,其重要任务之一即检查"从学士学位结束到硕士学位开始之间课程的连贯性"[②]。2002年4月25日的《关于国家硕士文凭的法令》第4条规定,硕士学位授予权要由国家在合同政策的范围内进行定期评估。[③] 法国国家高等教育与研究部部长决定采用国家阶段性评估的方式,通常由国家高等教育与研究理事会和硕士监督委员会以及高等教育机构代表共同对开展硕士教育的条件设施进行评估,并提供可行性建议。由于大学校和工程师学校也有权颁发新硕士学位,而大学校主要涉及工程师文凭和管理文凭,法国成立了相应的工程师学校硕士学位评估委员会和管理文凭评估委员会,成员包括来自于相关高等教育机构以及经济界的知名人士,主要对工程师类大学校的教学与管理以及授予学位的条件进行定期评估。大学校拥有颁发硕士学位的权力是其发展史上乃至日后发展前景中意义重大的事情。新硕士学位的创建促进了大学与大学校之间的融合,一些大学校开始与大学合作,开展合作教学,联合培养学生。硕士学位监督委员会的创建与运转进一步促进了大学与大学校

[①] Soulas Josette, Descamps Bibiane, Moraux Marie – France, et al. *La mise en place du LMD en France*. Ministère de l'Education nationale de l'enseignement supérieur et de la recherche, Inspection générale de l'administration de l'éducation nationale et de la recherche. Paris. 2005. p. 16.

[②] Ibid., p. 34.

[③] *Arrêté du 25 avril 2002 relatif au diplôme national de master*, NOR: MENS0200982A.

之间的联系，打破了法国高等教育制度中双轨对立的局面，在一定程度上改善了两者之间的关系，奠定了未来发展合作的框架，对于促进教育公平、改进硕士教育质量、改进因两者分裂而导致的法国高等教育国际竞争力低的状况具有重要意义。

（三）博士学位的规定及其相关评估

2002年4月25日，法国政府颁布的第二个《关于博士生培养的法令》改变了以往博士研究生培养的专业和学科设置模式，将原来的单一学科的深入研究文凭的集合变为一个多学科研究小组的集合，该博士生院从此以后承担起博士研究生培养的使命，并且被纳入到大学与国家签订的四年发展合同中。博士研究生培养分为两个阶段，第一阶段是深入学习文凭和研究硕士准备阶段，第二阶段包括呈交论文直到获得博士学位。深入学习文凭学习时间为1年，博士文凭为3年。在博士研究生教育阶段，开展的理论性、方法论和应用性教学量保持在125—250小时之内，深入学习文凭和研究硕士文凭的教学量不超过160小时。[①] 新的博士研究生培养程序改变了法国以往的招生程序，学生省却了等待获得硕士学位、然后考取深入研究文凭（即博士预科班）的环节，招生程序被简化，攻读博士学位的人数有所增加，有利于提升高等教育质量。

法国博士研究生培养实行导师联合指导的形式，尤其在博士研究生培养的第一个阶段，不指定具体指导教师，若干个与博士研究生专业相关的导师共同对博士研究生进行指导，导师在指导过程中遵循不干预和鼓励的原则，帮助学生寻找其学术潜力和性向特长，然后再由专业更加相近的导师进一步跟进指导。例如在普瓦提埃大学艺术设计专业，30名教师辅导6名博士研究生，师生交流很多。通常，理工科博士研究生大部分时间泡在实验室里，与导师几乎天天见面，随时接受学术指导；人文学科师生接触相对较少，但至少1—2周见面一次，学生向导师汇报读书心得及研究情况。无论是人文学科还是理工学科，博士生院开展的学术论坛和国际会议均较多，为博士研究生培养营造了浓郁的学术氛围。有学者说："'学生的头脑不是一个用来填充知识的容器，而是一个待点燃的火种。'每个人的火种是不一样的，需要靠同学的力量、靠

---

① *Arrêté du 25 avril 2002 relatif aux études doctorales*, NOR：MENS0200984A.

家长的力量、靠教师的力量一起把不同的火种点燃。"① 博士生院创造了点燃每个学生火种的环境。博士研究生第一阶段主要为学生提供多学科的教学，侧重学生的逻辑思维能力的培养和方法论的养成，通常没有发表文章的硬性规定。但在第一阶段结束时会要求学生做一个研究汇报，类似我国博士研究生的开题报告和中期筛选，这是非常严格的。② 新博士学位鼓励开展联合培养博士学位，鼓励博士生院与其他高等教育机构或者企业、实验室开展合作。总之，法国博士研究生培养环境宽松，科研条件较好，这与国家力求提高科研创新能力、提高科研质量的战略方针密切相关。此外，《关于博士研究生培养的法令》也明确规定了博士生院主任的职责、博士生院的认证程序（详见第四章博士生院质量评估）。博士学位资格的审查与评估也被纳入国家合同，实施定期评估。

综上所述，学士、硕士到博士三级学位制度都是在建设欧洲高等教育与研究区的背景下，在法国原有多样性、复杂学位的基础上创建起来的，并没有触及法国大学的招生方式。这种自上而下的、有法可依的实施路径以及法令本身固有的制约效力在保证该项改革顺利实施的基础上，还确保了学位的质量标准。法国在新学位制度改革中走在欧洲其他国家前列。2002年，有三所法国大学开始试行新制学位，到2004学年开始时，75%的法国大学实施了新制学位。到2005年秋季入学时，90%的大学加入到这个进程中来。③ 博隆尼亚进程规定新学制最后实施期限是2010年，法国已经提前五年完成了这个目标。

其实，"358"学位制度改革的顺利实施还有赖于法国大学校长及其团队所发挥的积极作用。高等教育与研究部部长通过指定学士、硕士学位检查委员会监管大学，改变了政府与大学之间直接的监管关系，大学在组织教学和课程设置方面获得了更多自主权。2002年11月14日政府颁布的条文规定，"358"学位制度改革的指导思想是明确高校及

---

① 袁振国主编：《中国当代教育家文存·杨福家卷》，华东师范大学出版社2006年版，第104页。

② 这部分资料来源于我在法国的留学经历以及对普瓦提埃大学和巴黎高等师范学校的几个博士生访谈。

③ Soulas Josette, Descamps Bibiane, Moraux Marie – France, et al. *La mise en place du LMD en France*. Ministère de l'Education nationale de l'enseignement supérieur et de la recherche, Inspection générale de l'administration de l'éducation nationale et de la recherche. Paris. 2005. p. 4.

教学团队在教学中的自主创新能力,"允许法国大学与世界上其他国家大学一样,有权掌控它们的课程和学位"①,政府还鼓励法国大学开发适合本地区需求的、能促进学生就业的职业性课程,实施"更富有战略性的、更易于评估的、更定性的评估标准"②。大学校长委员会认识到这一改革的尽快落实可以有效促进高等教育和科研公共服务的发展这一事实,③ 因此他们积极利用集体会议和召开研讨会的机会,向学生和教师们阐述这次改革不同于以往改革的巨大意义,说明这次改革将对学生学业的低成功率、教学的低效性以及法国大学在国际上的排名产生较大的影响。于是一向保守稳健的法国大学教师和科研人员被动员起来,利用改革之机积极开展教学创新,增加了教学的热情与责任心。而那些已经实施新学位制度的大学,在一定期限内可以继续保持大学普通教育文凭和硕士文凭(maîtrise),这保证了大学和学生可以不用冒任何风险参与这次改革。④ 这有利于抚平学生的反对情绪,为改革创建相对平静的环境。毕竟这次改革体现了以学生为中心的精神,学生们逐渐参与到改革进程中,虽然不同的学校学生参与程度不同,但是总的说来,这次改革是成功的。正如评估专家在评估法国"358"学位制度改革实施情况后所言,如同欧洲其他国家一样,在法国"一场不知不觉的革命正在进行"⑤。

三 "358"学位制度改革的结果与影响

法国"358"学位制度改革取得了较大的进展,极大地促进了法国高等教育国际化与学生就业,保障了法国高等教育质量,主要体现在以下三个方面:

(一)优化高等教育结构,提高国际竞争力

新学位制度加强了法国各类高等教育机构之间的联系,为同一地区高等教育机构开展合作教学提供了制度性前提;同时优化了法国高等教

---

① Soulas Josette, Descamps Bibiane, Moraux Marie – France, et al. *La mise en place du LMD en France*. Ministère de l'Education nationale de l'enseignement supérieur et de la recherche, Inspection générale de l'administration de l'éducation nationale et de la recherche. Paris. 2005. p. 7.
② Ibid..
③ Ibid., p. 5.
④ Ibid., p. 6.
⑤ Ibid., p. 33.

育结构,促进了高等教育资源配置与整合,为高等教育国际化和质量保障扫除了结构性障碍。比如,新学士学位将大学技术学院、高级技术员班、大学校预备班和大学普通教育机构等文凭整合为职业学士和研究学士学位,从而增加了法国高等教育国际透明性与易读性(readable),为各类人才提供多样化的选择和多学科教学,在节省并扩大教育资源的同时,为促进学生学业成功提供了多样化机会。这是高等教育大众化背景下教育质量的重要表现形式。新硕士学位的创建推动了大学校和工程师大学校向社会开放,促进与国际接轨,保证了教育公平和社会公正,同时这种双轨交叉融合的趋势将消除以往对立、分裂的弊端,实现两类教育资源之间的优势互补,提高了法国高等教育的国际透明性与竞争力,从而为根除影响法国高等教育质量的制度性障碍提供了可能。

新学位制度鼓励各个高校尤其是与同一地区的高校开展合作教学,开发联合学位(包括学士、硕士和博士),如图卢兹的三所大学与图卢兹综合理工学院(INPT)、国家应用科学院(INSA)创办了联合硕士学位。同时,"358"学位制度改革与大学合同制的实施是同步进行的,"358"学位制度改革引入了新的教学组织方式和学位评估制度,开始分地区评估,这促进了同一地区大学开展教学和科研方面的合作,如埃克斯—马赛的三所大学在四年发展合同中均提出开展合作的具体措施,并统一列出要开展的合作教学以及培训课程等。大学校长甚至出现了学校合并的意愿,阿尔萨斯的四所大学按照"358"学位制度改革的相关规定,协商共同开展培训课程,联合制订了六个研究硕士的培养计划,以提高该地区的吸引力。[①] 这些在法国高等教育发展史上都是极具突破性的,为政府创建高等教育与研究集群奠定了实践基础。

(二)采用欧洲学分转换制度,促进法国高等教育国际化

法国在"358"学位制度改革中开始采用欧洲学分转换制(ECTS),学位课程以及实习、已有的学习经历等都是按照学分来计算的。欧洲学分转化制度的实施,不仅促进了法国国内各院校之间的合作,还扩展了法国高等教育发展的国际空间,为各个高等教育机构建立了可与欧洲乃至世界

---

① Soulas Josette, Descamps Bibiane, Moraux Marie – France, et al. *La mise en place du LMD en France*. Ministère de l'Education nationale de l'enseignement supérieur et de la recherche, Inspection générale de l'administration de l'éducation nationale et de la recherche. Paris. 2005. p. 9.

其他国家高等教育进行比较的框架，各级学位的学习年限更接近于国际常规体制，为法国高等教育国际化提供了工具基础。尤其是新学制将工程师文凭划归国家统一文凭，并且等同于新制硕士学位，这样更加便于和美国、英国等国家进行学历资格认证，为高等教育机构国际合作和学生的国际流动清除了障碍，促进了法国高等教育国际化。如表19所示：

表19　　　　　　　　　资格认证

学年	法国		美国	英国/印度
8	博士		博士	博士
7				
6				
5	工程师学位/硕士（M2）	硕士（M2）	MS	理学硕士
4		（M1）	BS	Meng（工程学学位）
3		学士学位（L3）		学士学位
2	精英院校选拔考试	（L2）		
1	预科学习	（L1）		
	法国精英院校体系	法国大学体系		

资料来源：http://international.telecom-bretagne.eu/chinese/studies/education-france/2009-6-18。

欧洲学分转化制度犹如绿色通行证，为法国高等教育开展国际合作确定了操作性框架。在建立欧洲高等教育与研究区的背景下，法国通过与国外合作创办法国大学、在国外设立分校、与国外高校或者实验室开展联合培养学位、学生交换培养等项目开展了多种多样的国际合作。法国在国际留学市场上经历了一段相对停滞期后，自1998年起外国留学生人数开始持续增长，2001—2003年间，平均增长率为12.8%。实施"358"学位制度改革后，随着教学改革的展开和法国高等教育办学开放性的加强，到2004年时外国留学生增长率增加到14.2%，2005年为14.7%。到2005年，法国外国留学生总人数比2001年增加了58318人。[①] 2000年时，中国留法学生不到400人，2004年时，在法的中国

---

① Ministère de l'éducation nationale. *Repères et références statistiques sur les enseignements*, *la formation et la recherche*, 2006, P199. http://www.education.gouv.fr/2008-10-18.

第三章 国际化与质量保障:法国高等教育质量保障体系的发展

留学生已多达 4 万人。在此期间,中法两国创建的 18 个联合实验室中有 12 个都是在 2002 年之后建立的,[①] 这可作为法国实施新学位制度改革对高等教育国际化带来的巨大推动作用的明证。

欧洲学分转化制度在促进法国高等教育适应欧洲学制标准,增加学制的透明性,促进学生国际流动的同时,也给大学带来了巨大机遇。"358"学位制度改革赋予学校更多的自主权,尤其是一些有权颁发国家学位的大学利用新学制改革的契机,实施教学改革,创办一些特色专业吸引国际生源,从而提高了学校的国际和国内知名度。如拉洛舍尔大学(Université de La Rochelle)是 1992 年在"U2000 规划"中新创建的学校,大概有 7000 名学生,该校结合本校现有情况,通过"358"学位制度改革实施了新学位制度,同时拥有颁发国家文凭和本校文凭的权利。其学制图如图 20 所示:

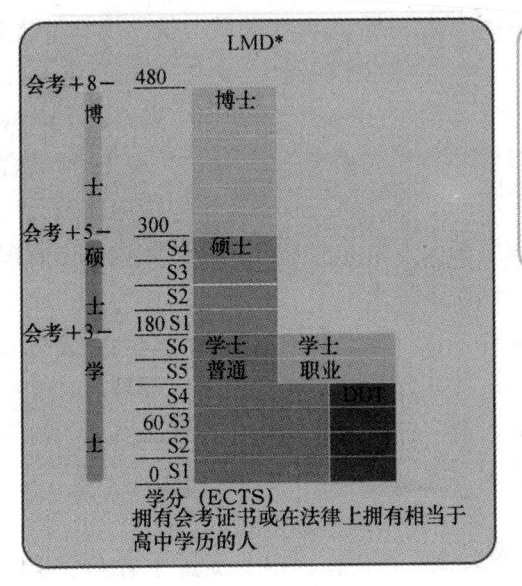

图 20 拉洛舍尔大学改革后的学位制度图

资料来源:http://www.univ-larochelle.fr/2009-07-12。

拉洛舍尔大学积极开展外语教学,改善教师与学生生活和学习条

---

① http://www.ambafrance-cn.org/2009-08-31.

件，不仅与企业界建立了广泛联系，还加强了与其他高等教育机构以及高中之间的合作，以促进学生顺利地从高中向大学过渡，实现学业成功。此外，该校还与非洲、欧洲其他国家积极开展国际合作，吸引了大批国内外学生，在2008—2009学年注册的学生中，13.5%是外国国籍，其中49.6%的学生来自于非洲国家。在苏格拉底—伊拉斯谟斯项目（la Charte Socrates – Erasmus）背景下，与欧洲22个国家的70所大学建立了联系，在欧洲之外还有69个合作单位。[①]"358"学位制度改革大大提高了拉洛舍尔大学的国际知名度。

从微观上看，欧洲学分转换制度的应用为开展国际合作教学或创办联合学位提供了现实的工具基础，这种新教学模式突破以往教学的封闭状态，有利于集中优势教学资源，让学生接受国内外最优质的教学，具有广阔的发展空间和适应异地文化环境的能力。同时，学分制强化了灵活的、以学生为中心的教学管理理念，要求在教学组织中实施个性化教学培养方式，引入模块教学、个人辅导、学习规划、职业规划等设计，根据学生个人情况充分挖掘学生的潜力与特长。此外，2002年4月23日法国政府颁布的《关于学士学习的相关组织法令》规定，大学应该整合单一学科、双学科或多学科，组建跨学科专业，开展主/辅教育体系，通过学分制进一步加强不同专业之间的联系。这些措施体现了以人为本的教育理念，对改进教学和人才培养质量、提高国际竞争力发挥着重要作用。但这也为教学管理改革带来了很大的难度，如为促进学生在国内和欧洲范围内流动，高等教育各级学位的取得将以欧洲学分数来计算，以符合欧洲学分转换制的计算方式，这需要教学管理理念、方法与设施等全方位的改革。因此，新学位制度的创建与实施需要加快高等教育现代化建设，是一个渐进的过程。

（三）以高等教育职业化促进学生就业

"358"学位制度改革是在博隆尼亚进程中为促进学者和学生国际流动而启动的一场范围较广的改革运动。该项改革就业指向非常明确，其目标就是为促进毕业生在欧洲范围内就业，从而打造一个"就业的欧洲"。为提高大学生就业能力，法国"358"学位制度改革强化了高等教育职业化趋势，设置了与研究学位相对应的职业学士学位和职业硕士

---

① http://www.univ-larochelle.fr/Chiffres-cles.html2009-07-12.

学位，这种分流和选择不是唯一的和硬性的，学生在任何一个阶段都可以根据自己的意愿和实际情况选择就业或继续深造，研究性文凭与职业性文凭之间只要符合相应的学分要求可以互相转换，这有利于职业学位与研究学位之间的分化与融合，有利于提高职业教育的质量，培养具有综合素质的人才。同时，欧洲学分转换制的实施和职业文凭的出现为在职人员培训和继续深造提供了便利，促进了学位与职业之间联系的加强。

此外，"358"学位制度改革后，法国高校普遍设有就业指导部门，并且与企业界建有密切的联系，不论是研究文凭类还是职业文凭类的学生都有在本专业相关领域实习的机会，学生通过实习了解社会和本专业的真正需求，认识自身的优势与不足，为理论学习和就业奠定基础。同时，实习单位也会把学生的实习情况反馈到学校，便于学校了解社会需求，改进课程设置，提高教学的针对性，促进学生顺利就业。新学位制度的实施进一步强化了法国高等教育机构与企业界的联系，新学位的相关法令规定企业界不仅要介入学校教学课程设计环节，还要参与对授予学位的评估。即使在研究硕士或研究博士的培养中，新学制也鼓励高等教育机构与地方企业联合培养，聘请相关企业的知名人士参与教学和指导。这种措施加强了教学的专业化水平和对社会与职业的适切度，扩大了学生受教育范围，提升了科研产品转化的速度，同时有利于学生和学校内的教师—研究者从实践中汲取新动力。此外，法国开展的国内、国际合作办学和联合培养不仅扩大了学生的专业视野，还增加了体验和适应异域文化的能力，有利于提高学生的就业能力。

高等教育职业化是高等教育大众化所引起的深刻变革，也是高等教育发展的应有之义。大学诞生时就是作为培养职业人才的机构出现的。在很长时间内，大学虽然也为社会培养人才，提供科研服务，但是在科研生产链条中，知识和科研的转化是间接的，往往缺乏直接的沟通，高等教育在满足其他产业需求方面是形而上的。随着社会生产中各产业日益分化和对受过高级系统训练的劳动力需求的增加，高等教育大众化深入发展，职业化成为高等教育发展的必然选择，也反映了社会发展对高等教育的普遍要求。对于高等教育机构而言，职业化教育是精英教育与大众化教育的最佳结合点；对于广大学生和家长而言，大学职业化可以为他们提供适应社会需求的具有较高适切度的职业培训，掌握走向工作岗位所必需的技能；对于社会各用人单位而言，他们需要受过高级技术培训、具有较高素养的劳动者，他们希望在高等教育课程中直接体现他们所需要的职业技能和素养，培养他们所需要的人力资源。这体现了高等教育学术本位和职业本位之间的博弈。其实，高等教育职业化并不是学术本位的对立，而是历史变迁中对被高等教育视为圭臬的综合性、学理性的补充与升华。高等教育大众化促进了学科知识应用性和工具性特征的增长，促进了科学研究向技术转化。高等教育在坚持以往学科本位的同时，增加了对职业取向的关注，根据学校和学科的性质实现学科和职业相互制衡、"形而上"与"形而下"相结合的办学方针，才能在更好地适应社会需求的同时，依然守住理性的界限，获得自身的发展。

就此而言，"358"学位制度改革是一个动态的解构与重构的过程，解构了原来以学术本位为基础的旧学位制度，重构了一套以学术本位和职业本位共存的新学位制度。新学位制度并不是对原有学位制度的消解，而是通过重构新学制实现了学术与职业两种取向之间的对话和沟通。没有学术性的学位难免肤浅，而缺失职业性的学位很难体现高等教育对社会现实的关照。零散多样的学位不利于高等教育的透明性与国际化，而整齐划一、与欧洲完全一致的学位无法体现法国特色。因此，法国"358"学位制度改革的实施集学术性、职业性功能于一身，融法国特色与欧洲标准于一体，实现了解构与重构之间的最佳结合。

第三节 提高法国高等教育的国际竞争力与吸引力："U3M规划"

到20世纪90年代中后期，"U2000规划"已经接近尾声，但主要问题是该项规划对科研考虑不足，尤其缺乏对法兰西岛地区高等教育机构的有力支持。到1997年时，法国的外国留学生人数开始出现下降趋势，同时本国学生人数趋于稳定，甚至有轻微的降低。这一时期法国已经不再处于中学生和大学生人口急剧增长、而学校建筑严重不足的状况，鉴于学生人数减少的趋势，法国政府不再到处创建新的大学建筑，而是在现有基础上进一步提高学生和教师的学习与生活条件，创造促进法国高等教育国际化及提高其国际吸引力的条件。因此，在《区域可持

第三章　国际化与质量保障：法国高等教育质量保障体系的发展

续性治理与指导法案》(*la loi d'orientation et d'aménagement durable du territoire*) 和《高等教育与研究集体服务纲要》(*schéma de services collectifs de l'enseignement supérieur et de la recherche*) 的背景下，在第十二批《国家—地区 2000—2006 年合同规划》(CPER) 框架内，1997 年 12 月 13 日，法国国民教育、研究和技术部部长提出"U3M 规划"，旨在改进巴黎地区教育和生活设施质量，提高法国高等教育的国际吸引力，增强高等教育对社会的开放性，提高科研质量，促进科研创新，亦即"U2000 规划"的继续。1998 年秋，国民教育部长阿莱格尔实施了"U3M 规划"。

一　改进法国高等教育科研管理，提高高等教育国际竞争力

法国"U3M 规划"是一项长期的远景规划，是在"U2000 规划"基础上继续促进法国高等教育与研究为经济和科技发展服务的一项系统工程，它的主要任务之一是改造教学—研究—企业之间的关系。时任教育部长阿莱格尔将"U3M 规划"概括为"少点混凝土，多点灰色物质（指相对于教室等硬件建设而言的软实力的环境建设）"，他在 1998 年 7 月 21 日的信中指出："我所确定的目标之一就是使法国有充分的准备参与 21 世纪灰色物质竞争……我们经济的竞争力取决于我们迎接这个挑战的能力。"[①]"U3M 规划"就是通过提高法国高等教育科研质量，增强法国经济发展动力和法国高等教育国际竞争力的重要战略规划。

（一）国家提高科研投入，增加科研对青年的吸引力

1998 年以后，世界科研领域出现了从基础研究向应用研究转向的趋势。在诞生过巴斯德和居里夫人的法国，虽然基础研究和科技创新的潜力在国际上依然领先，但在应用研究尤其是在科研转化方面与美国相比，已落后不少。尤其在这一时期，法国出现了研究人员老龄化的趋势，为了吸引青年人进入大学任教并从事研究，政府通过合同经费拨款的激励措施，增加学术研究的经费预算，以增加科研的吸引力，激发科研人员的创新性。

到 20 世纪末，法国政府开始增加科研经费。2001 年，科研预算超

---

① Claude Allègre. *Lettre du ministre Claude Allègre à Jacques Attali*, le 21 juillet 1998.

过了2.15亿欧元；2002年，在大学四年合同之外的研究经费拨款大约有1.5亿欧元，这使得学术研究对学生有了更大的吸引力。① 与此同时，国家通过政策引导促进了研究经费资助的多元化。到2001年时，在对高等教育机构科研资助中（除了研究人员工资之外），平均而言，国家资助占将近42.8%（3.84亿欧元），公共研究机构资助占20%，地方行政区域团体占9.2%，欧盟资助占7.9%，企业提供的资助占14.3%。② 当然，学科不同，经费资助结构也存在着较大差异。如人文社会科学类大学的科研经费60%以上来自于国家，而科技类大学的这一比例则不超过37%，医学类大学为44%。③ 此外，国家还设置了多项基金，如国家科学基金（FNS）和技术研究基金（FRT），用于引导研究者选择国家优先发展的重要课题。这项经费占国家学术研究总预算的10%。④

通常，科研经费的分配必须遵循一定的标准，尤其是对于80%的合同经费，根据科技政策的重点在各个研究团队之间分配，其分配依据有三：公共研究机构的声誉；研究团队科研成果的质量；在科研方面取得重大成效的研究者的数量。这种分配标准在很大程度上激发了法国大学师生从事科学研究的热情。同时，法国大学在科研方面的成效将成为吸引外部经费资助的决定性因素。在合同之外剩余的20%的科研经费用于资助一些项目组织活动，如多学科教学、联邦研究所、青年研究团队、研究团队之间的资源流动等。法国政府还额外增加了1200万欧元用于资助博士生院（2002年法国共有300多个博士生院）。⑤ 这些措施激励年轻人投身科研并献身于科研创新，为法国的科技发展带来了青春活力。法国政府在加大研究经费投入的同时，还不断增加教学—研究人员岗位。1993年，研究团队内教师—研究者的人数比率增长为66%，2002年继续上涨到74%，其中，科学学科领域的教师—研究者人数增

---

① Armand Frémond (Président); Rapporteur général Daniel Renoult; Rapporteur Mohamed Harfi, Thierry Bergeonneau, François‒Xavier Fort. *Les universités françaises en mutation: la politique publique de contractualisation* (1984‒2002). Paris: La Documentation françaises Février 2004. p. 32.
② Ibid., p. 33.
③ Ibid..
④ Ibid., p. 36.
⑤ Ibid., pp. 37—38.

第三章 国际化与质量保障:法国高等教育质量保障体系的发展

加了30%以上,人文和社会科学领域增加了60%以上。① 政府的努力为促进高等教育科研发展提供了重要的物质与制度保障。

然而,总的说来,"合同制"对学术研究的影响尚且停留在表面。对于高校科研质量而言,关注的重点是实验室水平,而不是高等教育机构的整体水平。随着科研开支的不断增加,政府的承受能力日益窘迫,争取更多的私人捐助成为当务之急。如何从地方当局中获得50%以上的研究经费,就成为"U3M规划"的重要目标。为了实现这个目标,基于"富裕的地区大学就富"、"贫穷的地区大学就穷"的事实,在"U3M规划"前五年的时间内,研究经费将由国家和每个地区通过协商的方式共同提供。具体而言,即"通过所有的税收、立法和管理措施,鼓励私人企业在不威胁到大学的独立和公共使命的情况下对高等教育提供经济资助。尤其是企业应该为大学或大学校内的初始教育或继续教育等各个阶段的教学、奖学金、图书馆、实验室提供经济资助"②。

(二) 与企业建立联系,促进科技创新与转化

美国冯达旋教授指出:"科学研究是大学的灵魂,不管用何种标准来衡量一所大学的质量,科研水平必定是其中的指标。"③ 近年来,法国存在科研质量高、但效益低的问题,主要表现在科技发明与工厂企业之间的联系不紧密。因此,技术创新是这个阶段法国高等教育科研改革的一个焦点,与企业建立联系、提高科研效益成为高校科研改革的重要方向。

1998年3月,法国全国科研成果鉴定所名誉主任纪尧姆(Henri Guillaume)针对法国实验室之间以及实验室与企业之间缺乏联系的弊端,提出了公共经费分配要围绕创建新型企业、支持中型企业、加强公共研究和企业之间联系的效益三大中心。他认为这是提高经费使用效率和增加经费来源的重要举措。1999年7月12日法国政府颁布的《创新

---

① Armand Frémond (Président); Rapporteur général Daniel Renoult; Rapporteur Mohamed Harfi, Thierry Bergeonneau, François - Xavier Fort. *Les universités françaises en mutation: la politique publique de contractualisation* (1984 - 2002). Paris: La Documentation françaises Février. pp. 72 - 73. 数字来源于学术研究分署、研究和新技术代理部信息系统的统计数据。

② Rapport de la commission présidée par Jacques Attali; Pascal Brandys … [et al.]: *Pour un modèle européen d'enseignement supérieur*, Paris: Stock. 1998. p. 45.

③ 袁振国主编:《中国当代教育家文存·杨福家卷》,华东师范大学出版社2006年版,第145页。

与研究法》再次提出了科研机构与企业建立合作关系的三条建议：一是在高等教育机构与科研机构中创建"孵化器"，直接促进科技转化；二是在高等教育与科研机构和企业之间建立不同类型的事务所，简化科研转化的程序；三是鼓励各个科研机构和具有公益性的机构创办企业。为建立大学和经济发展需求之间的直接联系，阿达里也提议："在大学和企业界之间必须建立一个经济情报机构，这将扩大他们之间合作的范围。"[①] 1999年10月12日，蒙特利埃三大科研开发工作小组负责人、欧洲中心的成员夏萨涅先生（M. Chassagne）向国家科学理事会提议，建立一个研究开发机构，并建立大学—研究—企业的外部联系。这种机构的目标就是在研究内容方面考虑来自外部企业的建议，与经济界负责人建立交流关系。

"U3M规划"使法国政府为高等教育机构与企业界建立职业性对接提供政策保证，该规划为把大学变为"企业的孵化器"和"经济扩展中心"提供机会，使大学成为国家经济发展的动力中心和技术集散地。"U2000规划"中在外省设立的大学技术学院、高级技术员班、大学和大学校内其他的技术培训、职业和技术中学等高等教育机构为地方城市经济或企业发展搭建了科技平台。力求全国范围内每150平方公里至少有一所大学，几乎所有的城市都至少拥有一所大学技术学院。通过科研与发展中技术资源的鉴定与重组，这些科技平台以合同的方式向企业开放，促进了技术创新和向企业转化。其中最富有代表性的是贡比涅（Compiègne）、特鲁瓦（Troyes）和贝尔福—蒙贝利亚尔（Belfort - Montbéliard）三所高等教育机构，它们的主要功能是培养工程师，但是又兼具大学和大学校的功能。由于通讯信息交流技术的迅捷与通达，上述科技平台对同一学区或邻近学区的高等教育机构的大学课程或公共实验室等都产生了较大的影响。在此影响下，高等教育机构的科研越来越面向企业开放，这类"科研—经济活力中心"发展得越来越庞大，最终成为一个全国技术研究中心（CNRT）。每个中心都有一个明确的主题，这是公立与私立机构在技术创新和科学研究相互融合的一个平台。在"U3M规划"中，全国共创建了20多个全国技术研究中心（CNRT），法国各个学区的大学都确立

---

① Rapport de la commission présidée par Jacques Attali; Pascal Brandys ⋯ [et al.]: *Pour un modéle européen d'enseignement supérieur*, Paris: Stock. 1998. p. 26.

了为企业服务的理念。蒙特利埃三大为实施公共服务政策，促进大学适应经济需求，在合同中提出了职业化的设想，"大学将建立具有职业目的的大学文凭，或在国家层面上或按照专业人员的要求，进行培训，并确保促进与区域（当地企业）合作"①。此外，大学除了进行科研开发之外，有的大学还积极在大学内组建企业。

尽管上述努力对于满足经济发展的作用还十分有限，但这个发展趋势代表了法国高等教育面向社会、面向市场办学的发展取向。这是大学、社会和政府在追求经济利益的过程中达成的共识，虽然这将动摇大学追求知识价值的原则，在一定程度上影响到基础研究，但至少也是高等教育在市场经济下所进行的自我调适。毕竟高等教育不仅属于教育范畴，还负有促进经济发展的职能。如同美国高等教育哲学家布鲁贝克所言："现实主义的认识论必须用实用主义的认识论作补充。这种方法大概可以使高等教育哲学的政治论和认识论之间达到最有效的和谐。"② 法国高等教育质量保障中以企业为代表的市场力量的介入是必要的，法国高等教育质量保障的参与主体和经费来源因此变得更加多元化。

（三）引入企业管理文化，提高科研效益

为使高等教育有助于企业的创建与发展，提高科研效益，国民教育部长阿莱格尔在"U3M规划"中指出："大学不能再像以前那样管理了，必须让大学参与竞争和适应欧洲和世界竞争的真正需要。"③ 他接着指出："大学应该完全变为经济创新的场所，高等教育机构的所有参与者（教师、学生、员工）发挥着企业内决策者、管理者和工人的作用……这场改革应该由大学校长来领导实施……为了让大学应对这种需求，必须要深入地重新规划其资金筹措、权限和员工、研究者的基本作用和使命。"④ 这体现了政府促进大学自治，让高等教育机构变成独立、自主、自立的经营主体的意愿，表明了政府在高等教育管理中引入企业

---

① *Contrat d'établissement* 1999 – 2002, projet au 15 octobre 1998, validé par le CA du 22 octobre.

② ［美］约翰·S. 布鲁贝克：《高等教育哲学》，王承绪等译，浙江教育出版社 2001 年版，第 24 页。

③ Claude Allègre. *Déclaration officielle de politique générale de Claude Allègre à la Conférence des Présidents d'Universités*. du 20 octobre, 1998.

④ Ibid. .

管理文化的思路。这里所谓引入企业管理文化，即按照企业管理模式，使法国高等教育机构树立服务社会的理念，引入竞争、合作与交换机制，追求合作各方经济利益最大化。

为了贯彻这种商业管理战略，阿达里建议"U3M规划"改革要体现实用性，"整个高等教育中必须渗透一种真正的科技文化。在所有的学科内，都应该发展一种企业文化，并鼓励从高中开始，确保课程与社会的长期需求之间的紧密联系"①。其实，就是将高等教育发展为经济活动的苗圃，为新生企业提供技术支持，必要时还可以通过设立风险投资基金、"采取公司控股"② 的方式，开发新的经济活动形式。法国政府希望通过在高等教育机构中引入改革精神、创造精神、企业精神和创新精神，促进大学自我发展、与企业开展合作，并决定研究重点，开发研究产品，以应对21世纪经济发展的挑战。这是法国效仿美国的做法，但由于国情不同，商业化或市场化运作方式严重威胁了高中、大学以及公共教育机构作为知识守护人的价值，经济利益冲击了大学中知识公正性和批判性的自由发展，经济价值成为衡量高等教育质量的重要向度，这引起了法国高等教育整个生态系统的变化。

从客观效果看，"U3M规划"的实施使法国高等教育及科研机构管理更有效率，大大提高了科研的适切性。该项改革通过改变大学校长任命方式、扩大其管理自主权，促进了大学自治，以此改进大学管理，促进大学为企业服务的适切性，从而在提高科研效益的同时获得更多的资金支持。经济因素成为法国最近十几年来一直致力于推动高等教育地区化的一个根本动因。在法国教学、研究和工业发展资源集中的地方（如里昂、斯特拉斯堡、格勒诺布尔、图卢兹、里尔、雷恩等地）创建新大学或者建立新校园，以实现地方经济发展与当地高等教育发展的互动。虽然研究的经济资助主要由公共部门来提供，但研究实验室经费通常由企业基金来补充，在分配时相当一部分用于应用研究，规定其中一部分款项必须用于基础研究。即便如此，这对基础研究影响仍然很大，因为很少有企业希望为那些比较古文字学实验室或批评本体论的基础性工作

---

① Rapport de la commission présidée par Jacques Attali; Pascal Brandys… [et al.]: *Pour un modéle européen d'enseignement supérieur*, Paris: Stock, 1998. p. 27.

② Ibid., p. 22.

第三章 国际化与质量保障:法国高等教育质量保障体系的发展

提供资助。

为确保法国科研的国际竞争力,"U3M规划"规定:"法国学者必须指定一些领域,在这些领域内他们的研究水平应该位于世界首位,鼓励学生和外国研究者,尤其是这些领域的欧洲学者和学生来学习。"①博士生院是在"U3M规划"中为提高法国科研质量和竞争力而发展起来的集教学与科研为一体的机构。"U3M规划"规定,博士生院要从国家重点领域内选择两三个"联合的、有价值的主题",在国家资助下立项研究,将这些主题作为未来四年研究的中心和资源分配的重点。蒙特利埃三大的大学科学理事会副主席米歇尔·科隆(Michel Collomb)在全国大学校长会议上提出,博士生院应该对博士研究生传授科学、社会经济与生活等领域的知识,博士生院应该成为提高高等教育机构知名度与效率的工具。博士研究生是国家最卓越的科研后备军,为促进博士研究生培养的专业性和职业体验,"U3M规划"规定,在博士研究生培养过程中必须将很大一部分时间用于在企业内实习,在企业内实施实习生"辅导制"(monitorat),并且鼓励大学和工程师大学校在创建和管理小企业的过程中对博士研究生实施教育。②这改变了法国以往博士研究生培养中重学轻术的传统,不仅有利于提高博士研究生培养的质量,并且能迅速地促进博士研究生科研成果的转化,大大提高了科研的经济效益。

(四) 改变教师评价标准,推动教师提高科研效益

鉴于法国大学教师过去只重视教学和基础研究,科研开发和社会服务意识缺乏而导致法国在科技和经济领域竞争力下降的事实,"U3M规划"试图通过改变教师评价标准、促进教师流动的方法来推动教师提高科研效益。

在"U3M规划"中,政府鼓励教师—研究者学习企业管理知识,充分利用科研成果,在校内创建企业或参与校外企业。这意味着教师必须转变观念,舍得牺牲一部分研究时间,还要把研究成果视为商品。同时,"教师—研究者成为社会的行政管理者"③,这虽然没有要求他们放

---

① Rapport de la commission présidée par Jacques Attali; Pascal Brandys… [et al.]: *Pour un modéle européen d'enseignement supérieur*, Paris: Stock, 1998. p. 27.
② Henri Guillaume. *Rapport De Mission Sur La Technologie Et L'Innovation*, mars 1998. pp. 25-26.
③ Ibid., p. 22.

弃原来的公务员身份,却意味着教师身份的改变,尤其是在教师管理中引入了竞争机制,这主要体现在对教师的评价不再仅依据教学和研究质量的标准,而是以流动、与企业之间的联系为优秀标准,根据教授与那些为大学提供经济资助的企业之间关系为标准进行评估,为那些"在企业中建立重大流动项目的教师和研究者提供津贴"①,并且"在大学和教师之间应该通过教学合同的形式,规定教师在教学创新、对学生就业的监管与指导、与学业失败作斗争等方面的作用。能否实现这些规定要求,将决定他们津贴的发放"②。这种"胡萝卜加大棒"的做法将以往靠国家提供资助的研究者从高枕无忧的状态推到了市场竞争的浪尖。对政府来说,这种评估导向是增加学校科研经费、提高学校办学活力的重要手段。

上述改革使一些大学教师—研究者担心丧失了以往依靠国家提供资助、自由从事研究的公务员身份,认为现在一切都靠市场来检验、靠经济和金钱来衡量,从而丧失了学术自由的价值,这将给大学带来潜在的灾难,这是国家在逃避责任。的确,这种以绩效和市场导向为评估标准的理念"使高等教育运营至少具有如下几个显著的市场特征:竞争、选择、价格、分散决策、金钱刺激等。它排除绝对的传统公有化和绝对的私有化"③。这对以往学术本位的高等教育质量观以重大冲击,法国大学属于国家公共服务性机构,一直在坚守社会平等和追求知识本性的理念,而这种以绩效和市场导向为评估标准的原则违背了法国大学的价值取向,表现为社会功用和即时有效性成为高等教育质量的重要衡量标准,市场成为检验高等教育质量的试金石,这将大学科研牢牢地拴在为经济服务的战车上。这完全是法国政府推动的结果。

"U3M规划"鼓励教师的国际、国内流动,"大学教授的身份应该给予那些至少在两所高等教育或研究机构中开展活动、并且能够证实他们具有开展高质量的教学和研究能力的教师。教师—研究者不能在他获得博士学位的地方度过整个职业生涯,这种地理上的流动性和岗位的性

---

① Henri Guillaume. *Rapport De Mission Sur La Technologie Et L'Innovation*, mars 1998. p. 19.
② Rapport de la commission présidée par Jacques Attali; Pascal Brandys … [et al.]: *Pour un modéle européen d'enseignement supérieur*, Paris: Stock, 1998. p. 31.
③ 李盛兵:《高等教育市场化:欧洲观点》,《高等教育研究》2000年第4期。

质使得教师们珍惜他们的职位和学位的质量"①。对于那些拒绝离开自己的家庭和地区的教师将被取消公务员身份,或者降职、减少工资。地理上的流动必然引起职能上的流动。"任何教师不能占据同一个岗位时间太长。教师地理上的流动成为规则。任何教师,在保证其身份的情况下,为了获得另一个职位,常常应该几年的时间内在公共服务机构内部调换工作:教学、进修、科研或管理。"② 教师职业流动在客观上对促进个人职业发展和国家教育质量提升都是有好处的,在避免高等教育机构封闭保守和个别学者学术霸权的同时为高等教育带来了新的活力。如同英国牛津大学原校长科林·卢卡斯(Colin Lucas)教授所说:"流动有这样一些好处:由于静态的、长期不变的教师队伍,大学容易变得死气沉沉。……流动也有不利方面:研究小组和大学的计划会由于关键人物流向其他院校而遭到重创。但是科研领域的国际市场已经成为一个无法回避的现实,这影响了报酬,丰厚的报酬能够吸引最优者。"③ 因此,教师的流动不仅是提高教学和科研质量的重要手段,其本身也是高等教育国际化的一部分,是吸引优秀学生、促进高等教育国际化的重要举措。

(五)建立连贯的高等教育制度,发挥大学集群优势

到 20 世纪 90 年代后期,大学与大学校的割裂成为影响法国高等教育改革与发展、影响社会公平的重大障碍,"U2000 规划"的实施使法国高等教育分散到全国 150 多个场所,教育资源的分散与重复设置影响了学生的学习条件,建立一个连贯的高等教育制度是提高高等教育质量、促进教育公平、提高法国高等教育国际形象的前提条件。这里所谓的连贯不仅表现为机构之间的相互转换与融通,还表现为相近和相同地理领域内不同高等教育机构之间的聚集、人文学科之间以及研究与技术类高等教育机构之间的均衡。1998 年,法国政府开始启动学区发展规划,并通过合同评估的杠杆推动各学区根据自身地理、教学水平和社会

---

① La Recherche du ministère de l'Education nationale, 21 octobre 1998. http://www.education.gouv.fr/bo/1998/36/sup.htm 2008 - 10 - 19.

② Rapport de la commission présidée par Jacques Attali; Pascal Brandys… [et al.]: *Pour un modéle européen d'enseignement supérieur*, Paris: Stock, 1998. p. 23.

③ 该文为杨福家在 2002 年 7 月举办的"中外大学校长论坛"(教育部主办)上的主题演讲稿。译文收入《中外大学校长论坛文集》,高等教育出版社 2002 年版;载《国家高级教育行政学院学报》2002 年第 5 期(中外大学校长论坛专辑)。

经济发展的特点，制定与国家大政方针相协调的政策。同时，政府通过合同制促进多学科和专业学位文凭的设立，为"358"学位制度改革创造了有利环境。这实现了法国国民教育部长阿莱格尔的意愿："我们的抱负就是在欧洲和国际化竞争的时刻促进大学和大学校之间的联合。"①为解决"U2000规划"在外省建立的许多规模小且分散的大学所造成的学校竞争力差的问题，"'U3M规划'的目标就是加强建设外省资源的'卓越中心'"②。因此，"在新的大学版图中，法国被划分为八大主要'省'（Provinces），在这些省区出现了几个我们称为'省区大学集群'（Pôles Universitaires Provinciaux，PUP）的卓越的大学群"③。围绕这些"省区大学集群"联合外省的高等教育机构，促进大学和大学校之间的联系，鼓励法国高等教育人员在国内及国际双重维度的流动与竞争。例如在"省区大学集群"内设置协调一致的课程、建立等值的学位文凭（例如硕士文凭）以及教师交换与流动的共同标准等。由于通讯信息交流技术的发展，"省区大学集群"可以不受学区地理限制，可以通过网络与周边国家的学校建立联系。虽然真正"省区大学集群"的出现还需要一定的时间，但是其所确定的原则使所有参与机构都可立即受益，并且对于法国高等教育质量保障和提高法国高等教育国际竞争力具有深远的影响。

"省区大学集群"的建设打破了法国大学与大学校之间教学组织方面的藩篱，促进了各类高等教育机构之间的联系，有利于实现资源共享；同时还打破了法国高等教育机构地域布局的分散状况，有利于实现高等教育进一步均衡发展。此外，大学校也开始注重科研，建立实验室。这些措施不仅有利于促进教育公平，体现了这一时期高等教育发展的知识价值和社会价值的统一，同时还促进了知识生产的增值，吸引企业选择最优秀的大学进行合作，高科技的企业通常设立在科研绩效最好的大学附近。从知识发现到应用之间时间的减少和市场化的兴起，提高了大学对技术创新的作用，加强了大学与商业之间的联系。这还进一步影响到知识的组织方式，知识变得越来越多样化和专业化，基础研究和

---

① Claude Allègre. *Déclaration officielle de Claude Allègre*, dépêche Reuters, 15 septembre 1998.
② Ibid..
③ Rapport de la commission présidée par Jacques Attali; Pascal Brandys… [et al.]: *Pour un modèle européen d'enseignement supérieur*, Paris: Stock, 1998. p. 29.

应用研究之间的界限日渐模糊。当然，这种发展趋势可以为大学赢得更多的经费，但是存在着影响知识生产能力的潜在危险。2000年时，高等教育与研究部的合并在一定意义上促进了领导部门之间的连接与合作，对实施大学全面管理、促进教学与科研之间的联系提供了外部制度保证。

总的说来，"U3M规划"将相关的经济原则引入法国高等教育，经济元素犹如为法国高等教育与研究机制输入的新鲜血液，虽然该血液中难免带有病毒，或缺少造血干细胞的可持续性，但毕竟为其发展带来了生机与活力。科技创新不仅在于科学发现，更重要的在于对科技成果的转化与利用，两者同等重要。当然，市场机制也存在失灵的危险，并且市场收益与市场风险并存，所以应完善政府的补偿机制。来自法国大学内部保守教授对市场化的抵抗，在一定程度上抑制了市场化的过度发展，降低了其负面效应。因此，不管是国家的经费支持与政策引导、企业的需求和市场的推动，还是教育管理与教师身份的变革，所有这些都体现了在政府主导下，政府、市场和高等教育机构在互相博弈中建立起高等教育科研质量保障体系，从而提高了法国科研的国际竞争力。

二 从现代化到追求卓越，提高法国高等教育的国际吸引力

物质设施是高等教育存在与正常运转必不可少的基础，也是影响高等教育教学与研究质量的基本要素。"U3M规划"的另一项重要使命就是弥补"U2000规划"在实验设施、图书馆等现代化设施方面的不足（尤其是巴黎地区）。面对高等教育学生入学人数趋于稳定或减少的状况，为了吸引外国优秀的留学生，法国政府在建设欧洲高等教育区和法国国土资源整治规划的背景下，以促进法国高等教育现代化和国际化为宗旨，通过"U3M规划"在教学科研设施、图书馆文献资料、学生生活条件方面加大了投资力度，通过资源均衡与优化，提高以巴黎大学为首的法国高等教育国际竞争力与吸引力，建立了法国高等教育质量保障体系的现代化基础。

（一）科研与教学的现代化

科研是"U3M规划"的一个重点，其目标是根据法国和国际评估标准，使大学第三阶段的教学与科研实现更好的地区均衡，提高国际竞争力。这需要具备以下条件：以符合国际评估标准的高质量的研究团队

为支撑；拥有高质量的科研设备；在全国范围内几个重点学科领域创建重要实验室，如人文之家、国家物质分析中心、医学图片多技术中心等，以促进研究实验室分布的连贯性与合理性；积极与企业开展合作，研究的发展应该是在企业、企业人才中心、公共研究与私人研究合作的框架内进行；以多学科为主题创建既富有国家使命、又能体现地区优先发展重点的高等教育机构的联盟。与欧洲其他国家相比，法国是一个高度中央集权的国家，一个突出表现就是巴黎地区是整个国家的政治、经济、文化和教育研究中心。1947年，一位地理学家曾经出版了一本书《巴黎与法国荒漠》①（Paris et le desert francais），对此进行了生动的描绘。经过近25年的区域治理规划与权力下放运动，高等教育与研究领域获得了较大进展。20世纪50—60年代时，公共机构中80%以上的研究者都分布在法兰西岛地区，而到2000年时，这一比例下降到50%。②在学生分布方面，1950年巴黎大区的学生占法国学生总数的44%，1980年降至34%，而到2002年时则降为26%。③ "U3M规划"在实现法国高等教育第三阶段均衡发展的同时，还为法国高等教育国际化、吸引和留住最优秀的人才提供了有利环境，从科研经费、与工商业的联系等方面为优秀学生从事科研或者就业提供便利。2000年，欧洲大学吸引了450000名来自其他国家的学生，而美国则吸引了540000名以上的学生，其中大部分来自亚洲。并且美国吸引的大都是来自工程、数学和信息等领域的高端人才，能够用优裕的条件和博士资格留住这些人才，大概50%的欧洲人在美国获得资格文凭后会在那里逗留几年，许多则长期定居在那里。④ 美国的经验证明了法国通过实施"U3M规划"加大科研投入、促进法国高等教育国际化和科研质量提高的重要意义。

  教学是高等教育一以贯之的重要使命。面对近年来法国大学普通教育阶段入学人数下降、学生学业失败率上升的不争事实，自1998年以来，法国国家高等教育与研究部以大学普通教育创新试验的名义在以下

---

  ① Jean-François Gravier, *Paris et le désert français*, *décentralisation*, *équipement*, *population*, Paris, Le Portulan, 1947, p. 421.
  ② Daniel Renoult, "*Le plan U3M en Ile-de-France*", Perspectives 2000-2006, 2002. p. 4.
  ③ Ibid..
  ④ Communication From The Commission. *The role of the universities in the Europe of knowledge*, Brussels, 2003. pp. 6-7.

第三章 国际化与质量保障：法国高等教育质量保障体系的发展

六所大学开展了创新改革：波尔多第一大学、格勒诺布尔第一大学、里尔第一大学、滨海大学、蒙彼利埃第二大学和巴黎第十一大学。虽然各个大学经验不同，但其共同点是都能充分考虑到学生的异质性，探索出更适合学生个性特征的教学模式和教学方法。其中选用最多的方法是小组教学和多媒体教学。

1999年，政府在对这些大学进行合同评估时考察了大学普通教育的改革情况，发现改革后综合大学普通教育阶段采用了多样性的教学方法，教学组织中普遍存在实践性教学。除了参与实验的波尔多第一大学、格勒诺布尔第一大学和蒙彼利埃第二大学之外，还出现了尚贝里大学、第戎大学、圣艾蒂安大学和图卢兹第三大学等改革，它们利用相同的资源以同样的目标开展了多样化改革，扩大有效的小组教学，优先使用新信息技术，以促进学生的自我评估和自我教育，更多地增加学生的责任与自主意识。① 2000年，法国政府在对大学的教学资格审查时发现，还有更多的大学利用合同制在大学普通教育阶段开展多学科教学改革，虽然尚未找到确切的数据说明大学普通教育教学改革增加了学生学业成功率和该学科的吸引力，但这次改革为大学第一阶段教学注入了一种真正的责任精神。这对改善大学普通教育的质量和声誉、促进学生从高中顺利地向大学过渡起了非常重要的作用，这是法国高等教育质量保障体系中最为核心的部分。

新信息和通讯信息技术一方面是改进教学的重要工具，另一方面是促进高等教育与研究国际化的重要手段，引发了高等教育在国际、国内双重维度的激烈竞争。"U3M规划"更加重视新技术的采用，例如可视电视等，这不仅改变了以往的教学方式，并且大大拓宽了教学范围，为远程教育提供了便利。法国政府通过合同的方式，支持大学采用通讯信息交流技术的手段进行教学和研究。2000年，法国政府通过合同的方式增加了30%的专款，主要资助网络终端的拓宽与扩大，特别是科技、教学和科研网络等；向学生自由免费开放；创建资源中心（语言类资源中心）；对电视会议提供经济资助；创建信息化的教学内容；人员培训

---

① Ministère de l'Enseignement Supérieuret de la Recherche *La rentrée 1999 dans l'enseignement supérieur*, Dossier de presse du 14 octobre 1999. ftp：//trf. education. gouv. fr/pub/edutel/actu/1999/14_ 10_ dp_ enseignsup. pdf2009 - 01 - 12.

规划。① 为了进一步开展网络教学资源，1999 年法国政府在法国大学第一阶段教学改革实验中共建立了 13 个信息化的教学模块，其中影响最大的有大学在线（www. univ – enligne. prd. fr）等，涉及 15 个学科。大学通过教学援助措施（www. educnet. education. fr）使学生可以在远程教育中采用 30 个实用性的多媒体软件设施进行学习。这些措施通过在线信息服务和多媒体教学内容为学生提供新服务，远程高等教育的发展构成了这一时期法国高等教育的一个发展重点。因特网的发展为高等教育机构电子资源的发展提供了便利，教师教育学院的现代技术设施也得到了一定的发展，教师们通过新技术对教学实践的发展进行集体反思，② 改进教学以提高教育质量。

高等教育教学与科研质量与其物质基础的现代化程度是密不可分的。与"U2000 规划"相比，"U3M 规划"进一步把法国高等教育教学与科研的改革推向深入，并落实到实际中，对法国高等教育质量的提高发挥了切实的作用，成为高等教育质量保障体系中重要的组成部分。

（二）图书资料与实验室设施的现代化

教育资源和教育服务是高等教育质量保障体系的重要基础，犹如高等教育质量中流畅的血液。其中，图书文献设施的现代化对于广大学生学习、教师从事教学与科研是非常重要的，尤其对于人文学科而言更是如此。没有一流的图书馆，就不能成就一流的大学。凡是著名大学通常都具有完备的、现代化的图书文献中心。以前，法国大学的图书馆状况非常一般，有的大学甚至是糟糕的。自 20 世纪 90 年代以来，随着"合同制"的实施，教育服务经费逐年增加，尤其是"U2000 规划"的实施极大地改善了法国大学图书馆的服务设施，平均每周开放时间 40—55 小时不等，入馆人数和借出图书的数量都增加了一倍。③ 然而，巴黎地区大学图书馆依然不能满足教师和学生的需求，而且与英美等国家相比，法国在大学图书馆建设方面相对落后。虽然图书文献设施等条件的

---

① Ministère de l'Enseignement Supérieuret de la Recherche *La rentrée 1999 dans l'enseignement supérieur*, Dossier de presse du 14 octobre 1999. ftp：//trf. education. gouv. fr/pub/edutel/actu/1999/14_ 10_ dp_ enseignsup. pdf2009 – 01 – 12.

② Ibid. .

③ Claudy Jolly. "*Le plan U3M et les bibliothèques des établissements d'enseignement supérieur*", Techniqes et architecture, juin – juillet 2001, No. 454, pp. 80 – 83.

第三章　国际化与质量保障：法国高等教育质量保障体系的发展

好坏并不是影响高等教育教学与科研质量高低的充分条件，但却是不可或缺的必要条件。因此，"U3M规划"的一项重要内容就是改善大学图书馆条件，而巴黎地区的大学又成为建设的重点。

"U3M规划"是在区域发展规划和四年发展合同的背景下实施的。在2000—2006年间，这些规划投资高达400亿法郎，由国家和地方行政区域团体（尤其是地方）共同承担。其中38亿法郎涉及物资设备和不动产，图书馆的比例为10%。[1] 1999年，国家补充了15亿法郎用于大学图书馆建设，20亿法郎用于引进新科技。[2] 合同拨款也是促进大学图书馆和文献检索现代化的重要工具，将近50%的拨款以文献的名义用合同拨款的方式支付。[3] 充裕的经费为图书文献现代化功能的发展提供了物质基础。

"U3M规划"主要围绕以下三大主题实施：一是继续致力于新大学的创建与完善活动，补充新大学所应具备的设备；二是重新平衡分配巴黎及近郊地区文献资料分布，实现资源均衡分配；为巴黎地区图书馆创建足够的工作岗位，以提高图书馆管理与服务质量。巴黎地区的大学图书馆建设取得了较大成绩，图书馆的接受能力扩大了1/3，增加了7000多个座位；[4] 提高了建筑质量和服务质量，树立了以学生为中心的发展战略，提供了多样性的服务；在控制运转经费的基础上，提高图书流通速度与复杂程度。从"U3M规划"整体来看，图书文献建设是与大学教学、科研相联系的。例如，为了提高大学第一、二阶段的教育质量，在圣芭布学院（collège Sainte–Barbe）创建了一所图书馆，设置了1200个学习座位，在托尔比亚克区（la Zac de Tolbiac），即塞纳河左岸创建一个大型的语言和文明中心。为方便学生，改善服务质量，"U3M规划"将大学图书馆的开放时间从1997年的每周50小时45分钟延长到

---

[1] Claudy Jolly. "*Le plan U3M et les bibliothèques des établissements d'enseignement supérieur*", Techniqes et architecture, juin–juillet 2001, No. 454, pp. 80–83.

[2] Ministère de l'Enseignement Supérieuret de la Recherche *La rentrée 1999 dans l'enseignement supérieur*, Dossier de presse du 14 octobre 1999. ftp：//trf. education. gouv. fr/pub/edutel/actu/1999/14_10_dp_enseignsup. pdf2009–01–12.

[3] Ibid..

[4] Daniel Renoult. *La future offre documentaire des bibliotheques universitaires dans le cadre de U3M*. Ministère de l'Enseignement Supérieur et de la Recherche. 2002.

54 小时 15 分钟,并努力实现平均每周开放时间达到 60 个小时;① 同时,"U3M 规划"扩大了图书馆开放空间,提高了图书文献的现代化管理程度,在数字化、信息化时代,收集、注册、借阅等图书馆各个环节都采用了信息技术管理,使用新一代的文献收集和服务系统,创建信息系统数据库,在收集工具网络、文献研究方面为用户提供更多的便利设施。收集工具和网络建设为科研和教学提供了便利,拓展了大学图书馆功能,体现了服务的理念。此外,"U3M 规划"提供的经济资助主要致力于强化大学与研究的联系。从地理位置看,图书馆大多坐落在塞纳河左岸,这将改变巴黎地区的文献版图。大学图书馆的学术水平和内容规划根据学科和科研状况而分布,实现了功能与使命的均衡发展,并通过对古籍以及一些有特色的文献资料的重新分配创建特色典藏,从而提高了法国大学图书馆在欧洲的知名度。

随着法国高等教育机构资源设施的发展,政府还在大学内增设了更多教学与管理岗位。1997 年到 2002 年间法国大学生师比以及非教学人员与学生比率的变化如图 21 所示:

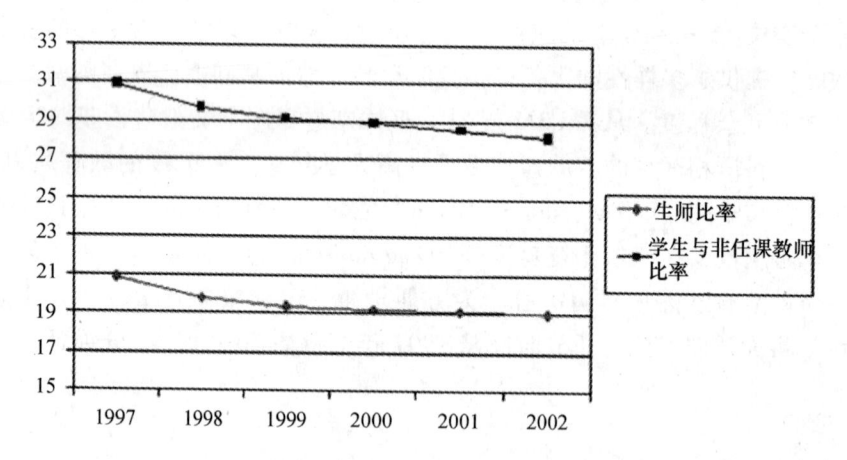

图 21 1997—2002 年间法国大学生师比及非教学人员与学生比率变化图
资料来源:http://www.minefi.gouv.fr/pole_ecofin/…tat/LF/2002/plf/depenses/education.htm。

---

① Daniel Renoult. *La future offre documentaire des bibliotheques universitaires dans le cadre de U3M*. 2002. 和 *La rentrée 1999 dans l'enseignement supérieur*, Dossier de presse du 14 octobre 1999. 根据这两份资料整理而成。

第三章 国际化与质量保障：法国高等教育质量保障体系的发展

这些岗位的设立对于促进大学教学与科研的发展、高等教育机构的现代化以及高等教育质量的提高发挥着重要作用。

图书文献从物质设施到管理服务现代化程度的提高为改善法国高等教育教学与科研质量提供了条件，大学图书馆与大学教师共同成为提高高等教育质量的核心要素。但最为关键的是图书馆服务理念，即育人、科研功能。诚如弗莱克斯纳所言，"钢筋和石头中间也因此体现出崇高的教育理想"[①]。大学图书馆只有真正为大学教学、科研和育人服务时，才能成为大学的学术中心和信息集散地，真正担负起保障高等教育质量的重任。

（三）改善学生住宿条件，促进高等教育国际化

为促进学生和教师流动，吸引更多外国留学生和优秀人才，"在接收外国留学生方面，法国应该为欧洲学生提供更好的工作条件。法国应该达到欧洲其他国家的水准……改善我们接收学生的质量"[②]。因此，"U3M规划"中另一项重要措施就是改善与学生生活相关的设施，并规定将1/4的经费用于改善学生的生活条件。这包括大学餐饮业的发展、学生住所的建设与翻新等，该项改革主要对象是位于中等城市的大学机构；体育和文化设施的发展，这些设施对所有的学生和当地居民公开、免费开放；最后，在"国家—地区规划合同"的其他领域，国家资助还包括城市生活、尤其是公共交通，这在打破校园内闭塞状态的同时促进了学生流动，一定程度上改善了学生的生活条件。学习与生活条件的改善为学生轻松、愉快的学习提供了宽松、舒适的空间，有利于提升法国高等教育的国际形象。

尽管法国大学入学人数下降，法国政府仍然加大了经费投入，2000年预算规划比1999年增加了2.63%。[③] 2004年法国政府对高等教育的投资高达197亿欧元，是1980年的2.1倍。2004年的学生人均费用为

---

① [美]弗莱克斯纳：《现代大学论：美英德大学研究》，徐辉、陈晓菲译，浙江教育出版社2001年版，第64页。

② Claude Allègre. De U2000 à U3M. *Discours de Claude Allègre à laSorbonne*. Ministère de l'éducation nationale, de la recherche et de la technologie. 4 décembre 1998. ftp://trf. education. gouv. fr/pub/edutel/actu/1998/04_12_disc_U3M_allegre.pdf2008-12-20.

③ Ministère de l'Enseignement Supérieuret de la Recherche *La rentrée 1999 dans l'enseignement supérieur*, Dossier de presse du 14 octobre 1999. ftp://trf. education. gouv. fr/pub/edutel/actu/1999/14_10_dp_enseignsup.pdf2009-01-12.

8630 欧元，比 1980 年增长了 28%。① 这反映了法国政府创建现代化高等教育、为保证法国未来的经济和科学竞争力所作出的努力。2005 年学生人数的增加不一定代表高等教育质量的提高，但至少在一定程度上说明这一时期法国通过实施"U3M 规划"，改善了学生的工作和生活条件，为学生提供了更好的住所，提高了法国高等教育的国际知名度与吸引力，扭转了大学入学人数逐渐减少的局面，这本身也意味着法国在高等教育质量保障方面的成功。

"法国高等教育机构也应该以非常体面的条件接收外国的学生和研究者……法国能成为世界上所有国家中最聪明的学生的学术生涯的一部分。"② "U3M 规划"的一个重要使命是提高法国高等教育的吸引力和国际化程度。该规划明确规定，在建设和翻新学生宿舍时，必须为外国学生尤其是欧洲学生预留 15% 的宿舍。在每个大型的大学城内创建一所专属于某个国家的国际楼，这些场所既是大学发展国际关系的空间，同时也为外国留学生和访学教师、研究人员来法学习和研究提供了便利。此外，为了促进学生和学者的国际流动，法国从教学内容、语言、奖学金等各个方面做了全面准备。在 1997—2002 年间，法国在大学阶段采用面向国际开放的现代化教学内容，鼓励外国学生来法国学习，实施真正的留学生接收制度，其中"学习在法国"（L'agence Edufrance）这一项目的创建代表着与国外的交流与合作方面的一个重大进展。2002 年，法国在语言（langues vivantes）教学方面投入了 762 万欧元，文化艺术教育投入 915 万欧元，新信息技术投入 1219 万欧元。③

此外，法国还创立了流动奖学金。比如，2002 年，法国政府投入 1860 万欧元为高等专业学习文凭（D. E. S. S）的学生创建了一项奖学金，投入 457 万欧元创立了 4000 个流动奖学金，投入 1250 万欧元用于住宿奖学金学生的津贴，从国家预算中拨出 457 万欧元用于落实因特网

---

① *La rentrée 2005 dans l'enseignement supérieur en France*，http：//www.auf.org/communication - information/actualites/la - rentree - 2005 - dans - l - enseignement - superieur - en - france.html 14 octobre 2005.

② Rapport de la commission présidée par Jacques Attali; Pascal Brandys… [et al.]: *Pour un modèle européen d'enseignement supérieur*，Paris：Stock，1998. p. 24.

③ http：//www.minefi.gouv.fr/pole _ ecofin/…tat/LF/2002/plf/depenses/education.html 2009 - 04 - 10.

第三章 国际化与质量保障:法国高等教育质量保障体系的发展

基金。① 法国在教学、社会待遇方面给予外国留学生同样的待遇,这种平等原则也提高了法国高等教育的吸引力。从 1997 年到 2002 年期间,法国在资助大学生方面共投入 131.5 万欧元作为奖学金,惠及 50 万大学生。投入 26.9 亿欧元作为补助金,用于大学和社会中心,以期为学生提供良好的住宿和饮食供给。② 在促进学生国际流动方面,波尔多大学表现较为积极。该校设有一个学生流动办公室,设立专门的岗位负责迎接和处理外国留学生的招生和其他需求。在法国的欧洲大学中心,还实施由法国学生参与的外国学生辅导制度。

"U3M 规划"营造了吸引优秀教师和学生的基础条件,体现了法国政府对教师和人才的重视,以及试图通过提高法国高等教育吸引力提高教育质量的意愿。法国政府认识到,"一个国家的卓越性还依赖于吸引来自全世界最杰出的专家的能力。因此,法国大学应该吸引外国最优秀的教授,为他们获得签证提供便利,为他们在法居留提供经济资助,为他们提供令人满意的工作条件和工资保障……"③ 就此意义而言,"U3M 规划"是一项雄心勃勃的宏伟事业,是一项致力于通过改善法国高等教育硬件设施质量,提高法国高等教育国际竞争软实力的伟大工程。从科研改革、教学创新试验、图书文献设施的现代化到生活条件的改善,"U3M 规划"构成了法国高等教育质量保障体系发展中的一个重要战略部署,体现了这一阶段法国政府推动高等教育质量保障体系发展的新方向。虽然真正吸引人才的关键并不局限于这些外在措施,法国大学宽容、自由的学术氛围和以人为本的人文精神才是真正的魅力所在。但该战略的实施使具有悠久传统的法国高等教育增加了更多现代化设施,同时在办学理念和教师管理方面也逐渐引入了一些新观念,体现了法国政府在新世纪探讨适合法国特色的高等教育质量保障体系的发展道路,为下一阶段法国高等教育质量保障体系的健全和完善奠定了基础。

---

① http://www.minefi.gouv.fr/pole _ ecofin/…tat/LF/2002/plf/depenses/education.htm 2009-04-10.

② Ibid..

③ Rapport de la commission présidée par Jacques Attali; Pascal Brandys … [et al.]: *Pour un modéle européen d'enseignement supérieur*, Paris: Stock, 1998. p. 25.

第四节　质量评估方法论的改进

在法国"大学—国家合同制"、"U3M 规划"、"358"学位制度改革的国内外背景下,法国高等教育质量评估机构通过方法论改革、颁布并采用新的评估标准与指南,通过评估推动其他各项改革顺利实施,促进了法国整个高等教育质量保障体系的发展。

一　质量评估的演进

1998 年以后,随着法国大学"合同制"的深入发展、"U3M 规划"的实施和"358"学位制度改革的进行,从一开始建立就秉持"普适性"方针的国家评估委员会,根据形势的变化而不断调整评估方法论,重新调整了评估日程、评估措施、评估地点和评估主题,在提高评估的有效性的同时促进了其他各项改革的实施,通过评估的引导与驱动提高了法国高等教育质量和高等教育制度的国际吸引力。

（一）大学合同评估的状况

自合同制实施以来,法国创设了两类合同评估机构:一类是科学与技术使团（La Mission scientifique et technique, MST）,创建于 1994 年,主要负责对学术研究成果的鉴定、对研究和教学进行整体评估,通常不与大学进行协商,即使与行政部门有所交流,也都是关于科研数量的统计;另一种是大学科学使团（La mission scientifique universitaire, MSU）,创建于 1998 年,主要是在实验室团队的支持下对博士生院、科学社区活动组织机构以及深入学习文凭申请者等进行资格授予、评估与管理,其工作常常还会得到研究与培训机构（UFR）的协助。该机构主任与大学校长、博士生院主任会晤,审查、鉴定资料,根据科学与技术使团（MST）所提供的补充信息,判定研究团队的科研成果的质量以及执行合同的情况。通常而言,在评估标准的选择方面,评估专家尤其关注科学研究的整体质量,主要收集如下几个方面信息:全面工作、论文及其发表文章信息、国际影响、全职研究者和博士研究生的数量以及对就业措施和研究领域所进行的改革的评价,具体见表 22:

第三章 国际化与质量保障：法国高等教育质量保障体系的发展

表22　研究合同评估、研究团队的鉴定所需要的文档资料列表

框架1：教育部长鉴定研究团队所需要的文档资料的清单（2004年合同）
Ⅰ—单位的资源和结构应符合鉴定要求
　　Ⅰ.1 部长鉴定所要求的特征，或在必要时加入某个机构研究单位的特征
　　Ⅰ.2 经济和物质资源
　　Ⅰ.3 人力资源
　　Ⅰ.4 所从事的领域
　　Ⅰ.5 组成该单位的内部团队
Ⅱ—科学文件
　　Ⅱ.1 前四年的经费使用情况和简要的科研活动报告
　　Ⅱ.2 关于最近四年的定量总结（这个总结是评估的基础数据之一）：
　　Ⅱ.2.1 国际水平上重要的发表物
　　Ⅱ.2.2 交流活动
　　Ⅱ.2.3 参与国际会议的研讨会
　　Ⅱ.2.4 其他出版物
　　Ⅱ.2.5 国际活动
　　Ⅱ.2.6 研究合同
　　Ⅱ.2.7 学士学位证书
　　Ⅱ.2.8 开发利用（尤其是专利证书）、工业合作以及创建的企业
　　Ⅱ.2.9 科学技术信息与科学文化的传播
　　Ⅱ.3. 2004—2007年间所宣传的科研政策在必要时将成为各研究团队的活动指南；关于科研规划的系统解释
Ⅲ—信息注释
　　Ⅲ.1. 技术研究团队的评估标准及其界定
　　Ⅲ.2. 问题—反馈

资料来源：Armand Frémond（Président）；Rapporteur général Daniel Renoult；Rapporteur Mohamed Harfi, Thierry Bergeonneau, François – Xavier Fort. *Les universités françaises en mutation：la politique publique de contractualisation*（1984–2002）. Paris：La Documentation françaises Février 2004. p. 47。

从上述材料清单可以看出，学术作品、学术交流、国际合作、与企业合作以及科研产品的转化等都进入了质量评估的指标体系。教育行政管理机构主要负责组织协调工作，科研评估和鉴定机构在保障学术质量方面发挥着关键作用，尤其是经费的分配是根据评估结果决定的。由此决定了科研评估机构在资源分配中真正发挥作用的程度。这种组织权力上的分配首先保证了学科和研究的学术品性，符合学术自由的特质。总

的来说，经济资助结构在很大程度上仍然是学科性的，在研究领域中还是长期占据支配地位的学科逻辑在发挥作用。大学科学使团（MSU）只对博士生院进行鉴定，不承担向大学或部长提供建议的功能。

随着高等教育的发展，法国大学合同从1995年起变为三方合同，从2000年开始变为多方合同，与大学合作的力量越来越多。因此，自2003年4月起，科学、技术和教学使团（La Mission scientifique, technique et pedagogique, MSTP）代替了大学科学使团（MSU），其新使命是："应高等教育、研究和技术部要求，负责对科学、技术和教学的研究进行评估与鉴定。在这种情况下，它要对高等教育机构或研究组织所涉及的三个领域中的任一领域进行必要的考核与裁决。与此同时，应其他部（如科技部、交通部）要求，对其所属的机构发挥上述功能。"[1]与大学科学使团不同的是，科学、技术和教学使团（MSTP）并不发挥指导以及与大学协商的功能，其建议被转交给实施决策、保障和监管措施的部门。在研究合同中，评估与合同的决策及实施都是分离的。

当然，这个时期法国还存在着其他评估机构，如全国大学咨询会（National University Council, CNU），主要评估教师员工并对其招聘与晋升作出决定；全国科研评估委员会（National Committee of Evaluation of Research, CNER），评估科研人员和研究实验室；国民教育部，通过制订教育大纲和学位课程，负责学位和机构质量的鉴定。国家评估委员会仍然对高等教育机构的整体政策和功能开展评估，其评估结果和最终报告开始成为推动合同制顺利开展并卓有成效的重要基础。

（二）"国家评估委员会"评估战略的调整

1998年以前，国家评估委员会的评估程序与合同制日程不一致，往往在合同签署之后进行评估，导致评估结果不能对监测、执行合同产生直接影响，尤其对签署下一期合同不能发挥应有的作用，造成程序上的浪费和最终效果的不理想。到2000年，国家评估委员会以高等教育机构评估为核心，重新确定了四个新发展方向，其中三个是关于"大学—国家发展合同"的。其一是大学机构评估与大学合同制程序保持同

---

[1] Armand Frémond (Président); Rapporteur général Daniel Renoult; Rapporteur Mohamed Harfi, Thierry Bergeonneau, François – Xavier Fort. *Les universités françaises en mutation: la politique publique de contractualisation* (1984 – 2002). Paris: La Documentation françaises Février 2004. p. 49.

第三章 国际化与质量保障：法国高等教育质量保障体系的发展

步，在适应四年合同程序的日程内进行机构评估；其二，关注机构合同的实施后评估，国家评估委员会对国家教育部缔结的四年合同的结果进行评价；最后，国家评估委员会提出应该进行实地评估，以获得"整体印象"，同时要发表一份与机构相关的实地综合报告。这些新方向对提高评估结果的利用率、提高大学合同的质量都具有重要意义，尤其对弥补上述其他合同评估机构的局限、改善错综复杂的关系、促进大学—国家合同与国家—地区合同之间的衔接都很有利。

其一，建立与合同制相一致的评估日程。国家评估委员会所确定的新方向中最为明显的是按照合同批次的顺序安排评估日程。从2000年到2004年间国家评估委员会进行的23项评估中，其中21所大学要接受A、B批次的评估，2003年到2004年间国家评估委员会进行的评估中所涉及的19所大学分别是C批次8所、D批次11所。同一学区的13所大学、大学校或博士生院同时进行评估。另外6所隶属于法兰西岛地区或南希—梅兹学区的机构同时进行评估。从根本上说，国家评估委员会所开展的评估不是监管性质的，与金钱和效益联系较少。最初国家评估委员会的报告对大学的经济资助没有潜在的影响，在鉴定新学位课程或者双学位方面也没有发挥正式作用。但是评估日程与合同制相一致使国家评估委员会的评估与大学资助之间产生了密切的联系，国家评估委员会的评估直接与合同拨款挂钩，其建议将会被更有效地采用，从而增加了评估工作的实效性。即便如此，国家评估委员会评估的主要宗旨仍是帮助高等教育机构不断提高质量。[①] 尤其是当大学制定合同规划进行自我反思时开展评估，会进一步加强内部评估与发展规划的联系，使国家评估委员会的评估建议更具针对性与操作性。此外，国家评估委员会评估日程的改变进一步优化了法国高等教育质量保障体系，通过评估促进合同制的良好运转，评估机制与合同机制在同步实施中相互促进，实现从外部压力向内部动力的转化，从而形成一股向上的合力，构成了一个有效的质量保障体系。

其二，注重整体性的"实地政策"评估。国家评估委员会在优先考虑合同批次调整评估日程的同时，还开始考虑学区内各个高等教育机构

---

① El-Khawas, E. "Who's in charge of quality? The governance issues inquality assurance", *Tertiary Education and Management*, Vol. 7, No. 2. 2001. pp. 111–119.

评估之间的协调性、现实政策评价的贴切性与实用性，实施实地评估，亦称以地区为基础的"实地政策"（politique de site）评估。国家评估委员会注重与这一时期的"U3M 规划"、"358"学位制度改革相配合，开始关注高等教育与所在学区、所在地区环境的适应性，强调高等教育机构之间、高等教育与地方之间的合作。其实，这项强调地方性政策的措施早在1997年里昂大学园区就开始试验了，继而1999年在诺曼底大学开始实施，埃克斯—马赛区于2001年开始实施，格勒诺波尔区于2002年实施，蒙特利埃地区于2004年实施，德罗姆—阿尔代什（Drome - Ardeche）发展园区于2003年开始实施，布列塔尼—卢瓦尔河地区（Bretagne - Pays de la Loire）大学于2004年实施。与以往评估相比，这种强调合作的评估模式一方面节省了评估资源，另一方面促进了同一区域或场域（site）内高等教育机构之间、地方当局之间以及当地不同公共机构之间的合作，有利于实现资源共享，消除以往学校规模小、机构分散的弊端，通过资源优化整合的方式促进整体质量的提高。而且这种评估方式有利于在获得整体印象的背景下，对同一地区的不同机构进行对比，在促进合作的同时引入了竞争观念。这种以学区为基础的评估是政府行政管理的非集中化以及机构与机构之间合作评估的自然结果。

其三，实施"跟踪评估"。在合同制背景下，国家评估委员会采取的另一项创新性措施是"跟踪评估"（suivi de l'evaluation），即对评估效果的评估。为了更好地验证被评估机构所采取的措施在多大程度上符合国家或政策方针所预期的目标，从2000年开始，国家评估委员会开展了两项试验性措施：

一是深入被评高等教育机构内部，根据该机构的自评报告及其所制定的合同发展规划，分析国家评估委员会最近一次评估所提出的建议在现实实践中被采用的情况及效果。通常，国家评估委员会派三位代表到被评机构进行为期一天的实地访问，通过实地调查和定性、定量的数据分析来证实他们的干预效果，以获得公正的结论。2000—2004年间，埃克斯—马赛校区、南布列塔尼大学、雷恩大学、亚眠大学、利摩日大学和圣艾蒂安大学都通过跟踪评估的机会展示了国家评估委员会最近的评估报告对他们发展战略的影响。评估结果表明，这项措施推动被评机构采用国家评估委员会的评估报告与建议进行内部改革，从而使得外部质量评估转化为高等教育机构内部质量生成的文化环境，即促进了高等

第三章 国际化与质量保障:法国高等教育质量保障体系的发展

教育机构内部质量文化的创建,实现了评估的宗旨。

二是从两个视角分析高等教育机构所拟定的四年发展合同——在合同中注明哪些措施参考了国家评估委员会的建议,其原因是什么;评估时对照大学与国家签署的合同,看是否真正参考并落实了国家评估委员会的建议。分析结果表明,有三分之二的高等教育机构在合同中明确显示参考了国家评估委员会的报告,在合同序言中指出了他们全面地考虑了国家评估委员会的建议,并根据本机构具体情况进行了特殊选择;有些高等教育机构有意或无意地无视国家评估委员会的建议,不作任何参考;还有一些高等教育机构尽管不知是否真正参考了,但其合同中都明确显示了国家评估委员会的评估建议。[①]

总的说来,国家评估委员会主要是促进高等教育机构自评的工具,其责任更多地被界定为促进高等教育机构发展自评制度,促进高等教育机构提高自身质量保障能力,是指向未来的形成性评估,而不是扩大政府对高等教育机构的控制,这有助于加强高等教育机构内部质量文化的培育与发展。同时,跟踪评估在证实国家评估委员会的建议在多大程度上被采纳的同时,也是国家评估委员会自我审视评估质量、进行反思的自我评估的过程,有利于改进评估程序。就此而言,该项措施是法国高等教育质量保障体系实现内涵式、突破性发展的一个重要标志。

此外,从评估主题来看,这一阶段国家评估委员会改变了以往对高等教育机构整体状况进行概况式评估的特点,评估主题也更为明确、更加丰富。例如,对高等教育与研究部之外的其他部所属的单科院校如美术、建筑、农林兽医以及行政学院等进行评估;对高等教育机构与学区环境的适应性及其社会责任进行评估;对具体的学科、专业整体或既定的主题进行"横向联合"评估。2000—2004年间国家评估委员会共进行了三项"横向联合"评估,一项是"十年来大学教师教育学院(IUFM)的概况与展望",另两项为"应用数学高等教育"、"基础法律教育"学科评估。这种对跨地区的学科教学"连贯性"评估起源于多方面原因,其首要原因是由于法国高等教育国际化,比如欧洲高等教育与

---

① Comite National d'Evaluation. *Nouveaux Espaces Pour L'Université*, Rapport au Président de la République 2000-2004, Bulletin N. 48 – Janvier 2005. www. cne – evaluation. fr/WCNE_ pdf/Bulletin48. pdf2008 – 10 – 18.

研究区建设而推行的"358"学位制度改革,最后必定落实到学科层面。尤其是质量评估或高等教育国际化中,许多国家或地区希望对高等教育机构进行排名和对比,然而由于不同国家或者同一国家不同高等教育机构之间历史传统、地理位置、社会条件、科研领域等方面存在的重大差异,高等教育质量的内涵十分复杂,很难得出合理的评价或评估。相对而言,学科则构成了一个合适的评估切入点。从国内视角分析,因为法国高等教育机构内许多问题都是以学科为基础的,学科评估可被视为高等教育机构评估的自然趋势,是国家评估委员会评估深入高等教育内核的结果。

二 质量评估的参考框架:《法国高等教育质量保障指南》

国家评估委员会的宗旨是促进高等教育机构整体质量提高,自其创建以来,国家评估委员会通过一个相对开放的模式,帮助高等教育机构分析其发展中的优势与不足,为改进高等教育机构质量而提供信息与建议,挖掘大学发展潜力,培育内部质量生成机制。同时,国家评估委员会向公众发表其评估结果,吸引外部力量对高等教育的关注。在此过程中,国家评估委员会非常重视高等教育机构自评,为机构提供灵活多样的个性化的质量评估标准。2003年,国家评估委员会与大学校长委员会合作制定的《高等教育机构质量保障指南》(*Les références de l'assurance de la qualité dans les établissements d'enseignement supérieur*,*Livre des références*)发表,这是一部高等教育机构评估参考书,一方面方便评估者开展评估,同时也为高等教育机构开展内部评估、建立内部恒定的质量评估文化提供了参考框架。该指南的发表标志着法国高等教育质量评估制度的一大飞跃。

《高等教育机构质量保障指南》建立在对高等教育教学、科研和社会服务三大职能反复论证、反思的基础上,旨在帮助高等教育机构进行内部评估,在高校内部建立评估文化。该指南分为教学政策、研究政策和社会服务功能三大部分,这三部分又分为十个参考系,每一个参考系都阐明了高等教育中的一个工作领域,这些都代表着高等教育利益相关者的要求与期望。这十个参考系包括63条实用性较强的参考条文,明确了每个领域的评估重点。全文共有302条标准(critères),每一条标准都是一个详细的操作性细则,其实施的过程将有助于实现预期的目

第三章　国际化与质量保障:法国高等教育质量保障体系的发展

标。并且这些标准只是说明了要求达到的目标,并没有说明具体的做法,这是在尊重高等教育机构多样性的前提下,允许各个机构充分发挥本校的优势与潜力,自由、灵活地引进符合本校使命、目标和环境的指标。该指南是国家评估委员会工作经验的总结,同时也是国家评估委员会未来进行评估的指南,是高校进行内部评估的框架。就此意义而言,该指南也可视为国家评估委员会与高等教育机构进行有效沟通的工具。

总的来看,该指南的三个组成部分可分为宏观指导到微观实践两级目标,涉及影响教学、科研和管理服务质量的"硬实力"(如物质设施等)和"软实力"(师资、管理等)等与质量文化相关的全面建设,对高等教育机构而言,是一个全面的质量保障体系发展指南。

从内容上看,第一部分教学政策方面包括三个参考系:第一个参考系主要涉及教育目标,要求高等教育机构必须有明确的、能体现学校资源优势的教育目标,该目标不仅要体现学校规划,还要与地区、国家和国际目标相协调,这是从宏观上要求教育目标的制定不能忽视社会和国家的需求。另外,从教育学角度提出了对人才培养的要求,规定要培养学生适应大学和职业环境,学生既要有知识和能力,还要有明确的职业技能。第二级目标进一步提出了具体要求,例如关于学士教育组织方面,为实现促进学生适应大学环境的目标,要求学校"实施与学业失败做斗争的政策;组建教学团队支援学生;调整机构适应多样化的普通教学方法;教师—研究者确保大多数时间用于教学"[1]。这是针对法国大学学士阶段存在的严重教育质量问题而言的。为保证硕士教育质量,要求学校加强教学与研究以及与工商界之间的合作,一方面要求"在职的教师—研究者确保大部分教学,研究团队也要从事教学",同时强调实习,要求"大学对其毕业生的用人单位应有明确的认识;工商界代表参与职业硕士的教学;应用专业硕士文凭监督委员会要有工商经济界和来自教师团队的代表等"[2]。这样有利于实现硕士教育与职业界的对接,确保了硕士教育的职业性和专业性基础;第二个参考系是关于教学组织和教学管理,为了确保教学质量,要求高校通过定期评估,建立教师进

---

[1] Comite National d'Evaluation. *Livre des références*, *Les références de l'assurance de la qualité dans les établissements d'enseignement supérieur*, 2003. www.cne-evaluation.fr/WCNE_pdf/LivrereferencesC-NE.pdf 2008-10-12.

[2] Ibid..

修与激励机制，改善教学方法，有效地组织教学；第三个参考系要求学校尽可能考虑学生的需求，从学校的整体规划方面充分尊重学生个人或集体的自主性，在职业指导、教学指导和生活设施等各个方面为促进学生的社会和职业成功提供高质量教育，体现以学生为本的组织原则。

第二部分是关于高等教育机构科学研究活动。该部分要求科学研究机构要明确自身的研究潜力、优势与不足，在国际和国内背景下，制定并实施明确的研究政策以促进其科研成果的开发与转化。该部分强调高等教育机构之间的学术交流与研究者的国际流动，要求高等教育机构建立附属公司以及与工商界建立联系，促进孵化过程。这些内容反映了法国政府通过评估引导高等教育科研创新的机制。

第三部分规定了高等教育管理服务的相关要求，从高等教育机构自治、各个机构的组成、与地方以及国际建立开放的合作关系、人力资源管理、经费管理、信息制度与软件管理等方面强调高等教育机构要提供高质量的管理服务，这是提高教学、科研质量的基础。

从指导原则看，该指南具有以下特征：（1）科学性与系统性。该指南从教学、科研与管理三个方面、十大参考体系、302条标准构建了国家、社会以及高等教育各利益相关者所期望的高等教育，既体现了法国本国实际状况，同时也是在国际化教育改革的背景下，从高等教育的社会功用和知识价值角度进行了科学、系统的论述；（2）通用性与兼容性。该指南是国家评估委员会十余年来工作经验的结晶，同时也融合了来自高等教育机构领导的意见，其对象包括大学、大学校、单科学院在内的所有法国高等教育机构，具有较大的通用性。该指南的一个明显特征是没有具体的量化指标，国家评估委员会秉持"高等教育评估首先是定性的，专门求助于绩效指标是不可能的"[1]原则，其表述主要以客观描述为主，这一方面体现了国家和政府的期望，另一方面体现了对高等教育机构自身逻辑的尊重，为各个机构在此框架下开展改革创新、建立多样化的质量保障制度提供了自由发挥的空间。（3）导向性与激励性。评估是促进高等教育机构自治的必要措施。国家评估委员会是在高等教育机构权力下放的背景下创建的，因此被许多高等教育机构视为增

---

[1] Jacobs, S. *L'institutionnalisation de l'évaluation des politiques publiques en France*. Paris：Institut d'études politiques. 2001. p. 49.

加自治的方式，而非减少自治的措施。① 因此，法国高等教育质量评估制度的最显著特征不在于其质量监督功能，而在于其引导与改善高等教育质量的作用。该指南没有规定明确的质量标准，却为高等教育机构开发其潜力、发展高质量的教学与科研指明了努力的方向。（4）简明性与可操作性。该指南言简意赅，质量保障框架简明扼要，可操作性较强，为高等教育机构开展自评、创建内部质量文化提供了可行性路径。这些特征符合法国崇尚自由、尊重平等、追求创新的精神，体现了在法国政府主导的高等教育质量保障模式下鼓励高等教育机构构建适合本校内部质量保障体系的意愿。

三 法国高等教育质量评估的国际化探索

高等教育国际化日益成为 21 世纪高等教育的一个重要特征。在法国，评估被视为国家促进高等教育国际化的重要战略之一。一个可视性、透明性高的评估过程可以使国内高等教育在国际高等教育市场上占有一定优势。评估机构可以被视为国内高等教育质量的守护人，同时也是提升高等教育国际化要素的伴随物。不过，"'评估'一词表面的一致性无法掩盖其应用中的巨大差异。这个词可以被用于指不同地方完全不同的几类变化，这些变化在不同背景下具有不同含义"②。例如，国家评估委员会的评估报告中有一个关于高等教育国际化的专栏，但与英国等其他国家不同，国家评估委员会重点关注法国大学中外国留学生的数量和来源，它不是为高等教育机构提供最低质量标准，而是为高等教育国际化提供建议与发展方向。这与国家评估委员会的评估理念有关，它认为评估首先是为被评估机构及其领导服务的。③ 伴随高等教育国际化，逐渐出现高等教育质量保障国际化趋势。所谓高等教育质量保障国际化是指高等教育质量保障人员与机构之间日益增加的国际化联络，包括信息与经验的交流、评审团中聘请外国专家、各种形式的合作、欧盟项目等。1999 年博隆尼亚进程启动之后，"国家评估委员会"也以更加开放的态

---

① Anneliese Dodds. "British and French Evaluation of International Higher Education Issues: an identical political reality?" *European Journal of Education*, Vol. 40, No. 2, 2005. p. 9.

② Pollitt, C. & Bouckaert, G. *Public Management Reform: A ComparativeAnalysis*, Oxford: Oxford University Press, 2000. pp. 189–190.

③ Vie Universitaire. *Les 12 Travaux de Claude Allègre*, No. 8, July/August, 1998. pp. 12–18.

度积极探索法国高等教育评估与欧洲高等教育质量保障整合的方法。

欧洲高等教育质量保障始于1987年欧洲委员会（European Commission）启动的"伊拉斯谟斯计划"（Erasmus Program），随着欧盟的发展成立和"苏格拉底计划"（Socrates Program）的实施，通过质量保障国际化来促进高等教育质量提高成为促进高等教育国际化的重要手段。为了推动高等教育质量保障国际化发展，欧盟2000年创建了"欧洲高等教育质量保障网络"（European Network for Quality Assurance in Higher Education, ENQA）。博隆尼亚进程的启动再次呼吁高等教育质量保障的国际化。2001年《布拉格宣言》和2003年《柏林公报》呼吁欧洲各参与国创建高等教育质量评估制度，并积极开展国际合作，通过"欧洲高等教育质量保障网络"彼此交流经验，共同构建高等教育外部质量保障。在众参与国的积极支持与努力下，"欧洲高等教育质量保障网络"于2004年更名为"欧洲高等教育质量保障协会"（European Association for Quality Assurance in Higher Education, ENQA），并于2005年公布了《欧洲高等教育区质量保障标准与指南》（*The Standards and Guidelines for Quality Assurance in the European Higher Education Area*），为各参与国创建内部、外部质量保障机制、实施高等教育质量评估提供参考依据。作为欧洲大陆上最早实施高等教育质量评估的国家，法国通过"国家评估委员会"积极参与并推动了高等教育质量保障国际化进程，并以2003年颁布的《高等教育质量保障指南》为基础，积极分享本国高等教育质量保障的经验，参与制定2005年《欧洲高等教育区质量保障标准与指南》，以期与国际接轨。这一时期外部质量保障体系建设成为欧洲高等教育区的发展重点，当然，发展外部质量保障体系的最终目的是为了促进内部质量保障体系的发展。内部质量保障体系的引进可以实现与外部责任要求的平衡，外部质量保障体系是内部质量保障体系的补充与发展，为内部质量保障提供立法、物质、评估等方面的前提，为证明质量的可信度提供了平台。在此，法国政府主导的高等教育质量保障体系和强调高等教育过程质量的国家评估委员会在促进高等教育机构建立内部质量保障体系方面的经验为欧洲其他国家提供了借鉴。因此，2005年法国参与制定《欧洲高等教育区质量保障标准与指南》，标志着法国朝着建立学校、国家、国际三级高等教育质量保障体系的努力，这是与"国家评估委员会"的方法论变革同等重要的战略性转变。

第三章 国际化与质量保障:法国高等教育质量保障体系的发展

现实中,法国国家评估委员会一方面聘请外国专家参与评估,另一方面积极参与欧洲合作,具有国际化特征。但在评估国际化方面仍显示出许多不适应性。这主要体现在法国高等教育质量评估机构的庞杂,如负责国家学位证书评估的国家高等教育研究委员会(C. N. E. R.)、负责工程研究类评估的国家工程师职称委员会(I. N. S. E. R. M.)、审定研究生课程的学位授予委员会(Comités d'expertise pédagogique et des projets d'établissement, C. E. p. p. E.)、负责制定学术规划的大学理事会(C. N. U)、负责确定四年研究合同和研究基金分配的国家科学研究委员会(C. N. R. S)等,这些机构只负责评估高等教育的某一方面,程序烦琐重叠,并且造成很大的资源浪费。另外,复杂多样的评估结果之间缺乏有效沟通与利用,无法给社会提供清晰、准确的质量信息,直接影响到法国高等教育机构的国际知名度与透明度。再加上国家评估委员会注重过程评估和定性评估,缺乏统一的量化标准,不利于不同高等院校之间的质量比较,难以形成院校之间的竞争,更难以与国际评估接轨。随着高等教育国际化和欧洲高等教育与研究区的创建、学生国际流动的增加、高等教育机构的拓展及国际性合作的多样化、远程教育的跨国发展等"无边界"高等教育的发展和高等教育商业化趋势使法国以往的高等教育评估显示出更多的不适性,急需一个高效、统一、开放、透明的高等教育质量评估与保障机构出现。国家评估委员会与国家高等研究评估委员会(C. N. E. R.)以及科学、技术和教学使团(MSTP)之间的合作与融合也证实并加快了这种趋势,预示着法国下一阶段一个新评估机构的出现。

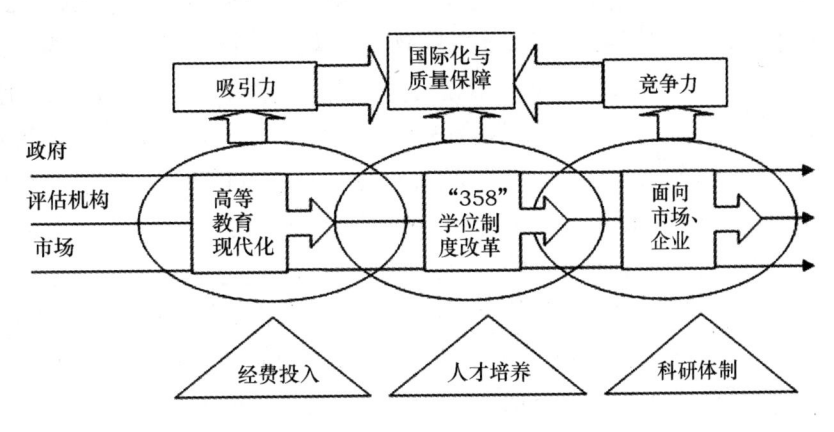

图23 法国高等教育质量保障体系发展示意图(1998—2005)

图 23 是本阶段法国高等教育质量保障体系发展示意图。从图中可以看出，国际化是这一阶段法国高等教育质量保障体系发展的重要目标。围绕这个中心，法国政府在阿达里《建设欧洲高等教育模式》的指导下，实施了"U3M 规划"，一方面试图通过促进高等教育与科研机构和企业建立联系，实行企业式管理、改变教师身份等方式促进科技创新与科研转化，促进大学自治，增加高等教育经费来源，提高法国高等教育科研效益与国际竞争力；另一方面重点建设以巴黎地区为核心的实验室、图书馆、数字化等设施，加强法国高等教育现代化建设，同时改善教师与学生的生活和学习条件，增加法国高等教育的国际吸引力。法国政府通过"U3M 规划"推动法国高等教育面向市场和企业办学，提高了法国高等教育与科研的社会适切度。与此同时，在参与博隆尼亚进程的背景下，法国高等教育通过"358"学位制度改革，建立了与国际接轨和与欧洲和谐一致的三级学位制度。政府颁布了有关新学士、硕士和博士制度的相关法令，规范了各级学位的相关要求，去除了法国高等教育结构中存在的双轨割裂所造成的弊端，促进了社会公平。此外，法国政府还设置了职业学位突出法国高等教育的职业性，推动了法国高等教育向社会开放，提高了课程与教学的针对性，促进了学生顺利就业。新学位制度还通过采用欧洲学分转换制，为法国高等教育机构实现国际合作办学、学生的国际流动提供了可操作性框架，在确保法国高等教育学位含金量的同时提高了法国高等教育的国际透明性与知名度。在大学合同制背景下，这一阶段法国高等教育质量评估出现了方法论的转变，国家评估委员会评估日程与大学合同批次相一致，开始出现"实地政策"评估、"跟踪评估"和注重高等教育机构评估的一致性等，同时还颁布了《高等教育机构质量保障指南》，为高等教育机构开展内部评估提供了参考框架，也为外部评估者提供了评估依据。国家评估委员会还积极推动法国高等教育国际化建设，参与制定了 2005 年颁布的《欧洲高等教育质量保障标准与指南》，推动了法国高等教育质量保障国际化。然而，由于法国除了国家评估委员会对法国高等教育进行整体机构评估之外，还存在种类庞杂的其他评估机构，这些机构只将高等教育的某一方面作为自己的评估范畴，彼此割裂，造成评估程序繁杂、信息不准确、评估不透明等弊端，再加上国家评估委员会注重定性评估标准，缺乏定量指标，不利于国际对比，不适应法国高等教育国际化的需求。因

第三章 国际化与质量保障:法国高等教育质量保障体系的发展

此,建立一个统一连贯、高效透明的高等教育质量评估机制成为下一阶段的重要目标。

至此,法国政府、高等教育机构与社会市场之间的关系再次得到调整,在经济利益的驱动下,市场开始介入法国高等教育质量保障体系,进而调整了法国科研体制。以促进学生就业为核心的人才培养体制改革仍然是这一阶段法国高等教育质量保障体系发展的重点。国家评估委员会调整了评估方法论,在评估法国高等教育与科研的社会适应性及改革效果的同时,虽然极大地推动了法国高等教育机构内部质量保障体系的发展,却无法适应高等教育国际化的需求。总之,法国高等教育质量保障体系形成了政府主导、高等教育机构与社会共同参与的多元模式,并通过经费投入、科研体制和高等教育结构调整实现了内涵式发展。

第四章　绩效改革　追求卓越：法国高等教育质量保障体系的重构

（2006年至今）

进入21世纪后，经济全球化、高等教育国际化、区域化和市场化都得到了蓬勃发展。以新公共管理思想为核心的治理观念在21世纪初被引入法国公共管理领域，成为影响法国高等教育改革的重要思想。萨科齐总统上台后，法国高等教育改革走上新公共管理的求变之路，法国政府调整了高等教育内部治理模式，更为强调大学的自治与责任；并通过高等教育均衡化改革，提高法国高等教育质量与国际竞争力；注重以结果为目标的绩效评估，成立了新评估机构——高等教育与研究评估署。与此同时，大学调整人才培养模式，以促进所有学生的成功。市场化成为法国高等教育质量保障的重要推动力，自治、绩效、卓越成为这个时期法国高等教育质量保障体系发展的重要特征。

第一节　法国政府通过绩效改革保障高等教育质量的时代背景

经济全球化对法国政治、经济、文化和教育带来巨大的冲击与挑战。2006年法国《财政组织法案》的实施代表着新公共管理思想被引入法国公共管理的开始。2007年5月萨科齐（Nicolas Sarkozy）当选法兰西第五共和国第六任总统后，积极推动法国高等教育改革以迎接全球化的挑战。"绩效"（Performance）评估和市场竞争机制开始影响法国高等教育，成为政府提高法国科研效益和高等教育国际竞争力的重要工具性措施。因此，注重投入与效益的绩效意识成为这一时期法国高等教育质量保障的诉求。

第四章 绩效改革 追求卓越:法国高等教育质量保障体系的重构

一 国际、国内经济形势与萨科齐的改革时代

进入21世纪后,全球经济一体化进入新阶段,经济、文化和教育的国际化、区域化发展更加迅速。经济市场化的发展逐渐开始涤荡影响高等教育国际化进程的一切人为障碍,市场竞争成为调整各种生产要素在全球范围内分配的重要杠杆,以知识、科技为基础的国际市场竞争力的高低成为决定一个国家在世界经济格局中地位的重要因素。21世纪以来出现的全球性金融、房地产、就业三大市场严峻危机更加剧了世界各国之间激烈的竞争。欧美等西方发达国家开始在竞争与合作中探索走出经济低迷的道路。

在经济全球化浪潮中,法国在世界经济竞争中的地位不断下降。作为欧盟核心成员国,法国综合国力的持续下滑使其逐渐失去了以往在欧盟中的竞争优势。与此同时,欧盟中一些中东欧新成员国的力量逐渐壮大,危及法国在欧盟的主导地位;中国和印度等一些后发的发展中国家近年来实现了经济迅猛发展,综合国力大大加强,在世界政治、经济事务中的影响力越来越大。因此,法国感受到越来越多的压力。如何保持法国在国际政治、经济事务中的影响力与竞争力,重振法国国家实力成为这一时期法国政府必须面对的重大挑战。

萨科齐是法国第二次世界大战后出生的首位总统。其竞选议题是当时法国存在的主要社会问题,如推动经济增长、促进青年人就业和移民政策等。法国人选择了萨科齐,就是选择了改革。作为传统右翼代表,萨科齐富有政治激情,锐意改革,为推动法国走出低谷,改变法国低迷的经济形势,一改前任希拉克总统无为而治的方针。他希望求变,以从变化中求发展。因此,他上台后就高举改革的旗帜,声明要与过去决裂,在政治、经济、文化和教育等内政事务方面进行了大刀阔斧的改革,昭示着一个全新的、萨科齐改革时代的到来。

面对经济全球化和市场化给法国带来的危机,萨科齐主张施行自由放任的市场经济和增加就业的政策。他的经济政策得到了法国人的信赖与支持。在外交政策上,萨科齐支持"大欧洲"建设事业,深化欧洲一体化进程,改善法美关系,积极与美国建立"深厚、真诚、坚定"的伙伴关系。同时,他还主张改革现行社会福利和劳工制度,减少公共部门的工作人员数量。任何改革的成功都需要全社会的支持与努力,依

赖于对新发展观为核心的文化塑造。要重振法国在欧洲和世界的竞争力，必须重振经济；而重振经济，必须重振法国科技与文化；要重振科技与文化，就必须重振法国高等教育与科研。于是萨科齐高度重视教育与科研改革，他希望加强社会流动，建立高质量的学校，重塑法国大学的"世界典范"形象，重现法国高等教育活力。他主张法国国内的高等教育机构应该获得更多的自主权，尤其是法国综合大学。这些政策都对这个阶段法国高等教育改革产生了较大影响。2007年8月，法国颁布了萨科齐签署的《大学自主与责任法案》（*La loi sur les libertés et responsabilités des Universités*，LRU），改革法国大学内部治理模式，给予大学更多自治，以提高法国大学的社会责任意识。法国政府以该法案为核心，颁发了有关人才培养体制和科研体制改革的规划。

二 新公共管理思想与目标文化的引入

新公共管理（Nouveau Management Public）思想最早兴起于20世纪80年代的英、美等国家，是一种以公共管理现代化、成本投入最低化、产出服务质量最高化、公共服务企业化经营以及用结果指标进行绩效评估为主要特征的管理理念。这种理念对传统政府统治权威提出了挑战，认为政府并不是唯一的权力中心，市场激励机制和竞争机制以及企业化经营方式应该成为政府公共服务的有机组成部分，这与法国强调平等、集权与一致性原则的传统官僚制管理模式是格格不入的。因此，一直到21世纪初，在全球化趋势和人力资本理论的持续影响下，在美国的示范作用下，法国才逐渐在公共管理领域引进新公共管理思想。2001年8月1日颁布、2006年2月1日生效的《财政组织法案》改变了法国财政预算制度的传统官僚制模式（modèle bureaucratique），为在一定时间内实现"优质预算的合理化改革"（RCB），法国政府开始在公共财政预算方面建立预算分区，强调目标和绩效，这代表着法国走向新公共管理治理模式。新公共管理模式对法国公共管理而言是一个划时代的转折点，法国高等教育领域也因此掀起了革命性变革，直接或间接地推动了法国高等教育质量保障体系的转变。这主要表现在法国大学内引入一种目标文化和结果文化，将高等教育与研究的任务分配到六个部，然后进一步分化为"大学科研与高级培训"、"学生生活"、"科研方针与发展方向"和"空间研究"等12项规划，在这些规划下面又细化了与这些行动的目标和准则相联系的相关活动。在"大学研究与高级培训"这一规划中包括16项活动,还附有13项目标,其中有"对高级资格要求的应对"、"正式持有高等教育文凭的适龄阶层的比例"和"完成三年初始教育后青年毕业生就业"等目标,都是这个阶段法国高等教育发展规划中需要面对的问题。

与任务分配相对应的是自主权和责任,法国政府开始赋予大学更多自主管理的空间,同时也要求法国大学必须履行相应的责任,实现预期的目标。《财政组织法案》允许法国大学在经费方面享有更大的自主权,可以根据机构员工个人努力或功绩支付其酬金。这种资金的调整和最优化利用有利于调动教职员工从事教学、科研等工作的积极性,从而建立真正的结果文化。"发展自治和评估机制对使用公共基金而言是非常必要的。"[1] 因此,新公共管理思想的引进一方面促进了法国高等教育权力下放和责任落实,引起了法国高等教育内部治理模式的改变,有利于内部质量保障体系的发展;另一方面促进了法国从以往注重过程质量向注重结果质量转化,改变了政府与高等教育机构之间的关系。法国《大学自主与责任法案》以及高等教育与研究评估署都是在此背景下颁布与建立的。

三 制约法国高等教育国际竞争力的关键:科研绩效

大学评估和排名是衡量高等教育质量的重要措施,可以吸引公众关注高等教育,促进人们正视一些非常重要却因缺失公开性或唯恐触及既得利益而一再掩藏的深层次问题。2004年中国上海交通大学发布的世界大学排名将法国最好的大学如巴黎六大(Pierre and Marie Curie University – Paris 6)仅排在第41位,2006年上海交通大学公布的世界500所大学排名中,法国所有的大学又都被挤到40名之后。[2] 大学排名问题在法国引起了激烈的争论,许多学者在研究国际大学排名的评比标准的同时,也开始反思导致法国大学国际排名落后的原因。法国知名教

---

[1] Aubry – Lecomte Marianne *L'évaluation des politiques universitaires en France*:origines et évolutionsParis,mars 2008,téléchargé du site de l'Observatoire européen des politiques universitaires:http://oepu. paris – sorbonne. fr/2009 – 03 – 21.

[2] http://ranking. abroadstar. com/arwu/ARWU2004. html 和 http://www. arwu. org/Chinese/index. jsp2009 – 10 – 10.

育经济学家弗朗西斯·奥利弗（Francois Orivel）认为，法国高等教育双轨对立的教育制度使得综合大学得不到最有学术潜质的生源，法国大学在财政预算、人事安排等方面的统一平等、缺乏竞争导致很难吸引并留住高水平的科研人员，无法成为卓越的研究中心。这种分析是有一定道理的。此外，上海交通大学进行的国际大学排名主要以诺贝尔和数学界菲尔兹奖（Fields）得奖人数、学术期刊论文引用数量和教学品质等为评估标准，这不符合法国高等教育传统。法国大学通常重视教学，强调科研应有助于教学，加之法国高等教育与研究机构具有规模小、分散、重复设置的特征，以及大学经费投入不足等状况，这些原因一方面导致法国高等教育质量不高，另一方面使之很难在上海交通大学所开展的评比中占有优势。

　　法国高等教育科研体制存在诸多弊端。2005年9月8日，法国国家审计署在法国主流媒体《费加罗报》（*Le Figaro*）上指出了法国大学科研中存在的五大弊端。其一，科研资源和经费分配分散，缺乏凝聚力，无法形成规模优势。例如，美国联邦政府80%的科研经费用于13%的科研类高校，而法国30%的科研经费用于11%的大学，并且科研机构之间疏于联系。因此，法国审计署建议将50%的科研经费投入创建8个大型高校园区，创建科研激励资助经费，并通过项目评估和招标的方式分配经费，其分配标准是科研单位和科研人员所产生的科研成果的数量多少与质量高低。[①] 以经济利益的杠杆推动科研质量的提高，法国高等教育与研究集群（Les pôles de recherche et d'enseignement supérieur，缩写为"PRES"）就是在此背景下提出并实施的；其二，法国高校内部缺乏对教学、科研人员进行客观、公正、透明的评估。审计署建议成立专门的评估机构对科研单位进行有效的评估，以提高法国科研效益与国际竞争力，于是法国高等教育与研究评估署在此背景下应运而生；其三，法国大学缺乏对教师的有效管理，法国的教师—研究人员平均分配教学与科研时间，只有在晋职时才参与评估，平时较为自由散漫，没有科研压力也就无法凸显其科研成绩；其四，法国大学内缺乏明确的科研组织与管理的政策，管理常常失效，因此加强对科研人员管理、推广科研成

[①] *Les cinq faiblesses pointées par la Cour des comptes*, Le Figaro. 8 septembre 2005. http://www.lefigaro.fr/2005-09-26.

第四章 绩效改革 追求卓越:法国高等教育质量保障体系的重构

果、重视科研经费管理等改革成为提高大学科研效益的必要措施;其五,法国在科研转化和申请专利方面落后,大学推广科技成果的经费与自主权有限,这严重地影响了法国在国际上的科技竞争力。

其实,法国组织社会学家米歇尔·克罗齐耶早就指出,在现代社会变革中,知识发挥着重要的战略作用,"法国在知识领域中处于落后地位,这主要是知识的生产部门造成的。科研部门是知识生产的重要部门,但这一部门却高度行政化了,终身制的科研人员缺乏理论创新的热情与动力,彼此之间没有竞争,而且研究部门与企业之间没有往来,理论与实践之间严重脱节。要发挥知识的作用,就必须对科研机构进行改革,废除终身制,实行聘任制与合同制,引入竞争机制,加强科研部门和高校之间的交流,让科研人员与高校教授彼此交换工作岗位,建立科研机构与企业之间的联合,改革知识的应用体系"[1]。因此,建立高等教育与科研集群、加强对大学科研评估以及对教师—研究人员管理与评估成为这一时期法国高等教育质量保障发展的重要内容。同时,由于高校排名结果向学生、社会及用人单位公布,为他们提供了有关高校质量的信息,激发了公众对高等教育质量的辩论,进一步促进高等教育质量文化的发展。

四 提高法国高等教育的国际吸引力:时代的需求

据统计,近年来法国高等教育入学人数开始减少,尤其以综合大学为重。2007年,法国综合大学一年级注册人数下降了将近6%,2008年入学新生持续减少,其中经济学和社会经济管理专业(AES)注册人数减少了3.6%,文学、人文与社会科学、语言及理科专业也是如此。据法国政府2008年12月预测,未来十年间法国接收高等教育的人数将减少7%左右,综合大学的学士、硕士和博士教育都将受到影响,综合大学就读人数预计将减少15%,其中波及最大的是普通教育专业,该专业学生人数将减少22.1%。[2] 而与此相对比,法国的商业大学校和综合大学内一些职业性较强的专业却愈来愈受到学生和社会各界的青睐。

---

[1] [法]米歇尔·克罗齐耶:《法令不能改变社会》,张月译,上海人民出版社2007年版,译者序第7页。

[2] *Le nombre d'étudiants en France va chuter dans les 10 années à venir*, http://www.france-en-chine.fr/news/show.jsp?id=12303783091381671/2008-12-27。

这种状况即将出现，除了法国人口变化的原因之外，最主要的原因是法国大学生对就业的关注。这是高等教育大众化完成后学生在国际国内社会中经济压力不断增加的背景下的必然选择。如何增加法国综合大学对本国学生以及国际留学生的吸引力，成为这一阶段高等教育质量保障的重点。在此背景下，法国政府提出了为了所有人的成功、促进所有人就业的"学士助成"规划，调整了学士、硕士和博士阶段的课程设置，推出导师制和大学校园规划，推动了以促进学生的发展和事业成功为宗旨的高等教育质量保障体系的发展。

总的来说，在高等教育国际化发展日益迅猛、竞争日益激烈的时代，法国高等教育却面临严重的质量问题，其最突出的表现是国际排名落后、竞争力下降、经费不足、学生就业难等现象，难以满足社会对高等教育的需求与期望。究其根源，大学自主能力的缺失是导致大学在质量保障中缺位的根本原因，市场竞争力量的薄弱也是导致大学竞争力下降的重要原因。因此，增加大学自主权、引进市场竞争机制是促使法国大学担负质量保障主体作用、履行社会责任的关键。

第二节 绩效、自主与责任
——法国大学管理体制改革

2007年5月，萨科齐当选总统后立即开始改革法国积重难返的内政积弊，塑造了以"求变"和"发展"为核心的文化。萨科齐欣羡美国发展模式，赞扬英国的经济复兴，主张改革法国现行的经济、文化和教育制度，以经济发展和促进就业为中心，刺激经济增长，于是法国综合大学成为萨科齐采取的立法行为的重点对象。萨科齐任命瓦莱莉·贝克莱斯（Valérie Pécresse）女士为高教部长，于2007年8月11日的《联合公报》上公布了《大学自主与责任法案》。该法案以调整大学治理的僵化状态为核心，向管理要效益，通过高等教育有效管理提高质量，赋予大学更多自主权，并责成大学履行一定的社会责任，引进市场化竞争机制，从根本上改变政府角色，调整国家与高等教育机构之间的关系，优化法国高等教育质量保障体系的结构。因此，《大学自主与责任法案》成为21世纪法国建立现代高等教育制度、促进法国高等教育质量保障体系发展和重构的纲领性文件。

第四章 绩效改革 追求卓越：法国高等教育质量保障体系的重构

一 自主与责任

联合国教科文组织在综合考察高等教育在应对国际社会、经济和文化发展所面临的各种挑战的重要作用后指出："高等教育是推动应付现代世界各种挑战所必需的更广泛过程中的主要力量之一；现在需要用一种新的观点来看待高等教育，这种观点要求把大学教育的普遍性与更多适切的必要性结合起来，以对社会对其功能发挥的期望作出回应，这一观点不仅强调学术自由和学校自治的原则，而且同时强调了高等教育必须对社会负起责任。"① 这个论断是新世纪背景下对大学自治与责任的新注解，体现了在新时代高等教育发展必须处理好的几组关系：首先，政府主导与大学自主权的关系，这是建立其他关系的前提；其次，大学与市场的关系，亦即大学教学与科研和经济社会发展的关系；再次，处理好公平与效益、规模与质量的关系；最后，处理好本国与欧洲以及世界的关系。大学的发展不属于高等教育自身的事情，大学相对于国家和社会的自治及其对国家和社会的责任已经成为大学继续生存与发展的理由和根据。2007年《大学自主与责任法案》就是萨科齐政府基于此种情况而制定的。

《大学自主与责任法案》是一个高度概括的、综合性较强的法案，涉及以管理体制改革为核心的办学体制改革以及促进大学向市场开放等许多方面的内容，体现了全新的管理理念。该法案第二编以"大学治理"（La Gouvernance Des Universites）为主题，明确提出了法国大学行政管理与组织现代化改革的原则。从词义上看，"Gouvernance"是"治理"的意思，体现了法国本次改革的逻辑起点。治理不同于统治，表明政府在公共事务管理中的角色发生了明显的变化。政府是"舵手"，而不是"划桨者"；是指导者，而不是实施者。政府将一部分权力用"责任"的形式下放到大学，大学自主地履行其应负的责任，成为富有活力的教育质量保障主体。这符合这一时期西方各国公共事务管理的发展趋势，与新公共管理主义思想的主旨是一致的。如此，政府可以摆脱以往本不该承担、现在又无力担负的具体政策执行过程的责任，大学从而也

---

① 赵中建选编：《全球教育发展的研究热点——90年代来自联合国教科文组织的报告》，《高等教育变革与发展的政策性文件》（1995），教育科学出版社2003年版，第134页。

避免了在管理过程中政府过多的干预，可以根据实际情况灵活应对学校外部需求与内部冲突，进而提高办学效益。因此，法国政府通过行政管理体制改革，转变职能，明确政府和大学在教育管理中的权限与职责，扩大大学自主管理权，推动大学建立自主的内部治理模式，从而使大学成为真正意义上的自主管理的主体，在自主应对市场需求的同时担负起对国家和社会的责任。这种自主与责任体现了现代大学制度的重要特征。

谈到自主，"用政治术语说就是责任，而不是自治；在市场的环境中，它是一种相互作用，而不是相互隔离"[①]。而责任在现实中往往用量化的绩效来衡量。因此，法国在这个双向治理的过程中重塑了政府和大学之间的关系。具体来说，2007年颁布的《大学自主与责任法案》赋予法国大学的新自主权主要表现在以下三个方面：

（一）预算与财政管理自主权

1968年颁布的《高等教育指导法案》和1984年颁布的《萨瓦里法案》已经赋予法国大学一定的教学与科研自主权，但各大学无权自由使用经费。到2007年改革之前，法国大学仅可以自主支配25%左右的经费。《大学自主与责任法案》规定，实施自主管理的大学校务委员会（Conseils d'administration des universités）可以支配学校全部预算。这就赋予了法国大学灵活制定发展规划、掌握执行政策过程中的经济命脉、将钱用在刀刃上的自主权。这对改变法国大学以往一味接受自上而下的被动管理的局面起了决定性作用，有利于大学根据实际情况，统筹安排，从而节省资源，提高效益。

同时，《大学自主与责任法案》还规定，综合大学可以建立基金会，向社会和企业开放，与企业建立合作伙伴关系，吸引校外投资，筹集除国家预算之外的自有资金，政府对此给予减少税收的鼓励。这样，大学可以通过融入地方社会经济环境以及与企业合作的方式获得一定的办学经费，这是法国大学发展史上第一次建立不设法人的基金会与合作基金会，这些私人或企业捐赠资金的使用权属于大学，由大学支配用于科研项目或学生培养。在国家教育经费投入不足的情况下，这些资金对

---

① [英]玛丽·亨克尔、布瑞达·里特主编：《国家、高等教育与市场》，谷贤林等译，朱旭东校，教育科学出版社2005年版，第29页。

于提高大学教育与科研质量发挥着保障作用。目前，法国已经成立了克莱蒙费朗第一大学（Clermont – Ferrand I）与米其林公司（Michelin）合作成立的基金会、里昂第一大学（Lyon I）与梅里欧集团（Meyrieux）合作成立的基金会，前者获得 200 万欧元的捐赠，后者获得 100 万欧元。此外，还有 48 个基金会正在筹备中。

毋庸置疑，私人或企业作为出资方，肯定会对大学课程或研究提出相应的要求，会对大学产生一定影响。这引起了许多法国人的担忧和大规模的教师、学生罢课游行。抗议者认为，建立基金会表明国家可能会撤出其公共投入，由此推卸其教育投入责任，从而使大学私有化，同时会降低大学文凭的质量，此外还会造成各大学、大学各专业之间的竞争。许多法国大学教师认为，这种美国式的做法违背了法国自大革命以来的平等思想，不符合法国大学自由追求纯学术研究的传统。这种担忧不无道理，但创建基金会对于缓解法国大学给政府带来的经费压力、促进大学经费来源多元化和大学质量保障参与力量多元化是很有帮助的，代表了法国大学一种新的发展方向，符合社会发展趋势。但具体实施中，为避免大学私有化，大学当局应该审慎地抉择。

（二）人力资源管理自主权

法国大学尽管在 1968 年和 1984 年两次改革中获得了一定程度的自主权，但高校的人力资源管理仍然统归高教部。《大学自主与责任法案》赋予大学在学校人事管理方面的自主权，这是法国高等教育质量保障体系发展中最具革命性的变革。大学校长有权决定以往由教育部决定的教师转正、晋升、调动、授权委托等事宜，有权调整教师—研究者（enseignant – chercheur）的最低工作量（obligations de service），决定超出规定课时的津贴和绩效补助。此外，大学校长还有可能雇用符合规定的、临时或长期合同制的教职员工，以确保学校各项教学、研究、技术或行政职能高质量地运转。大学的新自主权简化了教授或行政管理人员的招聘程序，提高了人才招聘的效率。法国大学自主权的扩大打破了以往大学中学科逻辑的主导地位，促进了大学向社会开放、提高管理效率，大学在法律上和现实中具有了真正的实体意义。在此意义上，法国出现了名副其实的大学。大学人力资源管理的自主权使大学可以聘用最优秀的教师和行政管理与技术人员，并通过财政自主权为这些优秀教职员工提供良好的工作和生活条件，有利于招聘、培养并留住优秀师资，这是法国高等教育质量保障体系中最为关键的环节。

（三）不动产管理权

伴随着财政和人事管理自主权的扩大，《大学自主与责任法案》规定，国家将大学内一切不动产的所有权无偿地转移给大学，由大学自主管理，在不影响教学及大学正常运转的情况下，大学可以出租不动产的1/3。这提高了大学的效益意识，有利于提高大学对校舍的利用率。

根据《大学自主与责任法案》规定，法国政府从2008年7月开始对第一期申请改革的30所大学进行了筛选，通过校长和行政管理委员阐述他们大学的优势与不足，并对该校的人力资源管理、财政与审计管理、不动产管理以及信息制度管理进行了全面诊断，从而确定了从2009年1月1日起首批试行新法案改革的20所大学的名单。这些大学几乎代表了全国所有类型的大学——既有科学类大学也有人文与社会科学类大学，既有规模大的大学也有规模小的大学，覆盖了法国所有地区。其他65所大学则将在2012年前陆续实施改革。与此同时，法国政府还颁布了很多相关的实施法则。新法案的实施对法国高等教育产生了革命性影响，对消除官僚主义管理的弊端、引进市场竞争和革新精神、优化资源分配、扩大经费来源奠定了可行性前提，确立了法国大学参与国际市场竞争的主体地位，有利于法国高等教育内部质量保障体系的发展，法国高等教育质量保障主体逐渐走向多元化。

二 自主、责任与绩效

为促进法国大学自主能力的增长，激励大学积极进行改革，法国政府为首批参与自主化改革的20所大学均提供了25万欧元的额外经费，其中20万欧元用于人事管理培训，5万欧元用作参与自主管理工作人员的津贴。新法案要求这些大学必须在一年内建立新的治理结构，实施新的经费分配方法，在五年内实现新的使命与职能。法国大学的自主化改革调整了大学内部治理结构，形成了大学内部质量保障的新模式。

（一）加强大学校长的权力

大学校长的遴选方式发生了变化，将以前由三个委员会选举产生的模式改变为仅仅由行政管理委员会选举产生，任期由五年改为四年，可连任一届。校长候选人的资格可以是教师—研究者，也可以仅仅是教师、研究员或者讲师，资格比以前放宽了。随着大学校长对学校行政管理、人事任免、财政和预算管理权力的增加，大学校长的权力大为加强，出现了集权化和职业化倾向。这有利于大学统一规划学校发展事宜，彻底打破以往学院制分散管理的模式，有利于提高管理效率和形成以校长为领导的内部质量保障模式。

（二）精简大学管理机构，明确责任

自主化大学校务委员会成员由原来的 30—60 人减少到 20 到 30 人，其中教师——研究者代表 8—14 人，占委员会成员比例由原来的 40%—45% 减少到 33.3%—53.8%；教辅人员代表 2—3 人，占委员会成员比例由原来的 10%—15% 减少到 6.9%—14.3%；学生代表 3—5 人，占委员会成员比例由原来的 20%—25% 减少到 10.7%—22.7%；校外人士代表 7—8 人，占委员会成员比例由原来的 20%—30% 提高到 24.1%—38.1%，其中至少包括 1 名地区议员、2 名企业领导（大型企业占 50%，中小企业占 40%，涉及所有的经济行业）和 1 名社会经济界代表。[1] 从新委员会的人员构成比例看，教师—研究者代表人数减少，而校外人士代表增加，这引起了许多教授反对，他们认为这个比例不能代表所有的专业，危害了他们的民主参与权，并且新法案赋予校长权力过大，会增加校长独裁的风险。

其实，这种担心不无道理。代表比例的变化反映了大学向社会开放、参与市场竞争的办学理念。新委员会负责制定学校总体战略规划，对教学和科研进行决策并实施领导，学术界人士和社会人士比例的变化直接影响学校在知识价值和实用价值之间的决策。然而，从管理角度看，管理机构的"瘦身"确实可以带来较高的效率，避免人浮于事、彼此扯皮的官僚主义作风，并且参与范围的扩大尤其是社会人士的增加一方面可以促进大学之间的竞争，提高课程教学的社会适应性，另一方面可以使大学赢得更多的经费支持。此外，新法案规定了大学内各级委员会的明确职责：科学委员会主要为教学—研究者、合同制人员招聘及津贴分配提供建议；大学学习生活委员会又增加了就业指导和进行教学评估的新使命，重点负责与地区以及学生学习、生活、就业相关的事宜；新增设的"技术委员会"主要由校方和工会组织等额代表组成，

---

[1] *Loi n° 2007-1199 du 10 août 2007 relative aux libertés et responsabilités des universités* (1) NOR：ESRX0757893.

共同就学校的发展规划和内部治理提供建议。从这些委员会的使命可以看出，就业成为衡量大学绩效的重要标准。

（三）依据大学绩效活动分配经费

根据新法案，从 2009 年 1 月 1 日开始，法国实行自主化改革的大学采用按绩效活动分配经费的新模式，其分配原则是：首先要更加均衡地资助大学承担的每一项公共使命，有助于增加其绩效，引入结果文化。20% 的经费应该根据大学在教学与科研方面的绩效进行分配，而改革前这部分经费只占总额的 3%。绩效评价标准尤其应考虑以下几个方面：就业、研究单位与博士生院的科研作品清单、管理质量、学士学业成功比率。该制度还应考虑每所大学与国家签署合同的背景下所取得的成绩。80% 的经费根据参加考试的学生人数（而不是注册人数）和发表作品的教师—研究者的数量进行分配；[1] 其次，大学新的经费分配制度应该是简洁的、易读的、综合的和透明的：这包括大学的所有政策，其中包括科研、统计原则以及大学捐赠原则等都应该是公开的；最后，重新设置一些岗位，加强对学生的就业指导和专业指导。

上述改革对绩效和结果的关注体现了新公共管理主义思想的治理理念。毕竟全球化和民主化趋势的加强使民族国家的主权及其政府权力相对削弱，以往官僚制管理模式虽然可以规范大学行为，但同时也会妨碍大学的发展，"它们会使政府的办事效率慢得像蜗牛爬行。它们对正在迅速变化中的环境不可能作出反应。它们使得时间和精力的浪费成为组织结构的固有组成部分"[2]。为创建具有使命感的政府和执行机构，节约资金，集中精力办重要的事情，萨科齐主张建立负责任的预算制度，以避免受支出范围的限制，即按照绩效结果分配经费。萨科齐政府开始改变传统的、照章办事、僵化的大学人事制度，根据绩效晋升和解雇大学教职员工。

鉴于法国政府在高等教育上投入严重不足、大学科研成果转换慢与效益落后，法国大、中、小学教师或科研人员的国家公务员身份使他们

---

[1] *11 Aout 2007 – 1 er Janvier 2009: De La Loi A L'Autonomie des 20 Premieres Universites*. http：//media. enseignementsup – recherche. gouv. fr/file/Nouvelle_ universite/78/6/Fiche_ sur_ la_ loi_ autonomie_ 40786. pdf. 2009 – 01 – 01.

[2] ［美］奥斯本和盖布勒：《重塑政府》，转引自毛寿龙、李梅、陈幽泓《西方政府的治道变革》，中国人民大学出版社 1998 年版，第 130 页。

第四章 绩效改革 追求卓越：法国高等教育质量保障体系的重构

缺乏竞争意识以及大学缺乏奖勤罚懒的评估机制的现实，萨科齐上台后一方面加大对高等教育的投入，另一方面希望通过大学自主改革推动科研效益，效仿美国将研究机构改组为资金事务所，改革科研体系和资助制度，以提高法国高等教育国际竞争力，促进法国经济的发展。为培养优秀的青年研究人员，法国高教部长佩科莱斯于2008年10月宣布成立130个"优秀讲坛"，由研究机构和大学管理，由于涉及整体岗位减少的问题，再次导致研究者们走上街头示威。引起这种抗议的原因主要有以下三个：其一，大学研究者们认为这种改革违反了学术自由原则，纯粹是官僚主义作风；其二，担心政府裁员会使他们失去工作，最主要的是担心与企业合作、接受资助时会导致政府推卸责任，因此会改变他们的公务员身份；其三，教师—研究者的工作量成为他们抗议的一大焦点。根据《大学自主与责任法案》，高教部长着手修订了《高校教师—研究者职位条例》，新条例中有两条触及教师—研究者的现实利益。具体情况如下：

一是关于大学教师工作量的问题，1984年《教师法》规定教师的工作量按照实际教学时间计算，大学教师每年必须完成128小时的教学或者192小时的指导工作，其他时间用于备课、科研或者教学行政工作。而修订后的新条例规定，大学校长有权根据学校教学和科研的情况，调整教师的工作量，即有可能增加课时量，但条例中未提及课时补贴。法国大学中代表40%高校教职员工利益的主要工会组织"国家高等教育工会"（Syndicat National de l'Enseignement Supérieur，SNESUP）认为这条修正案在不提高报酬的情况下增加教学工作量，尤其是教师工作量要由校长来调整，这将导致校长权力过于集中，而教师唯恐失去工作而不敢拒绝校长的要求，这会严重地损害大学教师的教学与研究自由。为此，"国家高等教育工会"强烈要求，必须维持教师年工作量不变，除教学和科研之类的其他教学辅导、远程教育等相关教学活动必须算入工作量。法令也应该明确标明，教师超出工作量的课时应该给予相应的报酬。同时，校长必须征得教师同意方可调整工作量。这是教师维护个人权益的正当要求。这种多方博弈的过程客观上明确了政府、大学校长和教师的责任，促进了决策合理化，对提高大学教育质量产生了直接的影响。尤其是远程教学计为课时量直接推动了法国大学数字化进程和个人辅导活动，在推进法国大学教学现代化和促进学生学业成功方面发挥了重要作用。

二是新条例规定校长具有人事管理权,校长和国家大学委员会(其成员的1/3经选举产生,2/3为指定人员)有权对教师资格和教学与科研工作进行评估,以决定其能否被任用或者晋升职称,或决定教师的科研项目能否得到国家或者所属实验室资助。另外,教师每四年要接受国家大学委员会对其整体工作状况的评估,根据其评估结果决定其奖金和晋升。大学和国家大学委员会各有50%的晋职审批权。这种评估机制改变了法国大学教师以往自由轻松的工作状态,引起教师很大反感,但对提高教师工作效益而言的确具有一定积极作用。因此,尽管改革遭遇1968年以来的最大规模的反抗,但2009年5月20日法国高等教育部长在接受《费加罗报》采访时说:"自主还要继续,随着时间进一步完善。大学自主正在实施,大学要负起相应的责任,提高管理效率,变为政府的合作者。无论如何,改革还是有成绩的。重新修改了教研人员的岗位条例,对教学和科研的定期评估已经开始实施,这是一个从无到有的很大成果。评估使得大学在人力资源管理方面也有了更大的灵活性。"①

法国政府通过合同制和整体经费预算的方式,运用经济杠杆实现权力下放和政府—大学角色的根本转变。大学新权限的实施是根据每所大学所签订合同的日程进行的,国家通过合同对大学进行宏观管理,签署合同时要根据大学在教学科研、学生就业、人员招聘、评估要求以及高等教育与研究集群方面所达到的指标提供预算经费。此外,国家还设立一个"跟踪委员会",由四名议员组成,对各大学新法案的执行情况进行评估,向国民议会提交报告。学位的国家性质以及注册费仍由国家决定都保持不变。国家要在五年内将财政预算、人力资源和房地产的自主权全部让渡给大学自主管理。因此,合同协商是大学在新权限内尤其是财政与人力资源管理方面的一个重要准备阶段,是确定国家与高等教育机构之间关系的关键时刻,也是高等教育机构进行内部诊断、测量其绩效的过程,促进了法国大学内部质量保障体系的发展与完善。

合同总结过程与国家对大学人力资源管理、预算管理以及整体机构管理绩效进行外部评估是一致的。2006年新成立的高等教育与研究评估署(AERES)对法国大学整体活动以及教学、科研进行评估,对大

---

① Le Figaro. 20 Mai 2009. http://www.lefigaro.fr/2009-05-20.

学前期合同确定的目标及其实现的结果进行考察。高等教育与研究评估署使用的评估指标能够反映出大学整体绩效及其在新自主权限内的发展。这种契约式管理以经济为杠杆将绩效文化和结果文化引入到大学管理中，建立起后官僚时代以责任为核心的管理生态，提高了大学的责任意识，创建了责任文化，这是法国大学—国家合同制改革和契约文化在法国高等教育体系中真正的"开花结果"，"中央集权与大学自治逐渐在妥协中从对立走向统一，并成为法国大学享有实际自治的保障"[1]。这符合美国学者戴维·奥斯本（David Osborn）和特德·盖布勒（Ted Gaebler）所提出的富有企业家精神的政府的特征："按业绩付酬、按业绩进行管理、按效果作预算"[2]，避免了国家和大学彼此责任模糊不清的弊端，有利于促进政府与大学之间责任与权力的均衡，增加了大学自我质量保障能力，促进了法国高等教育内、外部质量保障之间的平衡。

三 《大学自主与责任法案》的影响

从整个欧洲来看，加强大学自主权成为这一阶段欧洲高等教育质量保障体系发展中的重要趋势，是博隆尼亚进程发展的重要导向。就全球而言，大学作为公共性的学术机构，"必须维持和强化其作为自治机构的特点。只有这样，它们才能以批判性和创造性的方式、通过教学、研究和文化传播保障知识的生产和转移，才能确保自己成为重大的高层次学问的平台"。为此，"大学必须保持永久而明确的政治、道德和科学上的独立，必须在自身的预算和资源、学术自由、规划和完成使命方面拥有完全的决定权。不过，这些独立的机构也应该有责任在必要时间时向社会递交绩效报告，对学校已达到的目标和绩效表现作出说明"[3]。因此，随着社会的发展，大学的政治、经济功能越来越重要，大学也具有了丰富的个体特征与内涵，表现在责任成为自治的题中之意，绩效成为衡量责任的重要指标，与大学的自主权成正比。政治和经济要素成为

---

[1] 沈佳乐：《中央集权与大学自治——论法国大学与政府的关系》，《高教探索》2004年第3期。

[2] 毛寿龙、李梅、陈幽泓：《西方政府的治道变革》，中国人民大学出版社1998年版，第133页。

[3] 全球大学创新联盟编：《2007年世界高等教育报告：高等教育的质量保证》，汪利兵、阚阅译，浙江大学出版社2009年版，第43页。

不断推动法国高等教育质量发展的重要推动力,"没有责任的自治是不可想象的。应该在自治和责任相平衡以及大学和职业界相协调的框架下提供服务"①。法国大学自治成为参与欧洲高等教育—研究区以及国际竞争的必要前提。在此意义上讲,《大学自主与责任法案》是一种调整了的自治,是一个"去管理化"的法案。②

对于处于转型期的法国大学,政府的支持和市场的资助都是不可缺少的,其目的并非只是为了获得额外的资源,而是应该为顺利变革提供合理的指导框架,为学术水平的提高提供保障。由于缺乏政府监督的大学自治容易导致自由放任或者陷入"学术资本主义"的旋涡,为此,政府对大学应该实施一种保持一定距离的调控措施,通过治理的方式来弥补市场缺位、国家失灵所无法实现的经济学中的帕累托最优。因此,2007年《大学自主与责任法案》是在经济全球化、信息化和知识经济社会中法国大学管理的一种新思维和新范式。该法案为法国大学提供了履行其责任、确保其选择的机会,每所大学都应该确立连贯的目标,并根据其实现目标的情况获得经费资源,这种绩效管理是"一种能持续变化的组织结构,其最大长处是善于同复杂多变的环境打交道"③。法国大学自主权的扩大和责任导向型管理模式的创建直接冲击着集权的、官僚制管理制度,政府改变了以往的直接统治和监控管理方式,通过合同制契约和责任的方式赋予大学人力、物力和财力管理权,大学发展规划合同在国家领导中占据核心地位。在此意义上讲,2007年《大学自主与责任法案》对法国政府和大学来说是一个双向治理的关系,该法案是1984年《萨瓦里法案》的继续与深化,是《萨瓦里法案》与大学合同制在现实中的真正实施。

2007年《大学自主与责任法案》开启了法国大学发展史上一个新阶段,改革是激动人心的,也是富有争议的。这次改革引发了法国自1968年以来最大规模的学生和教师罢课运动,时间之久和范围之广给法国高等教育质量带来了严重的影响。争论的核心涉及对以下三组关系

---

① 全球大学创新联盟编:《2007年世界高等教育报告:高等教育的质量保证》,汪利兵、阚阅译,浙江大学出版社2009年版,第115页。

② Frédéric NEYRAT. *Enseignement supérieur: la Grande Transformation*? Mouvements 2008/3, N° 55 – 56, pp. 62 – 71.

③ [美]奥斯本和盖布勒:《重塑政府》,转引自毛寿龙、李梅、陈幽泓《西方政府的治道变革》,中国人民大学出版社1998年版,第139页。

的怀疑：改革是政治性的还是管理性的、改革与传统的关系、政府与市场的关系。大多数反对者担心该法案将把法国大学推向市场化、私有化旋涡，有悖于法国大学注重基础研究和人文教育的传统，尤其是以索邦大学为首的人文社会学科教授和学生反抗呼声最高。从学术角度看，关于法国大学向何处去的争论对于法国大学发展是有好处的。争论有利于实现学术权力与行政权力、知识价值与实用价值之间的均衡发展。但事情往往发展到另外一极，从教学质量上看，罢课影响了教学时间，使许多学生无法如期毕业或者无法顺利通过考试，法国大学的国际声誉严重受损。但法国政府人士认识到该法案是政府在政治、经济压力下采取的对法国大学积弊进行的改革，是法国高等教育制度现代化的基础阶段，[①]必须坚持下去。但由于法国大学自主化改革刚刚开始，与其相配套的改革正在进行，许多尚且处于起步阶段，还有许多措施正在酝酿，改革结果还缺少系统的评估，因此本章的研究旨在指出法国高等教育质量保障的发展趋势。尽管这一改革过程非常漫长、艰难，出现了许多激烈的排异反应，但这毕竟意味着一个新的开端，符合时代发展潮流，出现了一些新气象。但在法国独特的民族文化氛围中，如何对新公共管理思想进行有效的扬弃，从而出现经济效益和人的发展相和谐的均衡局面，以最终成为法国政府和高校所追求的高等教育质量的共同目标。法国政府和大学正在进行审慎的取舍，并朝着自主化方向发展。

2007年《大学自主与责任法案》是一项具有重大意义的改革。对法国大学而言，该法案意味着更多地向市场化迈进；对于法国国家教育部来说，该法案意味着更多的权力下放，合同制将发挥越来越大的作用；在大学内部决策过程中，校长、系主任以及一些行政管理委员会仍然是民主的，但是校长具有越来越多的权力；在大学内部管理中，人力资源、经济管理成为两项重要内容，参与欧洲高等教育与研究区建设、学生指导与就业成为两项新使命，如《积极指导与就业》。为募集更多的私人资源，比如私人基金和私人合同，大学应提高整体预算和公共基金管理能力，确立自身的发展战略，加强质量文化建设和进行结果评

[①] Ministère de l'Enseignement supérieur et de la Recherche. *Le ministère de l'Enseignement supérieur et de la Recherche à l'oeuvre pour mieux positionner la France dans l'économie de la connaissance*, http：//www.rgpp.modernisation.gouv.fr/index.php?id=52&tx_ttnews%5Btt_news%5D=268&tx_ttnews%5BbackPid%5D=43&cHash=3d260351112009-08-31.

估。总之，这次改革通过权力的转移改变了国家与大学之间的关系，大学真正拥有担负质量保障责任的权力，意味着法国政府推动下高等教育质量保障体系的重塑。

第三节 以卓越绩效提高法国高等教育的吸引力与竞争力

改善法国大学的吸引力，提高法国大学科研的国际能见度与竞争力也是2007年《法国大学自主与责任法案》改革的重要内容。这是与政府宏观管理体制改革相对应的微观层面的两大目标，2009—2011年法国高等教育与研究预算规定，法国中期发展目标是创建自主的、富有发展前途的大学；促进学生在学士、硕士、博士阶段顺利完成学业；创建富有吸引力的环境，力求取得更多的卓越研究成果；争取更多的私人投资。因此，围绕大学生就业和法国科研的国际竞争力的问题，法国通过改革大学人才培养体制、实现教学与科研相结合等方式对高等教育进行了系统推进、重点突破式的改革。

一 促进所有学生成功，提高法国大学吸引力

人才培养是大学的重要使命，而本科教学是法国大学的核心，也是法国高等教育质量保障的重要内容。法国大学长期以来存在的大学第一、二阶段学生学业失败率高、就业困难等问题一直是大学和政府的尴尬所在。据统计，在法国每年进入大学学习的280000名学生中，只有48%的学生能够顺利进入第二学年学习，52%的学生学业失败，其中30%的学生重修，16%的学生重新定向并转学另外一个专业，而6%的学生则完全放弃。[1] 大学生学业失败以及就业问题成为法国各界普遍关注的中心，全国展开了激烈的讨论，在大学与学生组织、工会共同探讨下，出台了《全国大学生就业报告》（*Rapport Hetzel*)、《大学校长委员会报告》（*Rapport de la CPU*）、《关于大学第一学年成功的条件的学术

---

[1] Ministère de l'Enseignement supérieur et de la Recherche. *Chiffres clefs sur la réussite en Licence*, http://www.nouvelleuniversite.gouv.fr/IMG/pdf/Document–D–orientation–Licence–.pdf 2009–10–30.

报告》（*Rapports des Académies sur les conditions de la réussite en première année*）、《职业学士和学士跟踪委员会报告》（*Rapport du comité de suivi de licence et licence professionnelle*），共同就学生学业成功问题提供建议，并形成了 2007 年 8 月 10 日法案：《促进学生成功的新组织法》（*La loi du 10 août 2007：Une nouvelle organisation pour la réussite des étudiants*），构成了 2007 年《大学自主与责任法案》的重要组成部分，成为这个时期法国大学教学改革的重要指导方针。

（一）促进学生成功的"学士助成"规划

从《大学自主与责任法案》的内容看，学生成功始终是一个重点。[①] 该法案在赋予法国大学管理自主权的同时，从社会公平和人的发展的视角着眼，规定对学生进行专业方向指导、促进本科生学业成功和提供就业援助是大学必须担负的三项责任，要求在五年内将第一学年的失败率减少一半，实现 50% 的适龄人口达到学士水平，使学士学位成为进行继续学习或者就业的全国性职业准入资格文凭。以此为核心，该法案提出具体的实施细则，并提出了"学士助成"规划（La réussite en Licence）。法国政府将高等教育质量保障进一步深入到教学，使之更加明确、具体，质量保障方法也更具可行性。具体而言，法国政府在提高学生学习能力的基础上，规划了以下三大方面的措施，可称为"学士助成"规划的三大基石，兹分述如下：

基石之一：建立积极的专业方向指导制度，培养学生自主选择与决策的能力。这是尊重学生、以学生为本的重要体现，也是完善高等教育质量保障机制、充分发挥学生作用、促进学生成长的重要措施。具体体现在三个方面：

第一，实现大学与高中的良好对接，从高中一年级起大学就为学生提供公正客观的相关咨询信息。到高三第二学期时，学生可以在国家统一的官方网站创建"预注册文档"，专家根据学生个人兴趣、学习成绩和未来规划，为其提供有关专业选择的个性化建议与指导。到高三第三学期，学生综合各种信息能够理性地注册适合自己的学校和专业，从而

[①] UNEF, *Communique du 13 decembre* 2007. www.unef.fr/delia - CMS/une/article _ id - 2231/topic_ id - 160/planlicence - la - reussite - desetudiants - est - enfin - unepriorite - l'unef - demande. html2009 - 10 - 30.

成功地进入大学。如图24所示：

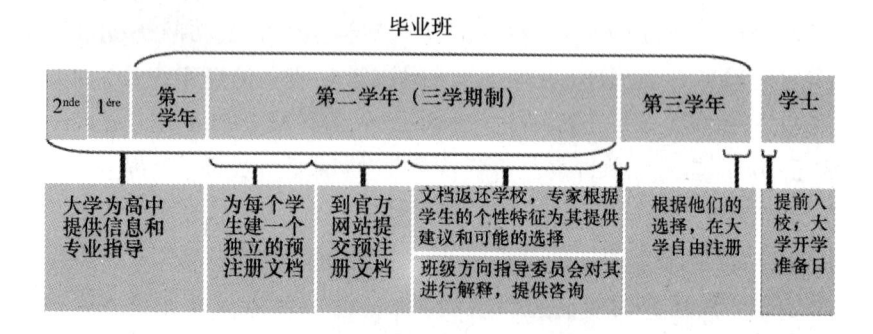

2nde	1ère	第一学年	第二学年（三学期制）	第三学年	学士
大学为高中提供信息和专业指导		为每个学生建一个独立的预注册文档	到官方网站提交预注册文档	文档返还学校，专家根据学生的个性特征为其提供建议和可能的选择 班级方向指导委员会对其进行解释，提供咨询	根据他们的选择，在大学自由注册	提前入校，大学开学准备日

其中"第二学年（三学期制）"、"第三学年"、"学士"属于毕业班范围。

图24　"学士助成"程序图

资料来源：Ministère de l'Enseignement supérieur et de la Recherche. Plan pluriannuel pour la réussite en licence，http：//www.nouvelleuniversite.gouv.fr/IMG/pdf/Document－D－orientation－Licence－.pdf。

第二，在学生进入大学伊始，学校就设立教师开学开放日，并在网页上公布每个专业的考试成功率和就业率的相关信息，阐明该专业的教育要求，要求新生与大学签订学业成功合同，增强学生在制定学习规划时的责任，扩大在第一学期和第一学年重新定向的可能性。除了对处境不利的学生提供个人辅导外，在大学本科三年时间内，政府拨出专门的工作津贴，要求确保每周增加5课时的教学辅导，以保证学生成功地完成学业。

第三，通过"358"学位制度的建立与欧洲学分转换制度的实施，法国实现了大学校与大学以及医学健康教育之间、普通教育与短期职业教育之间、大学内不同专业之间以及国内与国外学校之间的衔接，对学生专业指导不仅关系到学生学业成功，还会影响到学生整个人生的规划。据调查，2008—2012年间，法国政府预计在对学生积极指导方面累计投资55亿欧元，到2009年时，已有将近1/3的高中生得到了方向指导委员会的建议。60%的大学支持对学生进行专业选择，25%的学生作出更具有针对性的选择，其中15%的学生构想了其他课程规划。① 这

---

① Ministère de l'Enseignement supérieur et de la Recherche. *Plan pluriannuel pour la réussite en licence*，http：//www.nouvelleuniversite.gouv.fr/IMG/pdf/Document－D－orientation－Licence－.pdf 2009－10－30.

种积极的指导制度是遏制学士学业失败、尊重学生的兴趣与特征、激发其责任意识的前提，是高等教育质量保障的重要举措。

基石之二："学士助成"规划以学生为中心，以促进学生就业和继续学习为宗旨改革大学教学内容，确保大学文凭作为一个国家资格证书的职业价值。为促进学生知识与能力的和谐发展，法国大学本科教学内容改革的四大关注点为：教学设计必须考虑学生的多样性、教学内容的多学科性与专业化、学士学位职业化与积极的专业指导以及信息化课程等。以此为中心，法国大学通过教学内容调整，在人才培养方面进行了如下规划：

第一年为奠定基础阶段，主要加强以科学、法律、经济为基础的知识教学，促进多学科教育，扩大学生的知识范围。在教学方法上，针对学生由于社会出身不同而造成的文化资本的差异，政府规定进行小组教学、导师辅导制、网络教学等教学方法。从2008学年起所有学生在一年级都将得到指定的辅导教师的个性化学习指导，这种因材施教的方法从尊重人性、尊重知识发展规律的角度对消除文化和社会不平等、促进每个学生知识与能力的发展具有重要意义。在教学内容方面，这一阶段学生应掌握就业或继续学习所应具备的能力，主要包括通讯信息交流技术、语言、口语与写作等表述能力、学习方法以及合作学习等。

第二年为巩固阶段，巩固一年级所获得的基础知识，加强学科的专业化，强化学生的外语应用能力，并通过研讨会、论坛、企业辅导制等方式向职业界开放，指导学生制定个人发展规划。

第三年是确立与学生个人规划相一致的专业化阶段。在这个阶段，一方面要深化学科专业化；另一方面要强化教学的职业性倾向，确立实践环节在教学中的重要地位。这一阶段要加快大学向社会开放，将学生实习领域拓宽到企业、公共行政机构、教育机构等所有领域，并规定实习单位不仅支付实习生报酬，还必须担负起对学生进行职业技术教育的责任，根据现代化的标准对学位质量进行评估，这样企业也担负起一部分教育责任，实现了大学教学与企业的对接。在这一阶段还要加强"学生就业援助办公室"的职能，促进教育与就业市场的联系；并通过各种资格证书考试，提高毕业生的就业能力。所有大学都实施流动政策以促进其学生成功。

图25和图26是法国雷恩第二大学为学生提供的学习课程，可为我们提供对上述改革的直观、具体认识。

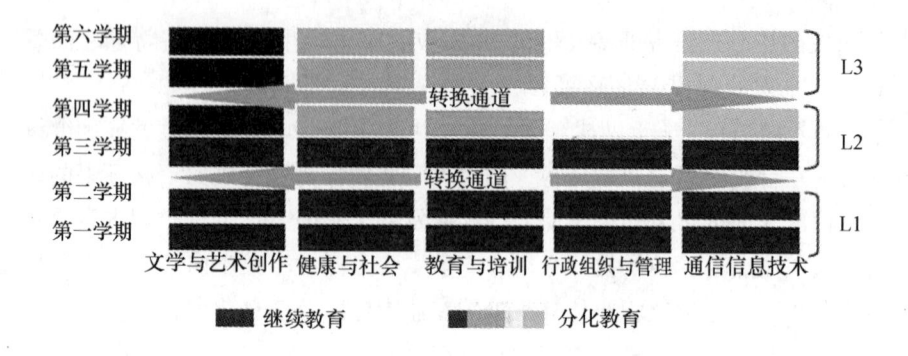

图25　学生在学习过程中确定五大专业领域的过程

资料来源：Ministère de l'Enseignement supérieur et de la Recherche. *Plan pluriannuel pour la réussite en licence*, http：//www.nouvelleuniversite.gouv.fr/IMG/pdf/Document – D – orientation – Licence –. pdf。

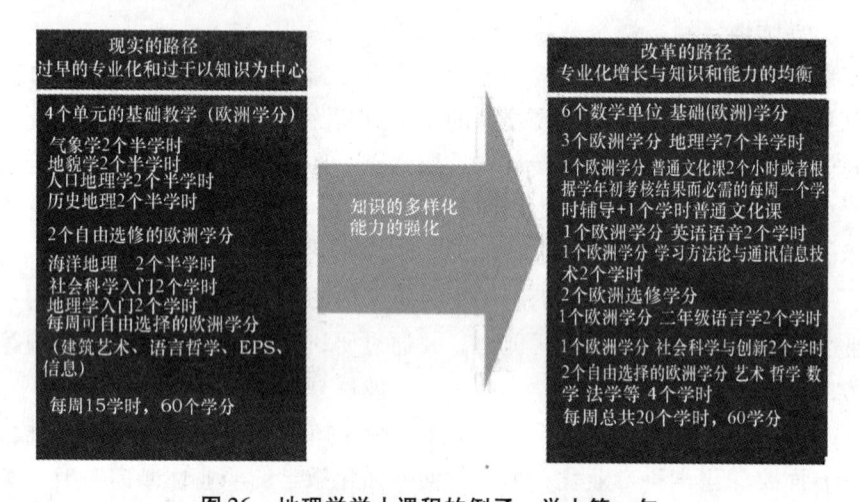

图26　地理学学士课程的例子：学士第一年

资料来源：Ministère de l'Enseignement supérieur et de la Recherche. *Plan pluriannuel pour la réussite en licence*, http：//www.nouvelleuniversite.gouv.fr/IMG/pdf/Document – D – orientation – Licence –. pdf。

基石之三：大力发展高等职业教育，创建多样化、多层次的高等教育机构。重新发挥高等教育机构作为社会流动通道的作用，通过教育逐层分流，对不同特质的学生实施有差异的教育，这体现了另一种意义上的教育公平，培养了多样化的人才，实现人尽其才。这不仅体现了高等教育维护社会公正的社会价值，还体现了最大限度尊重人、发展人的原则，体现了高等教育质量保障的真谛。因此，加强对大学技术学院和高

第四章 绩效改革 追求卓越：法国高等教育质量保障体系的重构

级技术员班学生的指导、建立普通教育与职业教育之间的双向流通以及通过职业文凭改革优化课程，提高课程的职业切合性，这是法国建立全面开放的、现代化程度较高的国际化高等教育体系的重要途径，也是解决学生就业和法国学术性精英教育迎接大众化挑战的有益选择。

（二）加大物质投入，增加法国大学吸引力

"学士助成"规划是2009—2011年法国政府高等教育预算的一个优先重点，为顺利推行"学士助成"规划的三大战略，法国政府累计投资7.3亿欧元。[①] 根据法国高教部统计，从2000年到2010年10年间，法国大学内生师比降低了15%，经费资助增长了35%。[②] 2000—2009年间法国大学实有学生人数与教师人数以及学生平均费用的变化体现了政府对促进学生成功、提高教育质量的决心与意愿，如图27所示：

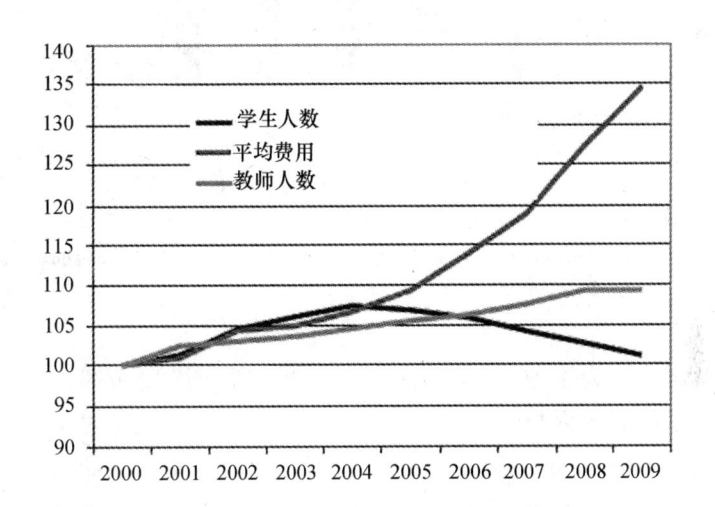

图27 2000—2009年法国大学财政预算与教学增加的潜力

资料来源：Le ministère de l'Enseignement supérieur et de la Recherche：budget 2009 – 2011，2009. http：//media. enseignementsup – recherche. gouv. fr/file/2008/38/4/Presentation _ budget _ 2009_ 35384. pdf2010 – 01 – 30。

[①] Ministère de l'Enseignement supérieur et de la Recherche Plan pluriannuel pour la réussite en licence.. http：//www. nouvelleuniversite. gouv. fr/IMG/pdf/Document – D – orientation – Licence –. pdf 2009 – 10 – 30。

[②] Le ministère de l'Enseignement supérieur et de la Recherche：budget 2009 – 2011，2009. http：//media. enseignementsup – recherche. gouv. fr/file/2008/38/4/Presentation _ budget _ 2009_ 35384. pdf2010 – 01 – 30。

从图 27 可以看出，2006 年后法国大学学生人数呈下降趋势，而教师人数趋于缓慢增长，但学生平均费用却直线上升。根据高教部预算，2007—2011 年间学生费用将增长 37%，2007 年后每生 1000 欧元，2009 年每生费用增加了 450 欧元。具体如图 28 所示：

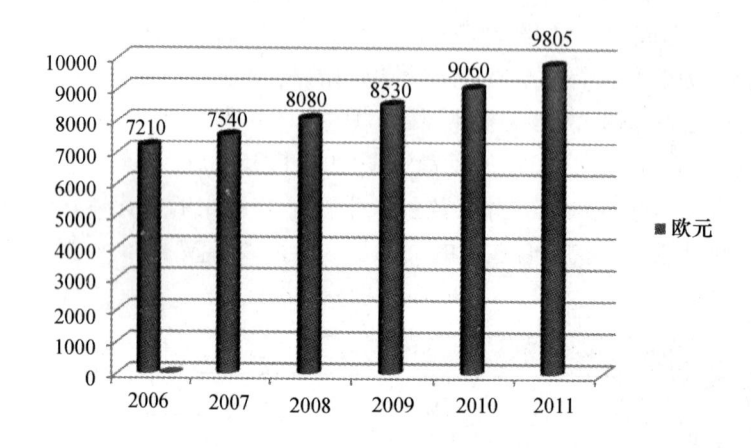

图 28　每生费用（欧元/生）

资料来源：*Le ministère de l'Enseignement supérieur et de la Recherche*：budget 2009 – 2011，2009. http：//media. enseignementsup – recherche. gouv. fr/file/2008/38/4/Presentation_ budget_ 2009_ 35384. pdf2010 – 01 – 30。

与此同时，为了改善学生学习和生活条件，增加法国大学的吸引力，按照萨科齐的设想，法国政府启动了建设现代化大学校园的"大学校园规划"（Plan Campus），投资 50 亿欧元在大巴黎地区创建具有全球声誉的大学校园，在大区创建具有欧洲声誉的大学校园，加强数字化设施等一流设施的投入，并开展了大规模的修建、扩建大学校舍活动，打造现代化的"最漂亮的"大学校园，让学生在体面的环境里学习和生活，从而使法国大学成为具有"国际能见度"（visibilité internationale）的学习中心。

建立、完善促进学生成功的社会经济资助体系是促进社会公正、提高法国大学吸引力的重要措施之一。法国是高福利国家，平等是法国社会高于一切的指导原则。从 20 世纪 80 年代开始，在法国高等教育大众化与民主化的发展过程中，为了使处于社会不利地位的学生享有同样的高等教育，法国建立起以奖学金和社会补助为基础的经济援助制度。

第四章 绩效改革 追求卓越:法国高等教育质量保障体系的重构

1984年1月26日《萨瓦里法案》提高了奖学金的人数和数额,统一了各个奖学金管理机构,提供现代化服务,促进学生融入所在社区。改革后,法国享受奖学金的人数从1980年的116800人增加到1990年的253250人。[①] 1990年6月,法国教育部长宣布了学生社会援助规划(Plan social en faveur des étudiants),主要致力于改善大学生学习与生活条件,要求设置一个学生社会指标(indice social étudiant)作为建立奖学金范围的基准,促进奖学金制度"定性"与"定量"的统一发展。开展了更多的学生住宿膳食服务,其中包括在大学餐厅增设更多的餐位;在交通方面,为巴黎地区法兰西岛的学生引进一种交通季票,给予学生优惠。从1997年到2002年间,法国政府用于奖学金的拨款大幅度增加,增加比率为32%。同一阶段还针对家庭收入较低的学生,实施了学生社会规划(plan social étudiant, P. S. E),将奖学金总额增加了15%,到2001年时享有奖学金的学生人数提高到30%,助学金金额提高15%。[②] 在法国政府和学生组织的推动下,法国大学生享有奖学金的人数迅速增长,到2005—2006学年时享有奖学金人数占大学生人口总数的30.2%。[③] 2007年和2008年,法国高教部将助学金连续提高了两个2.5%,特困生助学金大幅度提高到3921欧元/年,加大了对中等收入家庭出身的学生的关注,助学金受益人将达到55万人;奖学金也从400欧元/月提高到678欧元/月。[④] 针对一些残疾学生,法国政府与大学签订了"大学与残疾人协议",要求大学根据残疾学生的实际情况设计个性化的培育方案,为他们提供平等的学习机会。

在市场经济的背景下,竞争机制的引入犹如一把双刃剑,竞争在发挥提升高等教育质量的工具性作用的同时,不应该湮没民众对社会公正的诉求。教育机会均等是社会公正的前提,社会公正是高等教育质量社会价值的重要内涵。奖学金制度和社会经济援助项目的建立与发展为处于贫困境况的学生顺利完成学业提供了经济上的保障,学生生活和学习

[①] Eurydice: *Vingt années de réforme dans l'enseignement supérieur en Europe: de 1980 à nos jours*. Etudes Eurydice. 2000, p.331.

[②] http://www.minefi.gouv.fr/pole_ ecofin/…tat/LF/2002/plf/depenses/education.html2009 - 08 - 30.

[③] www.france - en - chine.fr2008 - 03 - 26.

[④] 成婷:《法国高等教育和研究部公布大学助学金改革要点》,《世界教育信息》2008年第3期。

条件的改善也是学校教学、服务质量提高的重要内容。"学士助成"规划作为《大学自主与责任法案》改革的重要组成部分，在大学的目标与责任中体现了市场与社会公平、人的发展与经济效益的双重对立与统一。法国高等教育质量保障不仅从政府外部保障扩展到大学内部，并且从对大学教育经费、物质设施、管理体制等外在质量保障过渡到大学教学的内核，质量保障内容更加具体、深入，保障方法更具现实性，整个高等教育质量保障体系更趋于平衡与完善。

二 提高法国大学科研的国际竞争力：高等教育与研究集群

萨科齐就任总统后，在全球化竞争压力下，面对国际科技发展与创新的急迫性，为了提高法国国际竞争力，重塑法国高等教育科研的国际能见度与影响力，政府提出到 2012 年要实现以下雄伟目标："50% 的适龄青年获得学士文凭；两所高校位于世界前 20 名，10 所高校位于世界前 100 名；研究经费增加 3%；改善研究作品的发行量。"[①] 因此，政府开始对科研体制进行大幅度的调整，一方面进行精兵简政，另一方面加强高等教育与科研的改革与创新，高等教育与研究部作为一个独立的部门从原国民教育部中独立出来。这一时期大学科研改革的主要特征是扩大科研机构的国内、国际合作，与政府推动的高等教育自主化改革相一致，联合创建高等教育与研究集群，科研活动更具开放性和集中化。

2006 年 4 月 18 日法国政府颁布的《研究发展纲要》（*loi de programme*）倡导创建一种对法国高等教育机构进行重组的新合作机制，旨在塑造更为连贯、易读和在国际排名中更具可视性与知名度的高等教育实体，并且能更好地适合地方需求的教学与科研。高等教育与研究集群（Les pôles de recherche et d'enseignement supérieur，缩写为"PRES"，后面简称"集群"）是法国或欧洲的各类公立或私立高等教育与研究机构和综合大学合作发展的主要措施。从形式上看，这些"集群"具有高校联合实体的性质，"是地理上邻近地区高等教育与研究机构的资源

---

① Le ministère de l'Enseignement supérieur et de la Recherche. Enseignement supérieur et Recherche: budget 2009 - 2011, 2009. http://media.enseignementsup - recherche.gouv.fr/file/2008/38/4/Presentation_ budget_ 2009_ 35384. pdf2010 - 01 - 30.

第四章 绩效改革 追求卓越:法国高等教育质量保障体系的重构

与活动实现互动的工具"①,为大学、大学校以及科研机构之间开展的教学与科研活动、实现资源共享提供了合作与对话的空间。《研究发展纲要》第13条将"集群"视为加强大学与大学校之间合作的最好范例。② 大学校和研究组织的参与是认定"集群"成功与否的一个标准。③

2007年3月,法国政府首批正式批准的9个"集群"成立,到2009年底,法国共建立了15个"集群"(其中2009年创建了4个),这些"集群"共整合了44所大学(其中10所大学在2009年1月通过了《大学自主与责任法案》改革)、38所高等教育机构(工程师大学校和商业大学校)、2所多科技术学院(I.N.P)、3所大型机构(ENSAM、格勒诺波尔物理学院、E.G.P.)。依照法国法律,在身份上,这些"集群"具有"科学合作公共机构"(établissement public de coopération scientifique – EPICS)的性质。在职能上,这些"集群"既是其成员机构的推广工具,也是推动其成员机构参与国际学术竞争的途径。权限委托是使该"集群"具有实体资格的核心概念,是实现人力、物力和财力资源转移与共享的合法依据。在管理上,"集群"的领导机构由一个校务委员会(Conseil d'administration)、一个学术与教学指导委员会(Conseil d'orientation scientifique et pédagogique)和一个"集群"执行办公室(Bureau du Pôle)组成。"集群"的校长通过公开招聘、由校务委员会任命的方式选定,但不允许各成员学校校长参选。"集群"校长任期三年。学术与教学指导委员会负责对"集群"中长期教育与科研发展规划进行思考,并向校务委员会提供建议。"集群"执行办公室由"集群"校长和各成员学校的校长组成,共同负责制定和实施"集群"的政策。可见,"集群"并不是成员学校之间的合并,而是通过一种战略合作伙伴关系,通过集中配置优势资源实现高等教育均衡的过程。这对于改变法国部分综合大学"小而全"以及高等教育机构之

---

① *Rapport national sur les politiques de recherche et de formations supérieures*, annexe au PLF 2007, p. 43. http://www.enseignementsup – recherche.gouv.fr/rapport/2007/jaune2007.html 2008 – 10 – 19.

② J. R. Cytermann: *Universités et grandes écoles*, Problèmes Politiques et Sociaux, n° 936, pp. 95 – 97 et 99 – 107.

③ Inspection générale de l'administration de l'Éducation nationale et de la Recherche. *La mise en place des pôles de recherche et d'enseignement supérieur (PRES)*, Rapport à madame la ministre de l'Enseignement supérieur et de la Recherche, 2007, http://lesrapports.ladocumentationfrancaise.fr/BRP/074000680/0000.pdf 2010 – 02 – 15. p. 4.

间互相割裂的格局、实现教学与科研资源的优化整合与共享以及提高各个高等教育机构在国际上的竞争力发挥了杠杆作用。在此意义上，"集群"的创建体现了高等教育发展中规模与效益的关系。

从"集群"开展的合作项目来看，"集群"在本质上意味着高等教育资源均衡发展，即"集群"通过资源优化配置的方式为其范围内所有高等教育机构的学生和教师提供平等地享用高等教育优质资源的机会，各高等教育机构在合作中形成优势互补，使不同水平、类型的高等教育机构都能获得较大的发展。因此，"集群"是提高各个成员机构在国际科学竞争中优势地位的一个工具，高等教育机构的权限范围成为影响"集群"质量的一个重要标准，这对提高高等教育机构的教学与科研质量是非常有意义的。例如，在硕士或博士培养方面，联合培养和合作教学大大提高了文凭的含金量，在"集群"的范围内，学生可以获得由几所大学或者大学校共同保障的高质量文凭；在科研方面，所有的科研成果都是以"集群"的名义发表，这将改善"集群"所有成员机构在国际上的知名度。自2006年以来，法国加强了对博士研究生培育方式的改革，组建博士生院是"集群"的一个重要使命。"集群"的创建与发展是促进高等教育地方化的一个重要杠杆，是一项促进高等教育与科研面向地方、提升地方竞争力的一个重要因素，是高等教育机构的地方政策合同中的重要组成部分。"集群"通过企业、研究组织与高等教育机构之间的联合，有利于提高法国经济在国际上的竞争力。

在公共资源方面，"集群"中各个成员机构之间在人力、经费等方面实行共享，有利于提高资源利用率和效益，并且减少了各机构之间缺少竞争与合作或者为争夺资源而恶性竞争的弊端，能够形成一定的规模效应，有利于提升法国高等教育与科研国际排名榜上的地位。法国政府还加大宣传力度和经费投入，改善以博士生为主体的青年研究人员的工作与生活条件，鼓励青年科研人员的国际流动及其产学研相结合，创设优秀青年教师讲席等。2009年1月，斯特拉斯堡的三所大学合并，成为一个多学科的、教学与管理更加和谐、更具国际知名度和竞争力的全法最大规模的大学（PRES Strasbourg）。2009年末，法国对这些"集群"进行了一次评估，尤其是对最近一个阶段"集群"新权限的发展、硕士和博士的培养以及科研政策、学术开发或流动以及学生生活等问题进行了评估。鼓励不同"集群"之间的合作，鼓励形成不同的竞争极点。[①]

2010年初，由于巴黎大区作为国家高等教育重要基地，拥有30多万大学生和数千名教师，却因为大学校园规模过小、其他高等教育机构过于分散（巴黎地区25所高校分散于巴黎市区和郊区的130个校园）、有的大学校园陈旧破落的状况等原因严重影响了巴黎大区大学的国际能见度。为改变这种状况，法国政府决定利用大学校园规划（Opération Campus）改善巴黎大区大学的教学与生活条件，同时对巴黎大区的高等教育机构进行大规模的改组与重建。2010年2月，法国高教部长瓦雷莉·贝克莱斯决定在巴黎大学业已成立的"巴黎东部集群"（PRES Paris – Est）、"巴黎南部集群"（PRES UniverSud）、"巴黎高科"（Paris Tech）之外新建三个"集群"：一个是由巴黎市内8所学校组成的"巴黎西岱集群"（PRES Université Paris Cité），现在已经建立；另外两个"巴黎埃萨姆集群"（PRES – Université Hésam，9所学校）和"巴黎索邦集群"（PRES Paris – Sorbonne，3所综合大学）正在酝酿和筹建中。到2011年上半年，法国已经建立的高等教育与研究集群见表29：

表29　　　　　　　　法国高等教育与研究集群名单

时间	"集群"名称	成员单位
2007	"埃克斯—马赛（联合）大学"（Aix – Marseille Université）	埃克斯—马赛三所大学
	"南锡（联合）大学"（Nancy Université）	南锡一大、南锡二大和洛林综合理工学院（INP de Lorraine）
	"东巴黎（联合）大学"（Paris Est Université）	国立路桥学院（Ecole des Ponts）、马恩拉瓦莱大学（Marne la Vallée）、巴黎十二大、高等电子与电子技术工程师学院（ESIEE）、路桥学院中心实验室

[①] http://www.enseignementsup – recherche.gouv.fr/cid20724/les – poles – de – recherche – et – d – enseignement – superieur – pres.html#Une%20évaluation%20fin%2020092010 – 01 – 28.

续表

时间	"集群"名称	成员单位
2007	"巴黎高科（Paris Tech）技术科学学院"	包括10所工程师学院：国立路桥学院、国立巴黎高等化学学院、国立巴黎高等矿业学院、国立高等工艺制造学院（ENSAM）、巴黎综合理工学院、巴黎市立高等工业物理化学学院、巴黎高科农艺学院（Agro Paris Tech）等
	"波尔多（联合）大学"（Université de Bordeaux）	包括波尔多的4所综合大学、3所工程师学院和波尔多政治学院（IEP）
	"里昂（联合）大学"（Université de Lyon）	包括里昂的3所综合大学、2所高等师范学院（ENS）、里昂中央理工学院（Ecole centrale de Lyon）
	"图卢兹（联合）大学"（Université de Toulouse）	包括图卢兹的3所综合大学、国立图卢兹综合理工学院（INP Toulouse）、国立图卢兹应用科学学院（INSA Toulouse）、国立高等航天与航空制造学院
	"布列塔尼欧洲（联合）大学"（Université européenne de Bretagne）	包括雷恩第一大学、雷恩第二大学、西布列塔尼大学、南布列塔尼大学、雷恩农艺学院（Agrocampus de Rennes）、国立雷恩应用科学学院（INSA Rennes）、国立卡桑高等师范学院雷恩分校（Antenne de l'ENS Cachan）、国立布列塔尼高等电信学院（ENST Bretagne）、国立雷恩高等化学学院（ENSC Rennes）
	"南巴黎（联合）大学"（UniverSud Paris）	包括巴黎第十一大学、圣康丁昂伊夫利纳-凡尔赛大学、国立卡桑高等师范学院（ENS Cachan）、巴黎中央理工学院（Ecole Centrale Paris）、高等电力学院
2008	"克莱蒙（联合）大学"（Clermont Université）	包括2所综合大学和3所工程师学院——法国高级机械学院（IFMA）、国立克莱蒙费朗高等化学学院和国立克莱蒙费朗农艺工程师学院（ENITA Clermont）
	"南特昂杰勒芒（联合）大学"（Université Nantes Angers Le Mans）	包括11个创始成员和18个合作成员，其中包括：南特大学、昂杰大学、勒芒大学、南特中央理工学院、南特矿业学院、AgroCampus Ouest西部农学院、Oniris国立南特兽医食品加工及食品学院、南特大学医疗中心（CHU Nantes）、昂杰大学医疗中心（CHU Angers）、昂杰高等农学院（ESA）、Audencia Nantes南特管理学院
2009	"里尔法国北部（联合）大学"（Université Lille Nord de France）	创始成员包括法国北部地区的6所公立综合大学和2所工程师学院，目前成员已发展至26个
	"利摩赞-波瓦图-夏朗特（联合）大学"（PRES Limousin Poitou-Charentes）	创始成员包括：拉罗歇尔大学、利摩赞大学、波瓦梯埃大学、国立高等工业制陶学院（ENSCI）、国立高等航空技术与机械学院（ENSMA）

第四章 绩效改革 追求卓越：法国高等教育质量保障体系的重构

续表

时间	"集群"名称	成员单位
2009	"格勒诺布尔（联合）大学"（Université de Grenoble）	创始成员包括：格勒诺布尔的三所综合大学、格勒诺布尔综合理工学院（Grenoble INP）与格勒诺布尔政治学院（IEP de Grenoble）
	"蒙贝利埃法国南部（联合）大学"（Université Montpellier Sud de France）	创始成员为蒙贝利埃的三所综合大学，合作成员包括：蒙贝利埃高等农学院、阿莱斯矿业学院、尼姆大学、佩皮尼昂大学等
2010	"巴黎西岱（联合）大学"（Université Paris Cité）	成员包括设在巴黎市内的7所学校和1所巴黎北郊的合作成员学校：新索邦巴黎第三大学（Sorbonne nouvelle）、笛卡尔巴黎第五大学（Paris 5 Descartes）、狄德罗巴黎第七大学（Paris 7 Diderot）、公共健康高级研究学院（E. H. E. S. P）、国立东方语言文化学院（INALCO）、巴黎地球物理学院（IPGP）、巴黎政治学院（Sciences Po Paris）、北部巴黎第十三大学（Paris 13 Nord）（合作成员）
	"索邦（联合）大学"（Sorbonne Universités）	由邦岱翁阿萨斯巴黎第二大学（Panthéon Assas）、索邦巴黎第四大学（Paris Sorbonne）和皮埃尔与玛丽·居里巴黎第六大学（Pierre & Marie Curie）三所大学组成
	"中部卢瓦尔河谷（联合）大学"（Centre - Val de Loire Université）	包括法国中部两所综合大学，即奥尔良大学和图尔大学
	"巴黎埃萨姆（联合）大学"（PRES H. E. S. A. M）	由设在巴黎市区内的12所学校组成，其中包括：9个创始成员：巴黎高科—国立工艺博物馆（CNAM）、社会科学高等研究学院（EHESS）、法国远东学院（EFEO）、国立文献学院（ENC）、国立高等工业设计创造学院（ENSCI - Les Ateliers）、巴黎高科—国立高等工艺学院（Arts et Métiers - ParisTech）、高等研究实践学院（EPHE）、ESCP欧洲高等管理学院（ESCP Europe）和邦岱翁索邦巴黎第一大学（UP1）；3个合作成员为：国立行政学院（ENA）、国立艺术史学院（INHA）、国立遗产学院（INP）
2011	勃艮第弗朗 - 弗朗孔泰集群亦称"ESTH - 创新大学"	
	巴黎科学与文学—拉丁区集群	

资料来源：法国高等教育与研究部网站，http：//w ww. enseig nementsup - recherche. gouv. fr/ cid20724/ les - poles - de - recherche - et - d - enseignement - super ieur - pres. html, 2011 - 05 - 10; http：//w ww. france - edu. fr/ show. Jsp? id = 12947013801874799。

巴黎高等教育机构的重组与新建是"U3M规划"的继续，这种高

219

等教育集中化改革对提高法国大学科研水平以及高等教育的国际知名度起到了重要推动作用。"集群"的创建体现了法国高等教育机构区域化与国际化共同发展、均衡化与集中化相统一的趋势，重塑了法国高等教育版图，同时也提高了法国地方城市的国际形象。"集群"的推行与法国政府推出的"大学校园计划"均注重高等教育机构的国际声誉和为地方服务的功能，是促进法国高等教育现代化和质量保障进一步发展的重要手段，符合《高等教育与研究集体服务纲要》所规定的目标，也是法国参与创建欧洲高等教育与研究区的重要举措与必然选择。德国以及比利时的大学重组规划等都是与此相对应的，可以说，"集群"是1991年兴起的欧洲集群规划在法国的发展。

高等教育质量的提高是一个长期的、复杂的过程。大学自主化改革、学士助成计划的实施以及"集群"的创建是在法国政府推动下提高法国高等教育管理、教学与科研质量的有效措施，高等教育质量保障的目标和措施比以往更加具体、深入。更为重要的是，高等教育机构获得了充分的自主权，并以责任为筹码逐渐担负起内部质量保障的使命，市场力量也逐步介入高等教育质量保障体系。

第四节 绩效与卓越：高等教育与研究评估署的建立与运转

一 统一的新评估机构：高等教育与研究评估署

全球化的深入发展和博隆尼亚进程的演进要求法国建立公正、透明和易于比较的高等教育质量评估机制，这一时期法国政府在高等教育与科研项目中的大量经费投入和法国大学自主权限的扩大也需要相应的评估来调控与制衡，至于大学责任的实现与否，政府也需要通过质量评估机制来衡量其绩效。在国际和国内高等教育改革发展的背景下，国际间的交流与合作、"优质预算的合理化改革"（RCB）和2006年2月1日生效的金融组织相关法案（Loi relative aux lois de finances，LOLF）的实施呼唤着法国建立高效的、与国际接轨的质量评估制度。在此背景下，2006年4月18日颁布的2006—450号《法国科研规划法》规定创建了法国高等教育与研究评估署（Agence d'évaluation de la recherche et de l'enseignement supérieur，以下简称AERES），2007年3月21日经高等教育与研究部部长代表弗朗索瓦（M. François Goulard）批准后正式运行。

为进一步完善法国高等教育与研究评估机制，推动并改进法国高等教育与研究领域进行的各项改革的质量，提高法国高等教育的国际知名度与可视性，高等教育与研究评估署整合了法国原有的国家评估委员会（CNE）、教学、科学与技术教育使团（MSTP）、全国科学研究评估委员会（CNER）等评估机构及其各项职能，负责对全国的高等教育与研究机构及其附属机构所开展的教学、科研及其行政管理活动进行评估。从结构组成上，高等教育与研究评估署简化了法国庞杂的评估机构设置和重复烦琐的评估程序，优化了评估机构，扩大了评估领域，改变了评估方法，这不仅标志着法国高等教育质量评估的重大改革，还促进了法国高等教育与研究机构、教学与研究、高等教育与社会经济企业界之间的联系与和谐发展。由于高等教育与研究评估署建立在对大学自主与责任进行激烈争论的大背景下，自治与责任是它建立与开展评估的逻辑起点，科研及其绩效成为高等教育与研究评估署评估的重要内容。因此，高等教育与研究评估署代表着一个高等教育新评估时代的开始，推动法国高等教育质量保障体系走向一个新阶段。

高等教育与研究评估署是一个独立的、权威性行政管理机构，内设一个专门理事会负责制定评估措施，确保评估程序公正、公开和透明，以保证评估质量。该理事会由来自法国、欧洲及国际上的25名成员组成，其中9名国际名人，14名具有研究员、工程师或者教师—研究者资历的人，2名是来自科学和技术评估办公室的议会成员。这些成员都在科学研究领域享有一定的声望，每届任期四年。所有高等教育机构的评估单位以及以工程师命名的委员会和文凭与教学管理评估委员会等，均可提名一位候选人。目前高等教育与研究评估署共有专职人员55名，77名科技界代表负责组建评估小组，有3200人组成的专家库。高等教育与研究评估署的人员构成与国家评估委员会相比具有两大特征：一是国际性，来自国际的成员是原来的三倍；二是专业性，理事会成员或者评估专家都是学术界人士，体现了这一时期高等教育与研究评估署的评估使命。

高等教育与研究评估署具有强烈的"国家主义"色彩和中央集权传统，体现了政府在质量评估中的主导地位：从高等教育与研究评估署创建来看，该机构由政府创办，主任由高等教育与研究部部长任命，运转经费由政府提供。如2007年，政府给评估署的经费预算是800万欧元。从高等教育与研究评估署所代表的立场看，其创建的目的就是代表政府监控高等教育与研究的质量，考核政府经费投入及赋予大学自主权后的绩效与效益，激励并引导高等教育与研究更好地适应社会经济发展的需求，充分体现了政府治理的理念。高等教育与研究评估署直接向政府负责，每年需向政府提交工作报告，并抄送科技高级委员会和议会。政府权力的存在为确保评估的公正性与权威性以及评估目标的实现提供了制度上与法律上的依据。在具体实施评估过程中，高等教育与研究评估署具有较强的独立性与合法性，高等教育与研究评估署在规定的权限范围内，能够自行决定具体的评估方式，自主确认专家委员会成员的专业特征和教育专家的地位。这些都有利于促进评估的灵活性、多元性、透明性与高效性。

二　分化与整合的运转模式

高等教育与研究评估署扩大并重组国家评估委员会、国家研究评估委员会和教学与技术科学使团所担负的职责，其目标就是实现这些职责以改进法国高等教育教学和科研质量，评估高等教育机构实现预期使命的能力。具体而言，高等教育与研究评估署主要担负三项使命[1]：一是对高等教育与研究机构、科研机构、科学合作基金组织或国家研究局等进行机构评估，考察其目标、采取的措施等；二是对上述高等教育与研究机构所开展的科研活动进行评估；三是对高等教育机构的文凭和教学进行评估。此外，高等教育与研究评估署还负责对高等教育与研究机构中的员工评估的有效性以及对所评估对象的状况提供建议，在欧洲或国际背景下，积极参与国际高等教育与研究评估组织等。因此，高等教育与研究评估署相应地分为三个评估小组：机构评估小组、研究评估小组和文凭与教学评估小组，分别就高等教育与研究机构的行政管理等整体情况、科研情况以及教学与文凭（学士、硕士和博士）资格进行评估。高等教育与研究评估署修改了评估内容，调整了评估日程安排，使其与大学合同制相一致，从而在评估机构发展的关键性阶段发挥了重要作用。高等教育与研究评估署每个小组权责明确，评估目的、评估方法和程序也各不相同。根据评估类型及其使命不同，高等教育与研究评估署的评估程序亦有不同，具体如下所述：

---

[1] AERES. *Le rapport d'activité* 2007 *de l'AERES*, http://www.aeres-evaluation.fr/IMG/pdf/AERES-Rapportactivite2007.pdf2008-10-24.

（一）机构评估

机构评估由国家评估委员会来实施，负责评估大学、高等教育机构、研究组织、科学合作基金组织以及国家研究署（l'Agence nationale de la recherche），主要评估它们的整体目标与行动。机构评估旨在为高等教育机构与政府之间协商与签署合同提供相关信息，促进高等教育机构发展并改进其功能，力求通过专业化评估为高等教育机构决策提供有价值的信息，优化机构发展的战略。为此，高等教育与研究评估署负责确保这些组织和机构所进行的评估程序的有效性，并对权限范围内所有相关主题开展横向的调查研究。评估方法包括内部评估、外部评估、专家评估和报告的公开发表，这与2005年《欧洲高等教育区质量保障标准与指南》的指导方针是一致的。外部评估主要是了解被评高等教育机构的发展目标、为实现目标所采取的策略及其结果，结合该机构在所在地区、国家和国际上的各种活动措施及其原则进行评估。评估遵循的逻辑是促进不同机构之间的对比与竞争，不断得以改进和提高。评估内容主要包括研究、教学、开发利用、与周围环境的关系、国际关系和学生政策等几个领域，重点关注机构管理整体的连贯性。[①] 从评估程序看，共分为三个阶段，其流程如图30所示。

准备阶段：任命专家委员会负责人→向被评机构负责人咨询情况→组织专家并告知其使命→与被评机构签署合同，对方提供自评报告与相关数据→专家委员会拟定调查提纲→召开会议，确定评估目标与使命→确定访谈日期与访谈对象

↓

实地调查阶段：到被评机构进行实地调查，与机构负责人会谈，并访谈行政部门负责人、实验室主任、教师－研究者和学生

↓

撰写报告阶段：专家提交调查材料→开会分析调查情况，撰写调查报告→根据调查报告拟定评估报告→将评估报告初稿交给被评机构询问其意见→撰写最终报告，附上被评机构的反馈意见→将最终评估报告邮寄给机构负责人及其主管单位，并在高等教育与研究评估署的网站上公开发表

图 30　法国高等教育机构评估程序流程图

资料来源：http://www.aeres-evaluation.fr/Presentation-des-rapports-de-la 2006-10-24。

[①] AERES. Le guide de l'évaluation externe des établissements, Le rapport d'activité 2007 de l'AERES, http://www.aeres-evaluation.fr/IMG/pdf/AERES-Rapportactivite2007.pdf 2006-10-24.

机构评估重视实地访问，并尊重机构自评。机构评估报告中要重点分析访谈内容，分析机构预期要实现的目标，以及要达到其资格所具有的能力与不足，并提出建议。总之，该报告应为被评机构以及政府的决策提供重要参考。

（二）研究评估

研究评估是访谈委员会根据相关合同资料对高等教育机构和相关组织内的研究单位所开展的各个方面的活动进行客观评价，由国家研究委员会在相关部门的支持下实施评估。这类评估的实施是以研究单位递交的自评资料和专家委员会的实地访问为基础。对于不同的单位考察内容不同：对一个已经实施改革的单位而言，要考察其前一年的活动方案与总结，指出优势所在以及需要改进的地方；对于一个新单位或者正在实施改革的单位而言，要分析其未来四年制定的策略、目标以及前景规划。

研究评估以访谈为主，通过访谈了解并鉴定被评估单位的所有与研究有关的活动。根据被评估单位开展的研究类型（基础或应用型等），访谈委员会对其所使用的各种标准和准则提出建议。研究单位的评估准则应包括以下内容：首先，要列出研究方法、合作关系、科研成果的转化与开发情况以及知识产品等；其次，科学文化的传播和该单位在教学与博士生院以及学士和硕士培养方面的贡献，尤其是研究者的贡献。此外，还要分析研究单位的科学设备及其运转与管理状况等。

研究评估程序也分为准备、调查和撰写评估报告三个阶段，主要区别在于前两个阶段的内容及其顺序不同。如在准备阶段，高等教育与研究评估署首先选出一些人负责联系并通知被评机构负责人；其次，组建专家评估委员会，指定一名负责人，招聘2—9名专家，通常由每个科学委员会推荐一名代表组成；再次，通知专家委员会负责人，告知其应负的责任；之后，向被评机构索要自评报告的相关信息，如科研活动计划与总结以及人员构成情况；最后，制定评估目标及其措施，告知专家委员会相关信息。与此同时，通知被评机构负责人做好接待准备。第二阶段主要是与被评机构负责人、研究小组负责人、研究者、技术董事会和技术部门相关人员等进行访谈。访谈委员会评估内容主要包括[①]：被

---

① AERES. *Le rapport d'activité 2007 de l'AERES*, http://www.aeres-evaluation.fr/IMG/pdf/AERES-Rapportactivite2007.pdf2008-10-24.

评单位在报告中就其使命、规模、组织以及实现先前规划的能力方面所显示的发展前景和科学策略；被评单位在适应地区的、国内的、欧洲和国际化背景的改革中的激励政策、被评单位在 4 年和 8 年后的发展设想、招聘政策、投资政策和资金分配政策等方面所采取的措施；分析被评单位的科学成果与科学活动的水平、研究兴趣与独创性、该单位在国家的、欧洲和国际科学规划中的参与融合、国际能见度等。评估报告要对此进行分析，并提出建议，指出其优势及需要改进的地方。

（三）教学与文凭评估

教学与文凭评估通过查阅被评机构呈交的档案资料，对硕士和学士等各种教学、研究单位、职业教学（硕士和博士生院）、多样化的课程要求、国际项目等进行评估和提出建议。教学与文凭评估重视教学课程的专业化与科学合理性以及获得知识的时限与能力发展等。目前教学评估主要表现为博士生院（L'école Doctorale）评估。博士生培养是博隆尼亚进程中的一个优先发展的重点，为了与此保持一致，法国于 2006 年 8 月 7 日的《法国博士生培养改革法令》中提出了博士研究生培养问题，如建立博士生院，为博士研究生提供普通文化课程、专业课程以及与论文相关的准备活动等。所有大学的博士生院都力求以其吸引力和招收的博士研究生质量取胜，从而塑造该大学卓越的国际形象和声誉。

这类评估以博士生院自评为基础，考察该学院所开展的各类活动的质量以及所获得的成果。评估中重点考察以下因素[①]：（1）研究单位的质量；（2）博士生院附属单位实施的科研开发的质量；（3）博士生院管理处确定的科学政策和科研补助的分配程序所显示的发展重点；（4）教学和科学理事会的功能：来自于国内、外社会—经济界的外部成员的情况；外籍成员情况；理事会的实际影响；（5）博士研究生招生、接收以及后续培养情况，特别是有关论文证书的实施情况；（6）博士研究生招生的准备情况；（7）国家和国际开放政策、联合指导的论文数量；答辩委员会外籍成员的出席情况；（8）论文的期限及其利用：出版发表情况和资格证书；（9）论文指导者指导论文的次数；（10）论文记录簿中优秀论文情况；（11）论文资助情况以及获得国家科研部门的

---

① AERES. *Pour L' évaluation des écoles doctorales vague D de contractualisation.* http://www.aeres-evaluation.fr/IMG/pdf/S3-VagD-ED_Reperes.pdf2008-12-30.

补助情况；（12）非资助类论文的数量；（13）博士研究生在研究领域、企业界（研究领域之外的）以及在新建的、正实施改革的企业中的就业情况。经评估得到政府认可的博士生院，其所隶属的机构将被授予颁发博士学位的资格。评估以访谈为主，访谈对象包括被评博士生院主任、博士生院委员会、在读博士研究生代表等。

教学与文凭评估除博士以外其他层次的教学与文凭资格评估发展尚不完善，专家主要根据被评机构提供的自评报告的数据和资料以及有关大学的详细信息，填写评估鉴定卡。教学与科技技术使团的代表根据评估专家的分析结果，撰写评语和最终评估报告，并在高等教育与研究评估署网站公开发表。

与以往的国家评估委员会相比，高等教育与研究评估署是一个机构担负三项评估功能，在评估中具有以下优势：从评估内容看，对被评估机构与同一地区其他机构和行政区域团体的关系、社会经济环境以及国际合作的质量进行整体综合评估。与国家评估委员会相比，高等教育与研究评估署尤其注重被评机构科研及其成果开发利用情况，并且更加明确不同单位之间的对比与交流，认真思考并通报各个单位的研发情况及其成果转化活动。被评机构可以通过高等教育与研究评估署互通信息，还可以了解欧盟国家的相关情况；从评估方法看，高等教育与研究评估署重视实地评估和机构自评，促进了高等教育与研究机构自评机制的发展，有利于质量文化和内部质量保障的完善；从评估日程安排看，高等教育与研究评估署各个评估部门分工明确、各司其职，同时又相互配合、和谐统一。高等教育与研究评估署通常按照同一批签署合同的学校和学区的顺序，在一定的期限内同时进行三方面的评估，整合这三部分的评估结论，最后递交一份机构的整体报告，在高等教育与研究评估署网站上公开发表。这种安排不仅有利于提高评估结果的利用率，有利于提高评估效益，实现预期的评估结果，同时还有利于各个高等教育机构之间的排名与对比，促进各个机构之间的竞争与合作，为当前法国进行的高等教育与研究自主与责任改革以及高等教育与研究集群建设提供了现实性框架。高等教育与研究评估署对绩效的关注有利于高等教育地区化和资金来源多元化的发展，同时也成为推动法国高等教育国际化的重要杠杆。高等教育与研究评估署成为法国高等教育与研究机构有效的外部高等教育质量保障。

三 评估标准的国际化与绩效化

高等教育与研究评估署的两个重要使命就是促进法国高等教育质量保障的国际化进程与绩效改革,这主要表现在高等教育与研究评估署所采用的评估标准上。2005年公布的《欧洲高等教育区质量保障标准与指南》是"欧洲高等教育质量保障协会"在综合各成员国的评估经验的基础上,咨询欧洲大学协会等其他国际组织而制定的,其使命是"发展一套大家都认可的关于质量保障的标准、程序与指南","为质量保障/或者质量认证公司或者机构探索能够确保完全的同行评估的方式"①。为各参与国创建内部、外部质量保障机制、实施高等教育质量评估提供了参考依据。高等教育与研究评估署评估就是以《欧洲高等教育区质量保障标准与指南》为标准的。

《欧洲高等教育区质量保障标准与指南》非常强调"责任",即绩效。从内容上看,《欧洲高等教育区质量保障标准与指南》共分欧洲高等教育机构内部质量保障标准与指南、外部质量保障标准与指南以及外部质量保障机构的标准与指南三部分,共22条标准。这些指南与标准的制定主要基于对质量的理解,从高等教育机构内部、外部质量保障标准与指南的指导原则来看,该标准和指南主要强调了"责任",是一套问责机制。例如,"高等教育机构要对其提供的教学、服务质量及其保障负责;确保高等教育的社会功能;要为学生、高等教育其他受益者开发、改进学术课程质量负责;高等教育机构要为公共或私人投资负责"②。这里所谓的"责任"意即针对不同对象高等教育质量的内涵及表现形式,其实就是"绩效"或者实现的预期目标。同时,该标准与指南并非纯粹的对高等教育机构的评估,更重要的是促进高等教育机构质量的改进与提高,如"以审查为目标的质量保障要完全与以提高为目标的质量保障相兼容",这些指标与指南的目标是"改进欧洲高等教育

---

① "*Realising the European Higher Education Area*", Communiqué of the Conference of Ministers responsible for Higher Education in Berlin on 19 September 2003. www.eua.be/…/OFFDOC_ BP_ Berlin_ communique_ final. 1066741468366. pdf2008-10-24.

② European Association for Quality Assurance in Higher Education. *Standard and Guidelines of Quality Assurance in European Higher Education Area*, Helsinki, Finland 2005. www.enqa.eu/files/BergenReport210205. pdf2008-10-24.

区内对高等教育机构内学生所提供的教育；帮助高等教育机构经营并提高它们的质量，因此有助于证实它们机构的自治"①。外部质量保障的根本目标也是希望通过考察高等教育机构及其提供的课程是否符合国家学术标准、为该机构的课程建设提供多样化信息、保障高等教育的用人单位及投资者的利益，改进高等教育质量，促进高等教育机构自治和内部质量保障的发展，即鼓励高等教育机构创建内部质量文化。

其实，高等教育质量保障的最终落脚点应该是高等教育机构，正如《柏林公告》中所说："对于质量，其首要责任在于高等教育机构。"②《欧洲高等教育区质量保障标准与指南》从质量文化的生成及如何发挥作用、课程考核机制、学生评价机制、师资质量保障机制、充裕的学习资源与合适的学生援助、有效的信息管理制度和公共信息制度七个方面为高等教育机构提供了建设内部质量保障体系的参考框架。外部质量保障体系是内部质量保障体系建立的前提与基础。因此，《欧洲高等教育区质量保障标准与指南》提出了构建外部质量保障体系的框架，例如公开公正的质量保障程序与目标、公开连贯的决策准则、具体而又合适的保障程序、清晰易读的评估报告、连贯的跟踪程序和定期的阶段性评估等。这些标准和相应指导措施有助于外部质量保障体系发挥其功能。对外而言，外部质量保障可以促进高等教育制度的透明性与有效性，引导高等教育各个利益相关者关注高等教育机构，更好地发挥监督和评价作用，同时激发不同机构之间的竞争，构成高等教育质量提高的外部压力；对内（高等教育机构）而言，外部质量保障可以使"质量"生成者明确自身的优势与不足，客观地审视自己的工作状态和行为效益，改进工作，从而转化为提高高等教育质量的内部动力。

罗马帝国元老院议员尤文图斯（Juventus）曾提出一个古老的问题："谁来监督监督者？"③《欧洲高等教育区质量保障标准与指南》中对外

---

① European Association for Quality Assurance in Higher Education. *Standard and Guidelines of Quality Assurance in European Higher Education Area*, Helsinki, Finland 2005. www.enqa.eu/files/BergenReport210205.pdf2008 – 10 – 24.

② "Realising the European Higher Education Area", Communiqué of the Conference of Ministers responsible for Higher Education in Berlin on 19 September 2003. www.eua.be/…/OFFDOC_ BP_ Berlin_ communique_ final.1066741468366.pdf2008 – 10 – 24.

③ 全球大学创新联盟编：《2007 年世界高等教育报告：高等教育的质量保证》，汪利兵、阙阅译，浙江大学出版社 2009 年版，第 81 页。

部质量保障机构标准的确定就是规范监督监督者的过程。外部质量保障机构建立与运转标准直接影响外部质量保障的可信度、专业性。因此，《欧洲高等教育区质量保障标准与指南》从官方地位、定期对课程和机构的考核、充裕的人力与物质资源、明确的目标与使命、自主与独立性、公开透明的外部质量保障准则与程序、责任审查程序等八个方面确保外部质量保障机构的专业性、权威性与可信性。

四 公正、透明、灵活、高效的评估原则

为了保证评估过程的透明性与适切性，评估标准的明确性、可行性与连贯性，评估结果的公正性与可靠性，高等教育与研究评估署理事会的《评估章程》①（*Charte d'évaluation*）规定了评估的基本原则，涉及高等教育与研究评估署的所有员工和所有活动，这是高等教育与研究评估署改进其评估活动的行为指南。

（一）客观公正

高等教育与研究评估署是其评估报告的唯一负责者，为了确保评估程序和评估结果的可靠性，高等教育与研究评估署实施持久的自评措施和持续的改善方案。首先，高等教育与研究评估署规划并开展不受任何影响的独立评估。高等教育与研究评估署独立的行政地位和法案所授予的权限使其有能力解决高等教育和研究相关的问题，决定其评估的选择权。其次，高等教育与研究评估署指定专家和选择专家的标准以及其姓名和履历都要公开发布，确保评估的专业性与公信度。最后，高等教育与研究评估署在其评估程序和方法论上遵循领导成员权力相等原则、评估者与被评估者之间利益相近和冲突缺失原则，被评机构与高等教育与研究评估署之间可以互相咨询沟通情况，包括现实的或潜在的，以避免影响鉴定的客观性。最重要的是，高等教育与研究评估署为了保持其评估判断的公正性，制定了职业道德管理章程，② 实施严格的职业道德管理，以应付评估者与被评估者之间利益的相近性或冲突。在其评估中包

---

① AERES. *Le rapport d'activité 2007 de l'AERES*, http://www.aeres-evaluation.fr/IMG/pdf/AERES-Rapportactivite2007.pdf2008-10-24.

② AERES. *Règles déontologiques – conflits ou proximité d'intérêts entre évaluateurs et évalués*. Le rapport d'activité 2007 de l'AERES, http://www.aeres-evaluation.fr/IMG/pdf/AERES-Rapport-activite2007.pdf2008-12-24.

括诉讼主题的报告，以避免利益的冲突或复杂性。

(二) 公开透明

公开透明是高等教育与研究评估署实现公正客观评估的必然要求。从根本上说，高等教育与研究评估署无论对于政府还是高等教育与研究机构以及社会各界人士而言，都是一个公共服务性机构。"服务"的特征要求高等教育与研究评估署必须将评估标准与评估结果公开。对于高等教育机构来说，评估标准的公开便于开展自评和质量文化建设，这些评估标准构成了合理性改革与发展的框架。评估结果的公开有利于提高政府和公众对高等教育的关注，促使其改进不足，对其卓越之处给予鼓励，使其赢得更多的资金与支持；对于政府而言，质量评估标准体现了国家战略与高等教育机构战略的统一结合，评估结果及高等教育与研究评估署的建议有利于政府了解高等教育机构实际情况，以便作出正确合理的决策，以提高高等教育机构的效益与绩效；对于社会而言，评估的公开透明性原则体现了民众对高等教育的知情权与议论权，提高了他们对高等教育与研究质量的关注。舆论力量也是推动高等教育质量发展的重要动力之一。此外，公开透明原则也是高等教育与研究评估署提高评估公信度的重要手段。公开透明的评估是促进法国高等教育与科研国际化、质量评估国际化的重要措施。具体而言，高等教育与研究评估署网站上开辟的"机构介绍"、"评估报告"等一级栏目和"学士"、"硕士"和"博士"评估指南、"评估宪章"、"专家手册"、"专家委员会机构介绍"等二级栏目以及定期更新的人文社会科学期刊目录及其分类表等，充分体现了高等教育与研究评估署公开透明的评估原则与服务宗旨。

(三) 灵活机动

高等教育与研究评估署实施评估应该以确认高等教育与研究机构所开展的教学、研究及其行政管理的质量、促进其效益提高为宗旨。评估专家和评估讨论的广泛性以及教育与科研活动的多样性、复杂性决定了高等教育与研究评估署评估方法的多元性与灵活性，高等教育与研究评估署要根据被评估组织或机构的性质、使命以及学科范围的多样性和广泛性，遵循评估目标与方法的适应性原则，注重全面又兼顾差异的特征。这种灵活性是提高高等教育与研究评估署评估方法切合性的必然要求。灵活性首先包括尊重原则与对话原则。高等教育与研究评估署尊重参与评估的人员，尊重对话者以及评估机构的自治和特异性，重视被评估机构或组织自己开展的分析与自评措施。此外，关于高等教育与研究评估署在其职责范围内所获得的信息，负责评估的人应遵循机密性原则，负有保密的义务。这种"尊重"体现了高等教育与研究评估署除了监管、调控等评估之外的"形成性"发展功能，还具有教育上的价值。

（四）追求高效

在评估内容选择方面，高等教育与研究评估署注重评估程序整体的连贯性和评估对象的绩效，尤其重视研究、教学课程与当地、国家和国际环境之间的联系以及满足社会经济需求的情况，如科研成果成功的转化、发表科研成果的数量与质量、发放的博士学位的数量等。周期性评估原则使高等教育与研究评估署成为机构、决策者和使用者的信息工具，被评估机构和组织能够定期得到高等教育与研究评估署的建议，了解其他组织和机构的相关情况，按规律安排机构政策的发展，政府按照高等教育与研究评估署的评估结果与高等教育与研究机构签署合同，划拨经费，评估结果的利用率提高了。此外，高等教育与研究评估署注重评估效率，避免烦琐的程序，尤其是当按照国家法律规定，出现其他类型的评估时，高等教育与研究评估署尽量避免重复评估。

上述原则符合欧洲高等教育区质量保障的要求，高等教育与研究评估署作为欧洲高等教育质量保障协会的成员，这些措施使其于2009年得到欧洲权威机构的普遍认可。

五 新评估机制取得的成绩与面临的困境

（一）高等教育与研究评估署取得的成绩

从2007年3月投入运行，高等教育与研究评估署在两年多的时间内调整了必要的评估措施，根据法国高等教育与研究机构改革以及大学"合同制"改革的需要，独立地安排评估日程。加强自身内部质量保障（即元评估）是高等教育与研究评估署要实现的主要目标，进入2008年后，法国高等教育与研究评估署开始抽出必要的人力和物力资源，用以保障评估机构的内部质量，使高等教育与研究评估署能够赢得欧洲的认可，并于2009年成为欧洲评估和鉴定机构的一员。

总之,"对于一个新生机构来说,高等教育与研究评估署活动的结果是值得肯定的"①。

1. 高等教育与研究评估署实施的评估使法国政府对高等教育的管理变得透明、合理、公正。高等教育与研究评估署建立后,构成了高等教育与研究机构内部评估和教育部决策之间的中介环节。高等教育与研究评估署通过评估,配合大学四年合同和政府的财政资助制度,为"大学—国家发展合同"的协商提供信息与建议,其建议对教育部长决定是否授予权力和资源分配发挥决定性作用。例如在资格授予或教学认证程序方面,法国政府以高等教育与研究评估署的评估结果为基础进行认证,在此意义上讲,评估是一个澄清的过程。无论对高等教育机构还是教育部来说,其评估和建议是通过报告对外公开,因此它提供了以前所缺失的透明性。高等教育与研究评估署采用与欧洲接轨的评估标准,开始注重量化标准和绩效评估,促进了法国高等教育管理变革与国际化进程。高等教育与研究评估署通过评估推动资金拨款,通过报告对大学自治和经济自主产生了重要影响,这点与英国高等教育评估制度类似。

2. 高等教育与研究评估署评估注重其专业性、公正性和透明性,已经形成了一个适合于各种高等机构评估任务的专家人才库,根据同行评估的基本原则,努力构建多种标准的高等教育机构排名,为具有不同需求的高等教育利益相关者提供多样的、全面的信息。总之,高等教育与研究评估署在对政府提供决策建议、对社会和高等教育与研究相关者提供信息、促进高等教育与研究机构改革与提高质量等方面均发挥了较大作用。

3. 对于高等教育机构而言,高等教育与研究评估署引导大学决定其内部评估准则,赋予大学在财政管理方面更多的责任和自主权,"高等教育与研究评估署的评估措施从根本上推动大学实施真正的自治,平等地直面国家的监督与管理"②。并且,通过评估,高等教育和研究机构能够合法地争取自己的权利。

---

① Claudia Gelleni. *L'évaluation et l'accréditation de l'enseignement supérieur Evolutions récentes en France*, Mai 2008. http://www.cimea.it/servlets/resources?contentId=66479&resourceName=Inserisci%20allegato2008-12-15.

② Ibid..

(二) 高等教育与研究评估署面临的困境

法国高等教育与研究评估署作为一个新生机构，也存在诸多缺陷。在实施评估改革过程中，高等教育与研究评估署遭到一些大学教师或研究者的责难和质疑，面临以下难题：

1. 评估逻辑与学术自由传统之间的矛盾。缺少教师—研究者的评估是法国以往评估制度的不足，给予教师—研究者自由从事教学与研究的空间，有利于一些重大的、耗费时间长的基础性研究的发展，但同时也导致法国部分教师—研究者因缺乏压力与竞争而自由散漫、研究成果不显著的现象。2009年1月22日，萨科齐在爱丽舍宫召开的大学校长委员会上指出，"在一些专业领域，法国的研究者发表的论文与英国研究者用同样的经费，但科研成果却少30%—50%，希望大家能看到这一点"。这话表明了法国政府对教师—研究者的极大不满和坚持改革、尤其是改变科研和改变教师—研究者身份的决心。因此，对教师—研究者的教学与研究成果进行评估成为"高等教育与研究评估署"的一项新内容。然而，一些大学教师或者教师—研究者拒绝接受评估；有一些大学教师—研究者认为评估是一种监控，尤其是这次将对教师—研究者进行评估写进法律条款，他们需要填写大量表格汇报自己的教学与研究情况，这种教学与科研评估违背了学术自由的原则，因此，引起他们的强烈不满与抗议；法国国家大学理事会常任协议会（CP—CUN）认为，"在中期或者短期时间内，法国研究领域的未来走向将是基础研究与应用研究并重的。高等教育与研究评估署的构成部分代表了私人利益，虽然有助于国家的新经济政策，但是将冒着削弱基础研究的危险，从而减少国家的投入与责任。……高等教育与研究评估署的评估原则使评估制度化，加强了政治控制，将有取消法国研究制度、剥夺研究者和教师—研究者参与评估的危险。事实上，这意味着同行评估的结束。"[①] 这种指责是有道理的，代表了法国长期以来占据主导地位的"学科逻辑"和"学者共和国"保守、稳健的观点。鉴于法国在基础研究领域的优势以及基础研究在国家发展中的重要地位，国家评估在鼓励应用研究的

---

① Conférence permanente du Conseil National des Universités. *Déclaration de la CP – CNU sur l'AERES*, 28 *novembre* 2006. disponible sur le site de l'Université Paris – Diderot. http：//dept - info. labri. fr/ ~ sopena/LETTRE – EDMI/LETTRE – 4/D% C3% A9claration% 20 _ AERES _ CA _ CP – CNU. pdf2009 – 02 – 16.

同时，必须考虑基础研究的特点，应给予特殊的对待，"表格教授"和纯粹的经济利益是不符合大学科研宗旨与特征的。然而，在当今高等教育国际化和市场化的背景下，完全严格地遵守行会主义的评估是不现实的。如何实现评估逻辑与学术自由逻辑之间的统一、行政本位与学术本位的均衡是高等教育与研究评估署发展中面对的重大挑战，也是决定其真正发挥评估功能的瓶颈。

2. 定性与定量标准的矛盾。一些学者认为高等教育与研究评估署的评估过多地采用定量指标，使"整个评估制度将又一次冒与现实制度相脱节和被抛弃的危险"[1]。例如，专家让·荷内（Jean - René Brunetière）在他的文章《LOLF 的指标：一次民主主义争论的机会？》[2]中指出，如果这些指标不适合但却给予过度的重视，那么这将意味着导致违反常理的后果。它们尤其冒着转化为不利于整体规划的"特有目标"的危险。[3] 高等教育与研究评估署的评估使命及其价值也引起了很多政治争论，学者玛丽安娜（AUBRY - LECOMTE Marianne）认为，"评估的使命既不能代替管理性的监督，也不能与审计查账的实践相混合。评估的特殊性在于它不应该满足于测量结果和目标之间的距离，而应该对政策的贴切性进行价值判断"[4]。这代表了学者们的心声。其实，质量是一个相对的、复杂的、多维度的概念，不管是定性标准还是定量评估，其评估结果都是相对的一个标志而已。评估标准的选择的确直接影响最后的评估结果，对高等教育与研究机构而言起着导向作用，因此高等教育与研究机构要避免过多关注结果，更应该从评估标准和评估结果中寻找发展的动力。而对于高等教育与研究评估署等评估机构来说，评估不仅是服务国家的强有力的监督与合理化改革的工具，还应成为高

---

[1] Aubry - Lecomte Marianne. "L'évaluation des politiques universitaires en France: origines et évolutions", Paris, mars 2008, téléchargé du site de l'Observatoire européen des politiques universitaires: http://oepu.paris - sorbonne.fr/2008 - 11 - 10.

[2] Jean - René Brunetière. "Les indicateurs de la LOLF: une occasion de débat démocratique ?" Revue françaises d'administration publique, n°117, 2006, pp. 95 - 112.

[3] Bernard Perret. "De l'échec de la rationalisation des choix budgétaire à la loi organique relative aux lois de finances", Revue françaises d'administration publique, n°117, 2006, p. 40.

[4] Aubry - Lecomte Marianne. "L'évaluation des politiques universitaires en France: origines et évolutions". Paris, mars 2008, téléchargé du site de l'Observatoire européen des politiques universitaires: http://oepu.paris - sorbonne.fr/2008 - 11 - 10.

第四章 绩效改革 追求卓越：法国高等教育质量保障体系的重构

等教育机构自身发展的需要。尤其对于处于重大转型期的高等教育机构而言，其评估既不应该是惩戒性的，也不应该为了获得额外的资源，而是为高等教育与研究机构的顺利变革提供合理的指导框架，为学术水平的提高提供保障。

在经济全球化和高等教育国际化快速发展的背景下，任何国家的高等教育都要经受国际高等教育市场的考验，并且高等教育的国际影响力也直接决定了国家的经济实力及其在国际上的竞争力。萨科齐就任总统后，针对国内外金融、就业和房地产三大市场危机以及国内低迷的经济局势，萨科齐政府以"求变"和"发展"为核心，在对法国高等教育传统进行反思的基础上开展了法国大学自主与责任改革，以自主、责任、绩效为核心进行改革，使法国大学获得了25年来（自萨瓦里改革）一直诉求的自主。法国大学财政、人事和不动产方面的自主权为提高法国大学教育和科研质量提供了物质和师资等多方面的保障。并且，以"绩效"为核心的目标文化和结果文化的引入激发了高等教育系统内部所有人员的责任意识，这是构建质量文化和内部质量保障体系发展的关键。

为提高法国科研在国际上的竞争力与能见度，法国政府一方面建立新的评估机制，对教学和科研进行统一绩效评估，一方面改革教师—研究者的身份地位，引入绩效和竞争机制，提高法国大学科研效益。与此同时，法国政府还通过高等教育布局改革，将同一地区或相近地区的各类高等教育机构和科研机构联合在一起建立高等教育与研究集群，通过高等教育集中化促进法国高等教育资源优化整合，实现规模效益，通过优势资源整合提高法国高等教育科研的国际能见度与竞争力。

为促进学生就业，在这一阶段法国还实行了"学士助成"规划，建立了信息指导和专业咨询制度，改革教学模式和课程设置，实现了高等教育与高中、职业界的对接，强化了高等教育的职业性，促进了学生就业。此外，政府加大资金和物力投入，健全学生资助体系，创建国际化大学校园，提高法国大学的吸引力。总之，这个阶段是法国高等教育质量保障体系实现进一步发展和完善的重要时期，其改革发展路径如图31所示。

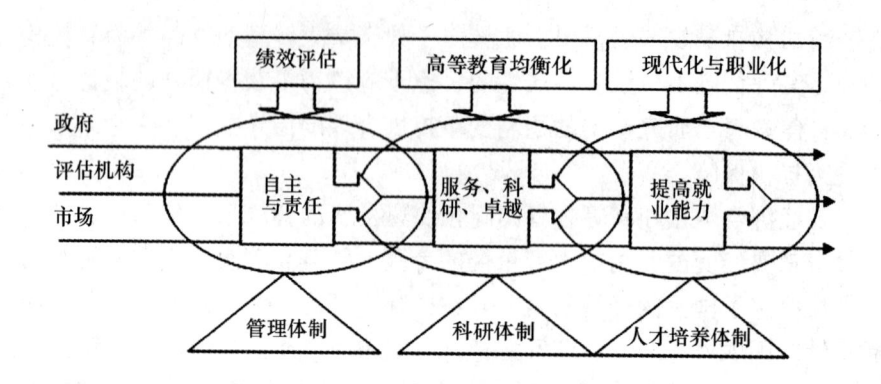

图31 法国高等教育质量保障体系的重构（2006年至今）

结　　论

从 20 世纪 80 年代至今，在政府推动下，法国高等教育质量保障体系从确立、发展到再次重构，已经走过了将近 30 个春秋。法国政府在拿破仑帝国大学改革以来形成的高等教育集权型管理体制的基础上，通过不断调整与高等教育之间的关系，实施了评估机制、经费投入体制、人才培养体制的改革，激发了法国高等教育的内部活力，提高了其国际吸引力与竞争力，从而逐渐形成了一条有效的、富于法国特色的高等教育质量保障体系发展路径。回顾法国高等教育质量保障体系的发展历史，分析法国政府主导高等教育质量保障的优势与不足并总结其经验，将有助于我们更加深入、全面地认识法国高等教育质量保障体系发展的历史进程。

第一节　法国高等教育质量保障体系发展历史回顾

法国高等教育质量保障体系发展的路径是在政府推动下形成的。政府下放高等教育管理权和促进大学自主能力的增长成为法国高等教育质量保障体系发展中的主线。政府在进行高等教育管理体制改革的基础上，创建并实施了与之配套的评估机制、经费投入体制和人才培养体制改革，促进了法国大学从精英高等教育向大众化高等教育的真正转变。法国政府在不断健全高等教育外部质量保障体系的基础上，推动高等教育机构在获得自主权的同时，逐渐担负起对社会、对国家应尽的责任，建立起内部质量保障体系。在这个系统的、持续的、不断走向深入的发展过程中，从高等教育质量保障主体、保障目的、保障对象、保障活动及其实施层面等方面看，法国高等教育质量保障体系经历了以下三个阶段：

第一阶段（20世纪80年代至1997年）法国高等教育质量保障体系的形成是以政府通过放权激发大学内部活力为开端的。进入20世纪80年代，法国自60年代以来高等教育大众化所引发的高等教育与社会不适应的状况更加突出。筹集更多的经费、建设大量的校舍和实验室、改善并扩充师资队伍以及为学生提供多样化的教育和专业指导成为法国高等教育应对大众化必须面对的挑战。加之社会民主化、现代化的需求和法国大学第一、二阶段的教育质量问题，法国政府已无力独自承担如此沉重的压力。在国际、国内政府权力下放运动的背景下，法国政府通过大学"合同制"改革调整了高等教育管理体制，改变了以前集权型的、自上而下的管理方式，创建了国家与大学之间平等对话的合作关系，促进了大学自治和内部质量保障体系的形成。同时，法国政府创建了以"国家评估委员会"为主体的评估机制，通过评估的杠杆对大学教育质量进行调控和监督，同时也进一步促进了大学自治及大学与外界的沟通，并开始考虑满足所有高等教育利益相关者对高等教育质量的要求。在大学"合同制"基础上，法国政府启动了"U2000规划"，推动大学与社会接触，通过高等教育地方化招生实现了高等教育数量与质量的均衡发展，促进了教育公平。并且大学在为地方服务过程中获得经济和物质支持，建立了以政府为主导的多元化经费投入体制。此外，法国政府还通过灵活多样的招生方式与教育机构的分化来满足社会对多样化人才的需求。至此，法国高等教育评估确立了以政府为主导的高等教育外部质量保障体系，大学"合同制"、质量评估的实施促使法国高等教育机构开始创建内部质量保障体系，并且为社会力量参与高等教育质量保障奠定了基础。

因此，这一阶段法国政府确立高等教育质量保障体系的过程呈现出五个显著特征：一是以《萨瓦里法案》为法律依据，确保一切质量保障活动有法可依；二是高度强调高等教育与经济、市场的联系，促进高等教育的社会服务功能；三是政府实施权力下放，推动高等教育机构实现自治管理，建立内部质量保障体系；四是高等教育中的现代化取向和就业取向越来越明显，职业培训和终身教育逐渐兴起，并且开始出现了教育信息化；五是以促进法国高等教育与社会适应、接纳大量的学生并为之提供多样化教育成为这一阶段高等教育质量保障的重要内容，实现了从大学自治到高等教育公平与质量的统一。

结 论

第二阶段（1998—2005）法国政府通过高等教育国际化来消除法国高等教育制度上的弊端，刺激了法国高等教育与国际接轨，引领了法国高等教育质量保障体系的发展，从而促进了社会公正与学生成功就业。法国在博隆尼亚进程创建欧洲高等教育区的背景下，通过"358"学位制度改革建立了与欧洲相适应的高等教育学位制度，援引欧洲人才标准改进本国人才培养体制。该项改革一定程度上解决了法国高等教育双轨制所引发的问题，促进了法国高等教育体系内部多样性教育机构之间的互相融通，为学生提供了接受符合自身特征及需求的多样化教育，有利于社会公平和学生就业。此外，法国政府还推出了"U3M规划"，通过加强大学与市场的联系，促进科技创新，提高法国高等教育科研的国际竞争力；同时，法国政府通过加大实验室等硬件设施建设，改善大学教师和学生的工作、生活条件等，进一步提高了法国高等教育质量，增强了国际吸引力。这一时期，法国高等教育质量评估机制出现了与"合同制"、"358"学位制度改革相配套的方法论的改变，发布了《高等教育评估指南》，为法国高等教育机构提供了内部评估的参考框架，促使法国高等教育内部质量保障体系进一步完善。国家评估委员会还积极参与了《欧洲高等教育区质量保障标准与指南》的制定。这一阶段在坚持政府主导地位的基础上，法国高等教育机构和市场在高等教育质量保障中的作用得到加强。法国形成了高等教育机构、国家和国际三个层面上的质量保障体系，共同培养大学生的社会适应性与国际流动性以促进大学生就业。法国高等教育质量保障体系在这一阶段得到了较大发展与完善。

第三阶段（2006年至今）法国政府通过高等教育绩效改革在高等教育内部引入了市场竞争机制，改革法国以往的高等教育管理体制、人才培养体制和评估机制，以绩效、公平和卓越为导向，推动法国高等教育质量保障体系进一步改进与重构。2006年，法国政府通过了《财政预算法》，标志着新公共管理思想和治理理念在法国高等教育中的应用。萨科齐政府通过以大学自主与责任为核心的内部管理体制改革，建立了政府与高等教育机构之间新的关系，市场和高等教育机构在高等教育质量保障中的作用进一步加强，质量保障在院校、地区、国家和国际四个层面上进行。除了教学和人才培养成为持续的保障内容之外，高等教育的科研质量和市场竞争力成为质量保障的重要内容，质量改进与国际比较成为质量保障的重要目的。高等教育与研究集群的创建极大地提高了法国高等教育的国际竞争力与能见度,新评估机构——高等教育与研究评估署的创建与实施,进一步促进了政府与高校双边的自主与责任,通过绩效评估,强调了目标文化建设。加之此阶段以促进学生成功就业为核心的人才培养模式改革,法国形成了系统、连贯的高等教育质量保障体系。

法国高等教育质量保障经过上述三个阶段的发展,政府通过放权和改进管理措施,基本上消除了影响法国高等教育质量的制度弊端,取得了较大的成就。例如,缓解了大学自治与中央集权型管理体制的冲突,促进了大学有效适应社会;为消除法国高等教育体系内普遍存在的割裂——综合大学与专业类精英大学校的割裂、教学与科研活动分离、中学与大学改革缺乏一致性,建立了一个连贯、统一、齐整的高等教育体系;建立了来自国家之外的、多元化的经费投入体制,解决了大学经费紧张的难题;确立了以"平等"、"自由"和"民主"为价值向度、兼顾公平与效益的高等教育质量保障体系。具体如图32所示:

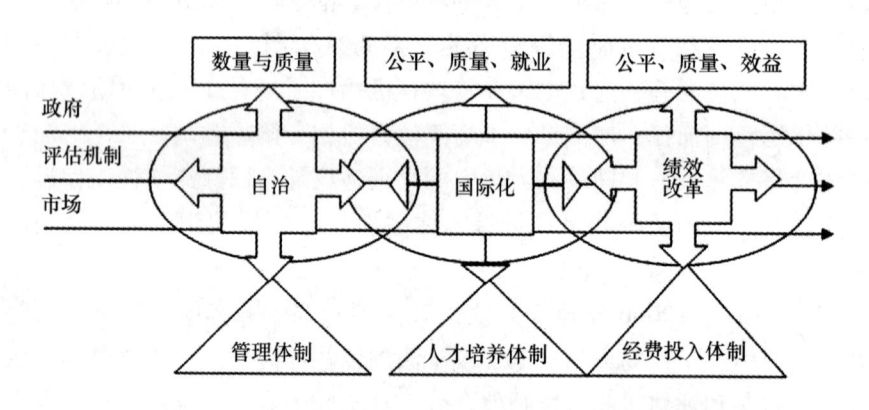

图 32 法国高等教育质量保障体系发展历史(20 世纪 80 年代至今)

第二节 法国政府主导高等教育质量保障体系的利弊分析

自拿破仑第一帝国开始,法国高等教育一直实行中央集权型管理体

结　论

制，政府在高等教育质量保障体系的发展中居于主导地位。学界认为，"质量的定义本身是个政治问题"[①]。法国政府集权型管理在高等教育质量保障体系中体现出更多的政治性与官僚性色彩，具有与欧美其他国家高等教育质量保障不同的特征。政府占主导地位的这种"国家和大学之间的互动关系是有民族基础的"[②]，符合法国政治、文化和教育传统，因而在高等教育质量保障体系中起到较大的作用，当然也不可避免存在一定的缺陷。具体而言，其利弊主要表现为以下几个方面：

一　经济的维度

从经济上看，法国政府在高等教育经费投入中占据主导地位，这有利于政府通过经费资助和经济激励政策引导高等教育机构为国家优先发展战略服务，即集中力量办大事，从而确保高等教育为国家发展服务。与社会资助占主导地位的高等教育质量保障体系相比，政府在高等教育经费投入中占据主导地位，具有以下优势：一是稳定性。政府为高等教育机构提供稳定的经费来源是确保高等教育教学与科研质量的重要的物质与经济保障；二是公益性。从投入与产出需求看，政府资助高等教育虽然也不可避免带有功利色彩，但相对于市场而言，政府资助有助于确保高等教育的公益性，更着眼于高等教育的长远利益，避免市场资助所带来的短期经济效益。也正是因为法国政府稳定的经济资助，法国高等教育在耗时长、投资大的基础研究方面长期位居世界发展前列；三是学术性。从拿破仑帝国大学改革开始，法国实行高度中央集权型的高等教育管理体制，统一、平等地为大学划拨经费，避免了大学之间为了争夺经费和资源而彼此恶性斗争。大学教师—研究者能够以较为平和的心态从事教学和研究，保持了法国大学追求知识的价值向度。

然而，与高等教育质量保障体系中市场资助占主导地位的国家相比，法国高等教育经济资助中政府占主导的方式缺乏市场资助的灵活性，致使法国大学缺乏对外界社会的"足够敏感"和"适切性"，难以和它们周围的社会"和谐共存"。在英国高等教育专家阿什比（Eric Ashby）看来，

---

① 全球大学创新联盟编：《2007年世界高等教育报告：高等教育的质量保证》，汪利兵、阚阅译，浙江大学出版社2009年版，第13页。
② [英]玛丽·亨克尔、布瑞达·里特主编：《国家、高等教育与市场》，谷贤林等译，朱旭东校，教育科学出版社2005年版，第34页。

这样的大学就很难获得自治。① 法国大学缺乏自治和与社会适切性成为影响法国高等教育质量的重要制度性根源。从法国高等教育质量保障体系发展历史可以看出，大学"合同制"改革、"U2000规划"、"U3M规划"和《大学自主与责任法案》改革均是政府促进大学自治、与社会相适应的努力结果。另外，法国政府平等的经济资助方式导致法国大学教师—研究者缺乏竞争意识，科研成果转化慢、效益低，从而致使法国在科技创新和应用研究方面逐渐走弱，降低了法国高等教育的国际竞争力。

鉴于高等教育所面对的复杂多样的环境，政府决策机制容易出现失灵的状况。比如，政府很难天然地、准确地制定出符合绝大多数人意愿的教育目标。尤其是在缺少市场调节和监督机制的情况下，高等教育容易沦为一部分人的特殊利益，从而造成了巨大的人力浪费与教育资源浪费。而且行政力量往往由于缺乏个人经济利益驱动，缺乏内在动力和外在压力，在实施过程中容易呈现低效性，从而导致现实中政府决策效果的误差和滞后，而市场机制可以弥补上述四点政府机制失灵的状况。因此，法国政府不断改革高等教育机构的科研体制，建立科研与企业之间的广泛联系，对教师—研究者实行绩效评估。引入市场竞争机制，进行经费投入体制改革成为法国政府保障高等教育质量、提高法国高等教育国际竞争力的重要措施，这也是与法国高等教育管理体制改革相伴而行的。

二 政治的视角

从政治的视角看，法国政府主导高等教育质量保障体现了国家意志，具有较高的权威性和公信力，尤其在统筹、协调全国分散的各个科研或者教学单位方面，政府的作用是不容低估的。正如世界银行所言，"政府对一国经济和社会发展以及这种发展能否持续下去有举足轻重的作用。在追求集体目标上，政府对变革的影响、推动和调节方面的潜力是无可比拟的"②。法国政府在高等教育质量保障体系中占据主导地位

---

① Eric Ashby. *Universities: British, Indian, African; A Study in the Ecology of Higher Education*. London: The Weldenfeld and Nicolson Press, 1966, p. 5.

② 世界银行：《1997年世界发展报告：变革世界中的政府》，中国财政经济出版社1997年版，第155页。

结　论

有其历史根源，同时也是出于现实管理的需求。自中世纪巴黎大学创建以来到20世纪初期，法国政府在与教会的博弈中确立了国家在高等教育中的统领地位，并且通过国家的"统一"、"集权"管理方式满足民众对"平等"和"民主"的诉求，"自从米什莱以来，历史学家就明确地把国家看作为精神统一单位，这统一化的工作给予了学校和行政工作的集中化同样重大的意义"①。用费里的话说，学校成为共和国"坚强的铜柱"。集权和统一被视为政府对于教会的一大胜利，"条件的统一化，既是一项政策计划的结果，也是文明运动的结果"②。宗教势力、政府和市场力量争相干预高等教育质量保障，这些势力共同的特点是都需要有知识、懂技术的劳动力来维护他们的利益。高等教育质量成为决定高等教育国际化水平、彰显国家综合实力的重要因素，高等教育质量保障必然成为政府关注的中心。2005年发布的《欧洲高等教育区质量保障标准与指南》进一步将高等教育外部质量保障体系作为博隆尼亚进程的优先发展重点。

　　从管理方式上看，法国政府的中央集权型管理体制通过体现国家意志的政策和法令的形式统一推行，便于国家统一管理。从其政策形成的程序上看，这种集权是建立在民主、参与和协商基础之上的，是一种受监督的、协商式民主制，符合大多数民众利益，具有积极意义。然而，有时候这些协商也会变成无谓的争吵，常常因为彼此僵持不下而导致改革无法进行。尤其是法国政权更迭频繁，几乎每任教育部长上台都会颁布新的改革法令，一旦贯彻不下去，就会束之高阁，由此导致极大的人力浪费。总之，国家意志的实施成本很高，一旦决策失误或者得不到普遍认同，则负面效应很大。加之，法国是多党派国家，分成左翼、右翼两大阵营，20世纪80年代时左翼社会党执政、"左右共治"保持了相对和平的局面，左右两翼暂时停止了他们的意识形态之战与信仰之战，密特朗政府继续遵循前任总统瓦莱里·古斯卡尔·德斯坦提出的"要变革但不要冒险"③的主张，将协商原则视为"一切管理、甚至是一切集

---

　　① ［法］安东尼·德·巴克、弗朗索瓦丝·梅洛尼奥：《法国文化史》（卷三），朱静、许光华译，李棣华校，华东师范大学出版社2006年版，第295页。
　　② 同上书，第290页。
　　③ ［法］米歇尔·克罗齐耶：《法令不能改变社会》，张月译，上海人民出版社2007年版，法文版序第16页。

体行动的基础"①，彼此进行对话，展开论战，积极沟通，进行合作。在上述政治背景下，法国大学合同制改革取得了成功。2007年萨科齐上任后出台的《大学自主与责任法案》引起了法国大规模的学生、教师罢课运动，这是继1968年"五月风暴"以来法国爆发的最大规模的学生运动。这场"全面的、无限期、可持续"的罢课运动实际上并不仅仅是教育问题，而是一些反对现政府的政党利用金融危机挑动一些不明真相的大学生或对自己利益担心的教师而进行的政治运动。但这次罢课极大影响了法国高等教育的国际声誉，尤其是综合大学的国内和国际生源严重流失。留学生在这一学期几乎没有上课，使他们对法国大学产生了怀疑，一些国际合作项目也因此受到影响。部分大学教师也利用罢课停止教学，严重影响了教育质量，导致法国大学在国内和国外陷入双重信任危机。萨科齐主导的这次改革正确与否姑且不论，但法国复杂的政党、政治关系决定了法国高等教育质量保障体系的复杂性，如同法国作家和电影导演迈克·奥迪亚（Pierre Michel Audiard，1920—1985）所言，"左翼首席执行官和飞鱼的确都是存在的，但是他/它们都不能代表其所属的种群"②。

为此，在高等教育质量保障过程中，政府不仅需要具有坚强的意志，还需要妥善处理与其他政党以及学术权力之间的关系，避免党派分裂与纷争。例如，针对20世纪90年代末法国高等教育双轨制所引起的质量和国际化问题，法国政府借助于博隆尼亚进程建设欧洲高等教育区的时机开展了"358"学位制度改革，建立了大学与大学校之间互相融通的框架，避免了国内的冲突。诚如法国组织社会学之父米歇尔·克罗齐耶所言："改革是一项艰难的社会工程，需要社会各方的努力与合作，不能仅凭执政党与政府武断地构想出一套计划，强行颁布一系列的法令来实施，如此的做法注定不会成功。"③法国高等教育质量保障体系的确立与发展过程是法国政府与高等教育机构进行的

---

① ［法］米歇尔·克罗齐耶：《法令不能改变社会》，张月译，上海人民出版社2007年版，法文版序第10页。
② 全球大学创新联盟编：《2007年世界高等教育报告：高等教育的质量保证》，汪利兵、阚阅译，浙江大学出版社2009年版，第81页。
③ ［法］米歇尔·克罗齐耶：《法令不能改变社会》，张月译，上海人民出版社2007年版，译者序第2页。

一个全方位的、持久的改革。质量保障是必要的，但如何实施保障才是最重要的。

三 社会公平的视角

法国政府在高等教育质量保障体系中的主导地位有利于通过教育公平促进社会公正。法国大革命使自由、平等、博爱成为深入法兰西民族精神的象征，以此为宗旨，法国中央集权型教育管理体制、全国统一的高中会考制度以及所有持有高中会考文凭的学生均可免费进入大学学习等政策，都体现了人人平等和社会公正的原则。在坚持政治民主的基础上，为追求高等教育质量，法国实行严格的"宽进严出"的考核制度，结果导致大量学生学业失败。加之大学投入不足以及人力、物力等教育资源的浪费，造成法国大学质量不佳的印象，这些都成为法国高等教育质量保障体系运行中的重要内容。虽然这种改革的成本较大，但其体现了法国崇尚自由、平等和以人为本的精神。

教育公平不应该以牺牲教育质量为代价。教育公平是在尊重受教育者权利平等的基础上有所差异地为每个人提供适合的教育，发挥每个人最大的潜能与优势。法国高等教育质量应该体现民主、公正、平等、自由等具有法兰西共和国精神的核心价值。政府保障高等教育质量的过程建立在有利于社会公平的基础上。"消除或至少是减少社会不平等和种族歧视是大学社会责任的重要组成部分，这既是一种道德原则，也是促进人类发展的一种策略。精英主义不仅严重违反道德伦理、社会公正和深化民主的要求，也会导致教育质量的低下和人才的埋没。"[1] 为促进法国高等教育从精英教育质量观向大众化教育质量观转变，法国政府在高等教育质量保障体系确立阶段通过多样化的招生方式、高等教育地方化以及教育机构分化等措施满足公众接受高等教育的需求。为进一步促进每个学生的学业成功，《阿达里报告》指出："应该增加个人成长道路的多样性，取消死胡同，使到达同一个学习水平的道路多样化。"[2] 所谓成功，并非指"所有的学生都达到同一个学术水平，而是帮助每

---

[1] 全球大学创新联盟编：《2007年世界高等教育报告：高等教育的质量保证》，汪利兵、阚阅译，浙江大学出版社2009年版，特约稿第39页。

[2] Rapport de la commission présidée par Jacques Attali; Pascal Brandys … [et al.]: *Pour un modéle européen d'enseignement supérieur*, Paris: Stock. 1998. p. 22.

学生在失败中找到其才智所在，发现能达至其卓越水平的领域"①。

为此，法国政府在高等教育质量保障体系第三阶段通过"358"学位制度改革，建立了职业学士与职业硕士的学位制度，实现了大学和大学校以及其他不同高等教育机构之间的融通，重构了高等教育体系，调整了人才培养体制。一方面促进了学生在不同高等教育机构之间、不同性质的学位之间作出自由选择，这是出于对学生意愿的尊重和对其潜能的保护与开发，使得国家潜在的"人力资源"不因制度阻碍而折损。这体现了教育对个人发展和社会进步的价值，符合人才成长的规律和高等教育的本义，对于个人和国家都有意义；另一方面，为促进学生就业，政府在促进高等教育机构与社会对接的同时，还积极创建并完善专业信息指导制度，为学生提供有关就业、大学专业、课程的详细数据，对高中生实施指导，让他们知晓不同专业在当今就业市场的前景以及往届毕业生的工作去向，从而更加理智地思考自己的兴趣和学术追求，确定专业方向。第三阶段的"学士助成"规划以及政府在学生助学金、奖学金援助方面加大力度的事实，都充分体现了法国政府主导的高等教育质量保障体系是以人才培养为核心的，重视人的主体性。通过教育公平实现社会正义、促进每个学生成功是法国高等教育质量的精神内核，是促进法国高等教育质量保障体系发展完善的精神动力。

四 教育质量保障的视角

从教育层面上看，法国政府主导的高等教育质量保障体系具有三个优势：其一，法国政府通过国家学位、课程设置以及教师公职化等措施提出了国家对高等教育的期望，同时也是保障高等教育质量的重要措施；其二，法国大学具有悠久的学院制传统，教授拥有较大的教学与学术自由，学科逻辑在大学中占优势地位，大学管理层面缺乏自主权。法国政府通过集权型管理体制将各个分散的学院、科研单位连接为一个整体，并且在必要的时候通过强制的方式打破一些保守教授的学术霸权，为高等教育中引入新的课程或专业，建立新机构，完善高等教育体系，促进大学自治。法国政府和学术权力在大学中的博弈过程中形成推动

---

① Rapport de la commission présidée par Jacques Attali; Pascal Brandys … [et al.]: *Pour un modéle européen d'enseignement supérieur*, Paris: Stock. 1998. p. 22.

力,可以更好地实施对高等教育的保障功能;其三,政府主导的高等教育质量保障体系从国家高等教育发展的全局考虑,注重改革或政策的协调性、连贯性,通过整体设计、系统推进、逐步发展的方式,颁布了一系列战略规划、政策法规,并提供相应的经费支持以及相关配套改革,从而使得高等教育质量保障体系更具系统性、连续性。法国民众对"一致性"所内含的平等的崇拜从一定程度上赋予了政府中央集权型管理体制的合理性,法国大学对政府权威的依赖胜过对"自治"的诉求。正如布鲁贝克所说:"完全的自治必然要求完全的经费独立。这种程度的独立是根本不可能的。"① 2007 年法国开始实施的《大学自主与责任法案》改革之所以遭到广大教师—研究者的反对,其重要原因在于法国政府所主张的大学自主是有条件的,是以大学及教师、研究者的"绩效"或"责任"为前提的。

由于法国政府的中央集权型管理体制,法国高等教育改革大多都是外部刺激的结果。② 法国高等教育内在改革的动力是有限的,社会对高等教育的干预也相对较少,改革进程必定是曲折、缓慢的。大学走向自主是必然的趋势,在遵循政府宏观调控的主导地位的前提下,加强政府对大学的服务职能,使其更好地为大学服务,使大学摆脱行政指令式管理,实现内部学术权力与外部行政权力之间的和谐互动,这是法国高等教育质量保障体系得以有效实施的前提。正如克罗齐耶所说:"集权,并不像社会党人想象的那样,是一种毒瘤,运用法令可以将其切除;然而,它同样也不是一种人们无法摆脱的生理学意义上的缺陷,或是一种制度性的缺陷。透过历史,我们观察到,有一整套机制反复出现,它们无疑在演进变化,然而,某些特征却保存下来;与此同时,历史还告诉我们,人们将这些机制视为遇到的复杂而又实在的问题。"③ 鉴于高等教育质量保障体系的复杂性与艰巨性,法国高等教育质量保障体系必须由政府来统领,建立由高等教育机构、政府以及社会广泛参与的质量管

---

① [美]约翰·S. 布鲁贝克:《高等教育哲学》,王承绪等译,浙江教育出版社 2001 年版,第 33 页。

② Habiba S. Cohen. *Decade of Change and Crisis: The New French Universities Since* 1968, Boulder: Westview Press, 1979. p. 379.

③ [法]米歇尔·克罗齐耶:《法令不能改变社会》,张月译,上海人民出版社 2007 年版,第 97 页。

理团队，健全信息反馈与收集制度，以形成科学、高效、富有法国特色的高等教育质量保障体系。

第三节　法国高等教育质量保障体系发展的经验与启示

英国高等教育专家阿什比认为，"任何类型的大学都是遗传与环境的产物"①。同理，高等教育质量保障体系也是历史传统与现代环境相适应的结果，是一个长期的、连续的、复杂的过程。前哥伦比亚教育部长多丽丝·艾德·赞布拉诺（Doris Eder de Zambrano）女士曾指出："质量像美和善一样是一个发散性的词汇，它可以衍生出诸多的定义，而且也会有不同的群体和个人以绝对补贴的方式去认识和理解。各群体出于自身需要以及对教育作用的期望的不同，都会造成这种状况。"②自20世纪80年代以来，法国高等教育质量保障体系形成了一条符合法国历史与现状的法国式保障之路，尽管在这不到三十余年的时间内很难确定法国政府在高等教育质量保障方面的功效，也很难界定其经验与教训，但在此期间所出现的一些恒定的趋势和产生重大影响的措施却引人深思，可以为我国当前提高高等教育质量提供些许启示。

一　自主与责任：高等教育内部质量保障体系形成与发展的前提

自20世纪80年代以来，法国政府在推动高等教育质量保障体系发展中一项贯穿始终的举措就是促进法国大学自主与责任的增长，这既是影响法国高等教育质量的制度性根源，也是促进高等教育内部质量保障体系形成与发展的前提。

"自主"即大学作为一个独立的、公益性高等教育机构所具有的自治的外显特征，是"高深学问的最悠久的传统之一"③，与大学追求高

---

① ［英］阿什比：《科技发达时代的大学教育》，滕大春、滕大生译，人民教育出版社1983年版，第7页。
② 全球大学创新联盟编：《2007年世界高等教育报告：高等教育的质量保证》，汪利兵、阚阅译，浙江大学出版社2009年版，第39页。
③ ［美］约翰·S.布鲁贝克：《高等教育哲学》，王承绪等译，浙江教育出版社2001年版，第31页。

结 论

深学问的内在逻辑有关。自大学诞生后，随着大学的发展及其周围环境的变迁，大学自治存在的学术逻辑没有改变，但大学自治的内涵和形态发生了相应的变化。与中世纪大学封闭的行会式自治相比，现代的大学自治并不意味着大学是一个自我主导的、由大学内部人员控制的封闭系统。大学自治是相对的，需要在和外界进行能量交换中赢得自治发展的空间。其中，大学的教学、科研和社会服务的质量是大学与外界交往的基础，而这里的"质量"，主要表现为大学满足社会需求的程度，亦即大学对社会所应承担的责任，如为社会发展提供技术服务或掌握实用技术的多样化人才，促进社会公平和学生就业等。自拿破仑进行帝国大学改革以来，法国高等教育集权型管理体制使法国大学失去了自主权，大学在接受来自政府的、事无巨细的、直接管理的过程中失去了自主改革、适应社会的动力，进而影响了大学教育质量。进入20世纪80年代后，法国政府推行的大学"合同制"改革改变了政府与大学之间的关系，法国政府与大学通过合同拨款的方式明确了彼此的责任与权力。大学为落实合同所规定的责任以及获得相应的经费，必须自我审视、考察本校承担诸项责任的能力，拟定适合本校实际情况的、符合国家要求的发展规划。大学校长具有直接与教育部对话的权力。法国大学自治的发展从制度上开始颠覆以往的高度中央集权型的管理体制，激发了法国大学内在的革新机制，大学改革的权限范围有所扩大，从而为大学自身改进和质量管理提供了先决条件。

2007年萨科齐政府推行的法国大学自主与责任改革，通过试点改革、逐步推进的方式，以合同制为框架，赋予大学在财政、人事与不动产方面的自主权，从而使大学拥有了为完成使命而必须具备的预算、资源规划以及学术自由等决策权。这种自主是法国大学作为高质量的学术平台，进行批判性和创造性教学、研究与文化传播的重要前提。除了提高教育质量的原因之外，法国大学自主改革的另一个动因是经费。因此，法国大学自主改革是从改革经费投入体制开始的。2007年的大学自主与责任改革力求实现经济资助与责任的平衡，避免责任模糊的弊端。大学在履行责任过程中享有自主权，并且可以利用管理上的自主权，自主治理、探寻多元化经费来源，为高等教育质量保障提供财物支持。

大学自治不仅局限于管理层面的含义，它还凝聚着人类的理性与智慧，构成了大学质量保障体系发展的内在动力和基本需求。当然，自治也并非大学发展的充分条件。完全没有自治的大学必然走向僵化、没落，但实行完全自治而没有任何干预的大学也会出现这样或那样的问题。尤其是中世纪大学的性质和功能与现代社会已经相去甚远，绝对的大学自治在现代社会是一种非理性的怀旧情结。现代大学需要通过多元利益主体的互动与博弈来实现各方利益最大化。所以，在自治与干预之间必须保持适当的张力，避免在摆脱国家集权式管理之后，大学权力集中于大学校长的另一个极端。大学的自主与责任改革是以更好地为学术、为保障高等教育质量服务的，这是我国建立现代大学制度过程中值得注意的问题。

二　评估：政府推动高等教育质量保障体系的杠杆

作为一种管理手段，高等教育质量评估是法国政府对高等教育进行有效管理的重要干预性措施，尤其是高等教育与研究评估署的出现，它所开展的评估代表了新公共管理思想对高等教育管理的影响。法国大学评估实现了从注重过程评估的国家评估委员会向以绩效评估为宗旨的高等教育与研究评估署的转变，这两个评估机构均建立于法国高等教育自治改革的背景下，促进大学自治和提高高等教育质量是它们的共同宗旨。并且，这两个评估机构的一个共同特征是透明性，即信息的公开性，这体现了评估作为一种有效的监督机制所具有的公共性与服务性。与国家评估委员会相比，高等教育与研究评估署最大的不同是引进了目标文化，即结果文化，更加注重量化指标和绩效评估。该评估署最突出的特征是强调高等教育机构的责任与效益。

无论是国家评估委员会还是高等教育与研究评估署，两者都采用普适性的评估方法论，表现了评估主题的多样化，如机构评估、学科评估以及以学区为背景的评估等，并且在评估日程上尽量与国家开展的其他重大改革保持一致。此外，法国高等教育质量评估更重视定性评估，体现了尊重高等教育机构自身逻辑的原则。法国学界谈到评估演进的动力时指出："没有自治就不存在评估，不能促进大学自治，评估几乎就没有存在的意义，这是肯定的。"[1] 国家评估委员会描述它所声称的自主

---

[1] Aubry – Lecomte Marianne "*L'évaluation des politiques universitaires en France: origines et évolutions*". Paris, mars 2008, téléchargé du site de l'Observatoire européen des politiques universitaires: http://oepu.paris-sorbonne.fr/2008-11-10.

结　论

是"公共政策现代化和民主化"[①]的方法之一。国家评估委员会因此被视为20世纪80年代以来促进高等教育机构自治逐渐增长的一个必要的平衡。[②] 在此意义上讲，评估体现了法国教育管理权限下放的趋势，是促进大学在获得自治的基础上不断加强内部质量保障的重要杠杆，是衔接高等教育机构外部质量保障体系与内部质量保障体系之间的重要工具。

从本质上讲，国家评估委员会和高等教育与研究评估署不仅是对国家服务的强有力的监督，是促进其合理化发展的工具，同时还是高等教育机构自身发展的需要，成为高等教育制度的一部分。其成绩与不足均可为我国高等教育质量评估制度的建立与完善提供有益的借鉴。

其一，健全发展高等教育理念和全面质量观，根据高等教育教学、研究和服务三大功能，完善评估方法论，开展高等教育领域全面的、有统有分、统分结合的评估，适当开展学科评估、专题评估和研究评估；

其二，加强评估人员构成的多元化和专业化，加强评估人员的职业道德建设，构建高质量的评估专家人才库，能够切实"问诊"高等教育质量，并为政府决策和高等教育机构自身发展提供可行性建议，发挥高等教育良性发展的"保健"专家的作用；

其三，制定开放的、多样的、具有可比性、发展性和可操作性的评估标准，反映高等教育的真实状况和发展空间，促进高等教育机构之间的竞争与合作；

其四，评估过程的透明性和公正性。这表现为健全评估的立法依据和最后评估报告的公开发表。法国高等教育与研究评估署及其之前的所有评估机构的评估报告和评估活动都通过它们的官方网站和纸质文本公布发表，该评估署的理事会及其专家库成员的履历也同样在其网站上公布。这既是让本国以及世界各界人士了解高等教育信息的窗口，同时也是评估机构接受监督的一种有效方式；最后，要求评估报告的真实性和有效性。此外，为促进评估结果的有效利用，还应该加强后续跟踪评估，注重评估的连续性和连贯性。

[①] Harman. *Description of the CNE as Autonomous*, Harman, 1998, pp. 349–351.

[②] Anneliese Dodds. "*British and French Evaluation of International Higher Education Issues: an identical political reality?*" European Journal of Education, Vol. 40, No. 2, 2005. p. 11.

三 高等教育均衡化：公平与质量的统一

从历史上看，法国高等教育不仅在管理上实行中央集权型管理，在地理分布上长期呈现出高度集中于大城市的局面，尤其集中于巴黎，而且学科分布亦存在不均衡状况。因此，高等教育均衡化是法国政府在权力下放的背景下应对高等教育大众化、国际化而采取的一项措施。在此所谓"均衡"是相对于高等教育的地理分布的集中以及教育资源配置分散、失衡而言的。在此意义上，法国高等教育均衡化是促进教育公平和质量提高相统一的过程，也是政府推动法国高等教育服务地方、担负社会责任的重要路径。法国高等教育均衡化具有政治、经济、教育与社会四个层面的意义：

其一，从政治上看，法国高等教育均衡化是权力下放的结果。早在19世纪末第三共和国改革时期，法国政府就开始发动学区和地方力量兴建外省大学，在高等教育管理上开始出现权力下放的趋势。从20世纪90年代以来，法国政府推行"U2000规划"、"U3M规划"以及高等教育与研究集群建设都是在权力下放背景下促进法国高等教育实行均衡发展的战略措施。

其二，从经济上看，法国的高等教育均衡化是与国家经济发展战略紧密相关的。第三共和国兴建外省大学、"U2000规划"、"U3M规划"以及高等教育与研究集群都出现于法国大力发展经济、推动高等教育为地方经济发展服务的背景下。同时，这也是政府推动法国高等教育经费来源多元化改革的过程。"U2000规划"中法国高等教育通过为地方提供技术和专业人才等方式与地方团体建立了初步的联系，推动了地方城市发展，高等教育机构也获得了除政府投入之外的其他经费。"U3M规划"是"U2000规划"的继续与深入，政府通过"U3M规划"进一步推动高等教育与企业之间联系，重点建设"U2000规划"所忽视的科研、图书馆、实验室等"灰色石灰质"以及改善学生和教师的工作与学习条件，尤其侧重于改变巴黎地区的落后状况（"U2000规划"中没有包括巴黎地区），增加法国高等教育国际吸引力。高等教育与研究集群则是对法国历史上形成的以及"U2000规划"所导致的高等教育机构资源分散、规模小、单学科等状况的修订，通过多所高等教育机构之间的联合实现资源共享，这打破了学校、学科甚至地区限制，通过资源优化配置实现规模优势，由此可以更好地服务地方，同时提高了法国高等

结　论

教育的国际竞争力与能见度。

其三，从物质层面上看，"U2000规划"、"U3M规划"以及高等教育与研究集群除了为高等教育质量保障奠定多样化经费来源之外，还先后解决了影响法国高等教育质量的校舍、图书馆、实验室等基础设施的难题，处理了地方与中央、数量与质量、规模与效益、公平与效益、政府—高等教育机构—市场等矛盾，改变了法国高等教育版图，完善了法国高等教育为社会服务的功能，促进了高等教育机构自治。高等教育均衡化在解决影响高等教育质量问题的同时，理顺了与高等教育发展密切相关的各种关系，形成了高等教育质量保障的合力，共同推动了法国高等教育质量的提高。

其四，从社会层面上看，法国高等教育通过均衡化，一定程度上实现了高等教育公平，进而促进了社会公正，并且通过高等教育为地方服务的方式，致力于地区之间经济、文化事业的均衡发展，有利于社会繁荣、稳定，符合法国民众追求平等的民族心理。

当然，"均衡化"是一种相对的暂时性状态。"均衡"不等于"平均"、"平等"，更不同于"平庸"和"一致性"。法国政府通过高等教育均衡化推动法国高等教育担负起对国家政治、经济、文化和科技发展的重大使命，高等教育在为社会服务中促进了教育公平与质量的统一。法国政府通过高等教育管理权下放的方式，在促进高等教育机构自主的同时，建立了地方与高等教育机构之间的合作、互动关系，从而实现了多赢。

四　国际化与职业化：高等教育质量保障体系发展的双重走向

国际化与职业化是当代经济全球化和知识经济社会对高等教育发展的时代要求，也是政府应对国际竞争、国内就业压力的必然选择。法国大学的使命"已不是培养国家管理人员，而是服务于大学生，因为国家管理人员已不是工业和经济生活的中心。不论大学生的社会出身如何，都要给予他们每个人获得自身最佳发展、准备未来职业和深入学习的全部机遇"。因此，"应当保证所有大学生在离开高等教育时都具备一个具有职业价值的文凭"[①]。法国政府推动高等教育质量保障体系发展的

---

① Rapport de la commission présidée par Jacques Attali; Pascal Brandys … [et al.]: *Pour un modéle européen d'enseignement supérieur*, Paris: Stock. 1998. p.22.

两个重要主题就是促进法国高等教育国际化与职业化。

国际化既是法国高等教育质量保障体系发展的目标，也是政府保障高等教育质量的重要路径。在博隆尼亚进程的背景下，与其他欧洲国家一样，法国要想顺利推进博隆尼亚进程的最大障碍就是大学彼此独立、松散的传统院系模式。[①]为此，法国政府一方面通过"U3M规划"，重点改善以巴黎地区为代表的大学实验室、图书馆、数字化校园等设施，为教师和学生提供良好的学习与生活条件。同时，政府还推行惠及留学生的奖学金制度、建立留学生公寓、简化入境签证手续等措施，吸引国外留学生和优秀青年学者来法国学习。上述措施对提高法国高等教育质量发挥了重要作用；另一方面，法国政府通过"358"学位制度改革，简化、规范了本国复杂、多样、零碎的学位制度，并采用欧洲学分转换制和质量评估国际化等措施，提高了法国高等教育的国际透明度，实现了与国际高等教育的接轨。此外，法国政府还成立了与各级学位相应的监督委员会，保证学位课程的针对性与连贯性，确保了法国高等教育学位的含金量。毕竟，教育质量是决定高等教育国际化的根本要素。

"358"学位制度还确立了法国高等教育与社会对接的通道，提高了课程设置的针对性，促进了法国高等教育职业化。这主要体现在"358"学位制度在社会维度上的价值。"358"学位制度调整了法国高等教育结构，建立了各级各类高等教育机构之间互相融通的框架，充分考虑到高等教育大众化、国际化背景下进入高等教育机构的人口的多样性，通过灵活的学位制度，为学生在快速变化的世界中生存提供更多的学习机会，为学生及学者的国内、国际流动提供平等的机会。最为重要的是，新学位制度在课程设置和教学法方面要求教师更加关注学生和社会的需求。新学位是一个职业性和学术性相互融通的学位体系，强调教学与社会之间的联系，教学中更注重实践环节，并且邀请企业界人士担任教师和参与学位评估，这直接促进了高等教育的职业针对性，促进了学生就业，提高了教育质量。因此，学界人士称这是"高等教育中融合

---

① David Crosier, Lewis Purser & Hanne Smidt. *Trends V: Universities Shaping the European Higher Education Area*. Brussels, Belgium: European University Association, 2007. www. eua. be/fileadmin/user…/Final_ Trends_ Report_ _ May_ 10. pdf2009-05-06.

结　论

效益与平等的创造性解决方案"[1]，也是"高等教育机构中最重要的教学法革命"[2]。在此意义上，"358"学位制度改革体现了法国高等教育从精英教育质量观向大众化教育质量观的转化，这是兼顾广大青年的就业需求和培养尖子的人才培养体制，"意味着教育哲学方面一个重要的文化转变"[3]。

"358"学位制度改革在法国和整个欧洲都得到了较大发展，但同时也招致了许多批评。有人担心统一化的结构会导致欧洲高等教育模式一致性，失去多样性特征和欧洲各国的历史传统；也有人担心这一结构过多关注社会和市场维度，是将高等教育转化为市场，把学生转化为顾客，是以"职业主义"（professionalism）为名义的去专业化。[4] 这代表了对整个博隆尼亚进程的性质的质疑，可见欧洲高等教育的市场化进程之艰难。但在国际上来看，博隆尼亚进程的影响力非常大，波士顿学院国际高等教育中心主任菲利普·阿特巴赫（Philip G. Altbach）评价说："博隆尼亚进程是非常重要的，会使欧洲大学更具有国际竞争力。"欧洲到"加入美国进入排行榜前列"的时候了。[5]

当然，诚如克罗齐耶所说，"赞成变革并不意味着赞成美好的事物，反对变革也不意味着就是开历史的倒车。变革行动质量的好与坏，是否合情合理，既不能运用一种理想化的却无法企及的标准来衡量，也不能用一项计划的逻辑性与严密性原则来衡量"[6]。高等教育职业化是高等教育大众化所引起的深刻变革，也是高等教育发展的题中之意。大学自诞生起就是作为培养职业人才的机构出现的，然而在很长时间内，大学虽然也为社会培养人才，提供科研服务，但是在科研生产链条中，知识

---

[1] Caddick, S. *Back to Bologna*, "*The long road to European Higher Education Reform*". Science&Society. EMBO reports. VOL 9. No. 1, 2008. p. 21.

[2] Crosier D. "*Higher education trends and developments: a European success story?*" EAIE Forum. Spring, 2007. pp. 16–17.

[3] Ibid..

[4] Lorenz C. F. G. "*Will the universities survive the European integration? Higher educationpolicies in the EU and in the Netherlands before and after the Bologna Declaration*". See SociologiaInternationalis, Berlin: Duncker & Humblot, 2006. pp. 123–151.

[5] Caddick, S. "*Back to Bologna, The long road to European Higher Education Reform*". Science&Society. EMBO reports. VOL 9. No. 1, 2008. p. 19.

[6] ［法］米歇尔·克罗齐耶：《法令不能改变社会》，张月译，上海人民出版社 2007 年版，法文版序第 3 页。

和科研的转化是间接的,没有发生直接的沟通,高等教育在满足其他产业需求方面是"形而上"的。

随着社会生产中各产业的日益高度分化和对受过高级系统训练的劳动力的需求日益增加以及高等教育大众化的深入发展,职业化成为高等教育发展的必然选择,也是社会对高等教育的普遍需求。对于高等教育机构而言,高等教育职业化成为精英教育与大众化教育的最佳结合点;对于广大学生和家长而言,高等教育职业化可以为他们提供适应社会需求的具有较高适切度的职业培训,掌握走向工作岗位所必需的技能;对于社会各企业单位而言,他们需要受过高级技术培训、具有较高素养的劳动者,他们希望在高等教育课程中直接体现他们所需要的职业技能和素养,培养他们所需要的人力资源。这体现了高等教育学术本位和职业本位之间的博弈。其实,高等教育职业化并不是学术本位的对立,而是历史变迁中对高等教育视为圭臬的综合性、学理性的补充与升华。高等教育大众化促进了学科知识应用性和工具性特征的增长,促进了科学研究向技术转化的特征。高等教育在坚持以往学科本位的同时,增设职业本位,根据学校和学科的性质实现学科和职业相互制衡、"形而上"与"形而下"相结合的办学方针,才能在更好地适应市场化时代的社会需求的同时,依然保持学术理性的界限,而获得自身的发展。

尽管高等教育国际化与职业化并非一个层面,但在法国高等教育质量保障体系中两者却是互相联系的,是推动法国高等教育办学理念、人才培养体制改革的重要驱动力。"358"学位制度改革犹如拉动法国高等教育国际化与职业化的一驾"马车",但目前对法国乃至整个欧洲而言,"将结构改革与学习内容的真正现代化结合在一起仍是一个较大的挑战"[1]。然而,不管是国际化、职业化还是市场化,都体现了高等教育的发展理念,均属高等教育质量保障的方法论,其最终旨归仍是为了学生发展。

我国是一个人力资源大国,自进入高等教育大众化以来,大量适龄人口涌入高等教育机构,大学生就业已成为我国政府和各类高等教育机构面临的头等大事。法国高等教育国际化和职业化的道路为我们提供了

---

[1] Caddick, S. "*Back to Bologna, The long road to European Higher Education Reform*". Science&Society. EMBO reports. VOL 9. No. 1, 2008. p. 19.

一个成功的范例。我国应注重探索一套既符合我国国情，又可与国际高等教育接轨的灵活的学位制度，通过改革人才培养机制，为人们提供多样化的、适应社会需求的高等教育，并采用灵活的学分转换制度，促进学生在国内以及国际上流动，促进所有学生成功就业，从而将人力资源大国变为人力资源强国。

第四节　优化师资管理：法国高等教育质量保障体系的发展趋势

优良、稳定的师资是维系教学与科研质量的关键。法国政府历来重视高等教育师资培养及其录用标准。早在中世纪时，巴黎大学就是中世纪典型的"教师大学"的代表，其教师行会的权威是很大的。与此相对应，意味着对大学教师任教的行业要求与规范也较高。为确保教学质量，学院教授会对教师从业资格、行业规范、教学组织等方面作了明确的规定，如教师执教除了符合年龄和知识结构的要求之外，获得博士学位是教师从教的必要条件，申请者需要通过一系列的考察，合格后并达到了所有的考核标准后方可获得大学授课许可证，方可进入教师联合会。教师执教必须遵守行业规范，如教师在工作中既要接受来自学生的监督，还要接受同行监督，即在同事之间建立一种"邻人的专制"[①]，对教师教学实施监督，而不是控制教师的观点。这种监督机制在很大程度上督促教师履行本职工作，这对于确保高质量的教育活动是必不可少的。绝对的自由是不存在的，大学教师的自由应该是以负责任为前提的。大学教师学术行会的规章在实践中逐渐内化为法国大学教师的职业自觉和内在素养，即阿什比所提倡的"学术职业的希波克拉底宣誓"，奠定了学院内部质量保障的师资基础。

拿破仑进行帝国大学改革时将师资问题列为政府的优先考虑重点。政府一方面实施教师公职化，提高教师的社会地位与待遇，以吸引教师乐于从教、安心执教；另一方面，为提高师资专业水平，拿破仑及其后的继任者重视教师培训与严格选拔制度。拿破仑建立了巴黎高等师范学

---

① ［美］查尔斯·霍默·哈斯金斯：《大学的兴起》，梅义征译，上海三联书店2007年版，第32页。

校用于培养中学和大学师资，同时还不断完善教师培训制度。拿破仑第三帝国时期，政府还组建了专家团对学科教学进行评估，以督促教师按照国家要求的标准教学。这些措施对确保法国高等教育教学质量起到了奠基性作用。20世纪80年代之后，面对高等教育大众化所涌入的大量学生，尽管大学极度缺乏师资，但法国政府仍然秉持严格的教师招聘标准，崇尚宁缺毋滥原则，许多高校常常因此招不到足够的教师。1996年，法国在全国招聘法律学科的大学讲师，面对众多的应聘者，最后还有24%的空缺岗位。[①] 这在很大程度上保障了教师学术质量。当然，由于教师数量不足，导致师生比例过大，面对众多学生，教师不得不常常采用大班授课的方式，有时候班级人数甚至超过了千人，反而严重影响了教育质量。

1998年之后，在高等教育国际化背景下，法国政府认识到优秀师资对于保障高等教育质量、吸引国际一流学生的重要性，同时也意识到法国大学教师以及教师—研究者因其公务员身份、教学与科研活动相分离以及工作中缺少管理与评估而导致工作效益低下、教育质量不高的弊端。为改变这种状况，法国政府一方面加大物质投入，改善教师的工作与生活条件，为吸引并留住优秀师资提供物质保障；另一方面，政府积极鼓励大学教师的国内与国际流动，加强学术交流，为此政府还简化了科学技术人员的出入境签证手续，调整移民政策，吸引国外优秀师资。与此同时，法国政府还开始力图通过大学教师和科研人员的身份改革，引入市场竞争机制，对大学教师进行企业式管理，借以提高大学教师和科研人员的责任意识。2007年后法国政府开始推行大学自主与责任改革，加强师资管理成为这次改革的一项重要内容。政府赋予大学在人事招聘上的自主权，有利于大学根据实际情况招聘教师，并且利用其拥有的财政自主权和不动产自主权，通过特殊的经济激励等措施吸引并留住优秀教师。与此同时，法国政府还通过调整教师晋升的管理方式、缩减全国大学教师岗位等措施促进大学教师的国内、国际流动，这对于提高高等教育质量是非常关键的。法国政府成立的高等教育与研究评估署对大学教师的教学和科研进行绩效评估。这些措施体现了法国政府重视师资在保障高等教育质量方面的作用，对于根除法国大学教师队伍中存在的一些

---

① 郑亚：《1997—1998学年法国大学教育改革》，《外国教育研究》1999年第3期。

结　论

自由散漫的个人主义工作作风、加强大学教师的竞争意识与责任观念是非常必要的，有利于促进法国高等教育质量的改进与提高。

教学与科研的水平是见仁见智的，难以进行全面而又准确的评估。法国政府自2007年以来提出的对大学教师进行绩效管理的理念不太符合大学教师职业。现在对大学教师的评估仍主要看重科研，而在不同类型的高等教育机构中，并非所有的老师都必须以科研为重。如何通过评估机制引导教师合理地处理教学与科研之间的关系，这在法国仍是尚未解决的难题。此外，绩效评估和竞争机制的引进以及大学教师正式编制的缩减使得教师很难以平稳的心态自由地从事研究，不利于科研创新。大学教师的责任更多是由其职业道德和职业自觉决定的。教育责任不是用来衡量的，而是要付诸行动的。教育质量也是无须解释的，而是需要靠结果来证明。在2007年之前，法国大学中对教师评估相对较少，教师的教学完全凭个人职业自觉，教师从内心深处也反对任何形式的干预措施。在大学教师的日常教学中，法国大学的一些应用性学科通常没有固定教材，教学内容和教学方式全由教师决定。为了提供高质量的教学，教师通常需要准备大量资料，同时根据不同的教学内容，分成不同的小组，督促学生深入现实社会进行理论和实践调查研究，并以报告和研讨会的形式组织教学。在这种情况下，教学质量不仅取决于教师的知识水平，更主要的决定于教师的职业道德与自觉，这是推动大学教师进行高质量教学工作的精神动力。2008年以来法国不断爆发的大学教师反对《大学自主与责任法案》的罢课运动反映了大学教师坚守自由、追求学术、探索高深知识的人文传统，反对绩效评估和竞争的意愿，而萨科齐政府的坚决抵制行动则表明了法国政府认识到师资对于保障高等教育质量的重要性以及加强师资管理的坚强意志。

毋庸置疑，适当的竞争和约束压力对追求卓越的工作也是必不可少的，评估虽然不能必然引起教学质量的提高，但是可以起到引导、激励作用。联合国教科文组织在《21世纪世界高等教育宣言：展望与行动》中指出："学校内部的自我评估以及由独立专家（如有可能与国际专家合作）公开进行的校外评估对于质量的提升是至关重要的。"[①] 其中，

---

① 全球大学创新联盟编：《2007年世界高等教育报告：高等教育的质量保证》，汪利兵、阚阅译，浙江大学出版社2009年版，第48页。

政府在尊重教师学术职业性质的基础上,制定适合教师学术职业特点并能够促进大学教师职业成长的合理、灵活的评估标准是关键。

中国当代教育家杨福家教授认为,追求科学、崇尚学术是大学的灵魂,创建一流大学的关键在于人,需要"一流的教师、一流的学生(大学生和研究生)和一流的管理人员"①。一流的教师是创建一流大学的关键。只有一流的教师,才能吸引更多一流的学生。所谓一流教师,除了考量其科研成果的多寡与研究水平的高低之外,教师的学术精神也是重要的参考指标。一流教师和一流人才不是短期能够促成的,对于大学教师个体而言,杨福家教授认为,"人的本质不在于创造出什么具体的东西,而是一种精神。看他有没有这种追求,有没有这种梦想,没有追求、没有梦想就不会有所成就"②。教师个人应该树立追求学术的理想与信念,并持之以恒地追求之;对于大学而言,"更重要的是营造一个有利于产生学术大师的良好的研究环境"③。尤其在当前经济全球化和市场化背景下,人才的流动成为全球化趋势,大学不仅要有良好的教学与科研环境以及自由的学术氛围来吸引一流教师,还要有学术宽容。尤其对于青年教师或者即将毕业的博士研究生,政府要设立特殊的扶持政策,以给予他们成长的空间,激励他们发挥自己的聪明才智,以培养多样化的优秀大学教师。

本书以20世纪80年代至今法国高等教育质量保障体系形成与发展完善的历史为研究对象,虽对与此相关的法国高等教育机构层面的内部质量保障有所涉及,但尚不够充分。此外,高等教育机构质量评估个案的代表性还有待加强。

今后将继续关注法国高等教育质量保障的最新进展,并在搜集补充相关研究资料的基础上,就法国高等教育内部质量保障体系、研究生教育质量保障体系进行深入研究,同时选择有代表性的大学开展个案研究。

---

① 袁振国主编:《中国当代教育家文存·杨福家卷》,华东师范大学出版社2006年版,第131页。
② 杨福家:《世界华人的梦和中国高等教育的发展》,《科学世界》2004年第11期。
③ 袁振国主编:《中国当代教育家文存·杨福家卷》,华东师范大学出版社2006年版,第131页。

参考文献

一　中文资料

著作和译著

[1] 杜成宪、邓明言:《教育史学》,人民教育出版社 2004 年版。

[2] 端木美等:《法国现代化进程中的社会问题:农民、妇女、教育》,中国社会科学出版社 2001 年版。

[3] 国家教育委员会教育发展与政策研究中心编:《发达国家教育改革的动向与趋势——美国、苏联、日本、法国、英国 1981—1986 年期间教育改革文件和报告选编》,人民出版社 1986 年版。

[4] 范文曜、马陆亭主编:《国际视角下的高等教育质量评估与财政拨款》,教育科学出版社 2004 年版。

[5] 符娟明:《比较高等教育》,北京师范大学出版社 1987 年版。

[6] 贺国庆、王保星、朱文富等:《外国高等教育史》,人民教育出版社 2006 年版。

[7] 刘大明:《民族再生的期望》,中国社会科学出版社 2005 年版。

[8] 马生祥:《法国现代化》(上、下),河北人民出版社 2004 年版。

[9] 毛寿龙、李梅、陈幽泓:《西方政府的治道变革》,中国人民大学出版社 1998 年版。

[10] 谊欧编著:《法国总统密特朗》,时事出版社 1984 年版。

[11] 瞿葆奎主编,张人杰选编:《法国教育改革》,人民教育出版社 1994 年版。

[12] 人民教育出版社《外国教育丛书》编辑组编:《六国教育状况》,人民教育出版社 1979 年版。

［13］世界银行：《1997年世界发展报告：变革世界中的政府》，中国财政经济出版社1997年版。

［14］滕大春主编，吴式颖副主编：《外国近代教育史》，人民教育出版社2002年版。

［15］王晓辉主编：《比较教育政策》，江苏教育出版社2009年版。

［16］邢克超：《战后法国教育研究》，江西教育出版社1993年版。

［17］杨汉清、韩骅：《比较高等教育概论》，人民教育出版社1997年版。

［18］袁振国主编：《中国当代教育家文存·杨福家卷》，华东师范大学出版社2006年版。

［19］赵中建选编：《全球教育发展的研究热点——90年代来自联合国教科文组织的报告》，《高等教育变革与发展的政策性文件》（1995），教育科学出版社2003年版。

［20］郑崧：《国家、教会与学校教育：法国教育制度世俗化研究（从旧制度到1905年）》，学林出版社2008年版。

［21］中共中央马克思恩格斯列宁斯大林著作编译局编译：《马克思恩格斯选集》（第4卷），人民出版社1972年版。

［22］中共中央马克思恩格斯列宁斯大林著作编译局编译：《马志尼和拿破仑》，《马克思恩格斯全集》（第12卷），人民出版社1962年版。

［23］［法］戴高乐：《希望回忆录》（第2卷），复旦大学资本主义经济研究所译，上海人民出版社1973年版。

［24］［法］米歇尔·克罗齐耶：《法令不能改变社会》，张月译，上海人民出版社2007年版。

［25］［法］让·皮埃尔·里乌、让·弗朗索瓦·西里内利：《法国文化史》（1—4卷），杨剑、朱静等译，华东师范大学出版社2006年版。

［26］［法］让-皮埃尔·勒·戈夫：《1968年5月，无奈的遗产》，胡尧步等译，中国青年出版社2007年版。

［27］［法］乔治·勒费弗尔：《拿破仑时代》（下卷），河北师范大学外语系译，商务印书馆1978年版。

［28］［法］雅基·西蒙、热拉尔·勒萨热：《法国国民教育的组织与管理》，安延译，教育科学出版社2007年版。

［29］［法］雅克·勒戈夫：《中世纪的知识分子》，张弘译，商务印书馆1996年版。

［30］［法］雅克·韦尔热：《中世纪大学》，王晓辉译，上海人民出版社2007年版。

［31］［加］约翰·范德格拉夫等编著：《学术权力——七国高等教育管理体制比较》，王承绪、张维平等译，浙江教育出版社2001年版。

［32］［荷］弗兰斯·F. 范富格特主编：《国际高等教育政策比较研究》，王承绪等译，浙江教育出版社2001年版。

［33］［美］查尔斯·霍默·哈斯金斯：《大学的兴起》，梅义征译，上海三联书店2007年版。

［34］［美］E. P. 克伯雷：《外国教育史料》，任宝祥、任钟印主译，华中师范大学出版社1991年版。

［35］［美］弗莱克斯纳：《现代大学论：美英德大学研究》，徐辉、陈晓菲译，浙江教育出版社2001年版。

［36］［美］克拉克·克尔：《高等教育不能回避历史——21世纪的问题》，王承绪译，浙江教育出版社2001年版。

［37］［美］约翰·S. 布鲁贝克：《高等教育哲学》，王承绪等译，浙江教育出版社2001年版。

［38］全球大学创新联盟编：《2007年世界高等教育报告：高等教育的质量保证》，汪利兵、阚阅译，浙江大学出版社2009年版。

［39］［瑞士］吕埃格著，［比］里德-西蒙斯主编：《欧洲大学史》第二卷《近代早期的欧洲大学（1500—1800）》，贺国庆、王保星、屈书杰等译，河北大学出版社2008年版。

［40］［瑞士］吕埃格著，［比］里德-西蒙斯主编：《欧洲大学史》第一卷《中世纪大学》，张斌贤等译，河北大学出版社2008年版。

［41］［英］阿什比：《科技发达时代的大学教育》，滕大春、滕大生译，人民教育出版社1983年版。

［42］［英］贝尔纳：《历史上的科学》，伍况甫译，科学出版社1983年版。

［43］［英］克里斯托弗·道森：《宗教与西方文化的兴起》，长川某译，四川教育出版社1989年版。

［44］［英］玛丽·亨克尔、布瑞达·里特主编：《国家、高等教育

与市场》，谷贤林等译，朱旭东校，教育科学出版社 2005 年版。

[45][英]纽曼：《大学的理想》，徐辉、顾建新、何曙荣译，浙江教育出版社 2001 年版。

[46]韩映雄：《高等教育质量精细分析》，博士论文，华东师范大学，2003 年。

[47]田恩舜：《高等教育质量保证模式研究》，博士论文，华中科技大学，2005 年。

[48]傅芳：《西欧大陆国家高等教育质量保障中的政府行为研究——以法国、荷兰、瑞典为例》，硕士论文，华东师范大学，2006 年。

[49]安心：《高等教育质量的界定初探》，《辽宁高等教育研究》1997 年第 2 期。

[50]陈威：《高等教育质量概念的理论研究》，中国网 2004 年 9 月 13 日。

[51]陈玉琨：《关于高等教育若干问题的哲学思考》，《上海高教研究》1997 年第 7 期。

[52]成婷：《法国高等教育和研究部公布大学助学金改革要点》，《世界教育信息》2008 年第 3 期。

[53]董小燕：《法兰西第三共和国经济发展缓慢的非经济因素分析》，《浙江大学学报》1996 年第 3 期。

[54]李汉邦、张循哲、罗伟青：《"高等教育质量保障"与"高等教育质量保证"之概念辨析》，《湘潭大学学报》（哲学社会科学版）2008 年第 9 期。

[55]李盛兵：《高等教育市场化：欧洲观点》，《高等教育研究》2000 年第 4 期。

[56]李守福：《国外大学评价的几种模式》，《比较教育研究》2002 年第 6 期。

[57]熊志翔：《欧洲高等教育质量保障模式的形成及启示》，《高等教育研究》2001 年第 5 期。

[58]沈佳乐：《中央集权与大学自治——论法国大学与政府的关系》，《高教探索》2004 年第 3 期。

[59]史秋衡、罗丹：《从市场介入的视角辨析高等教育质量保障概

念》,《大学·研究与评价》2007 年第 9 期。

［60］王明利、鲍叶宁：《拿破仑与法国的国民教育》,《法国研究》2009 年第 1 期。

［61］杨福家：《世界华人的梦和中国高等教育的发展》,《科学世界》2004 年第 11 期。

［62］杨建生、廖明岚：《法国高等教育质量保障立法及启示》,《高教论坛》2006 年第 1 期。

［63］郑亚：《1997—1998 学年法国大学教育改革》,《外国教育研究》1999 年第 3 期。

［64］社会科学院语言研究所词典编辑室编写：《现代汉语词典》（修订本）,商务印书馆 2002 年版。

［65］《2008 年全国教育事业发展统计公报》,教育部官方网站：http: //www. moe. edu. cn/edoas/website18/28/info1262244458513828. html 2010 – 02 – 12。

［66］参见教育部官方网站：http: //www. moe. edu. cn/edoas/website18/97/info1267343745071197. htm2010 – 02 – 12

二 French Materials

1. Masterpieces & Reports

［1］Abélard. *Universitas calamitatum*：*Le Livre noir des réformes universitaires.* Paris：Editions du Croquant, 2003.

［2］Alain Bienaymé. *L'enseignement supérieur et l'idée d'université*, Paris：Economica, 1986.

［3］Alfredo Pena – Vega et Edgar Morin；APC, association pour la pensée complexe. *Cahiers de propositions pour le XXIe siécle*, *Université, quel avenir？：propositions pour penser une réforme.* Paris：éd. C. L. Mayer, DL 2003.

［4］Antoine Prost. *Histoire de l'enseignement en France*：1800 – 1967. Paris：A. Colin, 1968.

［5］Antoine Prost. *Education, société et politiques*：*Une histoire de l'enseignement en France, de 1945 a nos jours.* Paris：Editions du Seuil, 1992.

［6］［Président］ Armand Frémond; Rapporteur général Daniel Renoult; Rapporteur Mohamed Harfi, Thierry Bergeonneau, François – Xavier Fort. *Les universités françaises en mutation: la politique publique de contractualisation* (1984 – 2002). Paris: La Documentation françaises Février 2004.

［7］Charle, Christophe. *La République des universitaires*, 1870 – 1940. Paris: Ed. du Seuil, 1994.

［8］Christine Musselin. *La Longue marche des universités françaises*, Paris: Presses Universitaires de France, 2001.

［9］Claude Allègre. *Toute vérité est bonne à dire.* Entretiens avec Laurent Joffrin. Paris: Robert Laffont& Fayard. 2000.

［10］Claude Durand – Prinborgne. *L'Education nationale: une culture, un service, un système.* Paris: Editions Nathan 1992.

［11］Comité National d'Évaluation (des établissements publics à caractère scientifique, culturel et professionnel). *Les Universités nouvelles.* Paris: Ministère de l'Education nationale, Comité national d'évaluation, 1996.

［12］Comité National d'Évaluation. par GALLIMARD, Préface de LAURENT SCHWARTZ. *Où va l'Université*? Paris: La Documentation Francaise, 1987.

［13］Comité National d'Évaluation, Ministere de l'Education nationale, de la Jeunesse et Sports. *Priorites pour l'Université: Rapport de fin de mandat au Président de la République* (1985 – 1989). Paris: La Documentation Française, 1989.

［14］Comité National d'Évaluation. *Universités: les Chances de l'ouverture: Rapport au Président de la République.* Paris: La Documentation Française, 1991.

［15］Comité National d'Évaluation. *Universités: la recherche des equilibres: Rapport au Président de la République* 1989 – 1993. Paris: La Documentation Francaise, 1993.

［16］Comité National d'Évaluation. *L'Ondotologie dans les universites françaises*, Paris: La Documentation françaises Novembre 1994.

［17］Comité National d'Évaluation. *Les missions de l'enseignement* supérieur: principes et réalités. Rapport au Président de la République1997, Paris, La Documentation françaises 1997.

[18] Comité National d'Évaluation. *Évolution des universités, dynamique de l'évaluation: 1985 – 1995*. Paris, La Documentation françaises 1995.

[19] Comité National d'Évaluation. *Enseignement supérieur: autonomie, comparaison, harmonisation 1995 – 1999*. Paris: La documentation françaises 1999.

[20] Comité National d'Évaluation. *Guide de l' évaluation des universités*, CNE – janvier 2001.

[21] Comité National d'Évaluation. *Repères pour l' évaluation*, Paris: La documentation françaises 2002.

[22] Comité National d'Évaluation. *Livre des références de Comité national d' évaluation*, Paris, novermbre 2003.

[23] Comité National d'Évaluation. *Nouveaux espaces pour L'Universite*, 2000 – 2004. Paris: La documentation françaises 2004.

[24] Comité National d'Évaluation. *Guide de L'Evaluation Interne Des Etablissements d'Enseignement Supérieur Et De Recherche*, Mai 2005.

[25] Comité National d'Évaluation. *Livre des références: les références de l'assurance de la qualité dans les établissements d'enseignement supérieur*, Paris, 2005.

[26] Corinne Abensour Bernard Sergent, Edith Wolf et Jean – Philippe Testefort. *De la destruction du savoir en temps de paix*. Mille et une nuits, 2007.

[27] Délégation à l'aménagement du territoire et à l'action régionale. *Développement universitaire et développement territorial: l'impact du plan Université 2000: 1990 – 1995*. Paris: La Documentation françaises 1998.

[28] Epistémon. *Ces idées qui ébranlèrent la France*, Nanterre, Novembre 1967 – juin 1968, Paris: Fayard, 1968.

[29] Eurydice. *Vingt années de réforme dans l'enseignement supérieur en Europe: de 1980 à nos jours*. Etudes Eurydice, 2000.

[30] François Dupont – Marillia. *Institutions scolaires et universitaires*. Préface de Philippe Gazagnes. Gualino éditeur, – Paris: EJA, 2003.

［31］ François Massit - Folléa, François Epinette. *L'Europe des universités：L'enseignement supérieur en mutation.* Paris：La Documentation Francaise, 1992.

［32］ Friedberg Erhard - Christine Musselin. *Le Gouvernement Des Universités：Perspectives comparatives.* Paris：Editions l'Harmattan, 1992.

［33］ Friedberg Erhard, Christine Musselin. *L'Etat Face Aux Universités en France et en Allemagne.* Paris：Ed, Economica. , 1993.

［34］ Henri Guillaume. *Rapport De Mission Sur La Technologie Et L'Innovation*, Paris, mars 1998.

［35］ Inspection générale de l'administration de l'Éducation nationale et de la Recherche. *La mise en place des pôles de recherche et d'enseignement supérieur (PRES)*, Rapport à madame la ministre de l'Enseignement supérieur et de la Recherche, 2007. http：//lesrapports. ladocumentationfrancaise. fr/BRP/074000680/0000. pdf2010 - 02 - 15.

［36］ Jacques Attali; Pascal Brandys, Georges Charpak, Serge Feneuille, Axel Kahn. *Pour un modèle européen d'enseignement supérieur：rapport de la commissione.* Paris：Stock, 1998

［37］ Jacobs, S. *L'institutionnalisation de l'évaluation des politiques publiques en France*. Paris：Institut d'études politiques. 2001.

［38］ (sous la direction de) Jacques Verger. *Histoire Des Universités en France.* Bibliothéque historique Privat, 1986.

［39］ Jean - François Gravier. *Paris et le désert françois, décentralisation, équipement, population*, Paris, Le Portulan, 1947.

［40］ Jean - Louis Darréon et Daniel Filâtre. *Les universités à l'heure de la gouvernance.* Toulouse：Presses universitaires du Mirail , N. 58 - fevrier 2003.

［41］ Jean - Pierre Jallade. *L'Enseignement Supérieur en Europe—Vers une évaluation comparée des premiers cycles.* Paris：Les études de La Documentation Française, 1991.

［42］ Laurent Schwartz. *Pour sauver l'université.* Paris：éditions du Seuil, impr. 1983.

［43］ Ludivine Thiaw - Po - Une. *L'Etat démocratique et ses dilemmes：le cas des universités.* Paris：Hermann Editeurs, 2007.

［44］ Maria Vasconcellos. *L'enseignement supérieur en France.* Paris：la Découverte，impr. 2006.

［45］ Marc Romainville. *L'échec dans l'université de masse.* Paris：L'Harmattan，2000.

［46］ Merlin Pierre, Laurent Schwartz. *Pour la qualité de l'université françaises Paris*：Presses universitaires de France, Politique d'aujourd'hui, 1994.

［47］ Martine Poulain dir. *...Universités 2000：quelle université pour demain：assises nationales de l'enseignement supérieur*, Sorbonne 26 - 29 juin 1990. Ministére de l'éducation nationale, Direction de la programmation et du développement universitaire. Paris：la Documentation française，1991.

［48］ Michel Grossetti. *Université et territoire：un système local d'enseignement supérieur, Toulouse et Midi - Pyrénées.* Toulouse：Presses universitaires du Mirail, 1994.

［49］ Michel Crozier. *L'évaluation des performances pédagogiques des établissements universitaries.* Paris：collection des rapports officiels, 1990.

［50］ Minisère de l'éducation nationale . *Repères et réferences statistiques sur les enseignements, la formation et la recherche,* 2006. http：// www. education. gouv. fr/2008 - 10 - 18.

［51］ Ministère de l'Enseignement supérieur et de la Recherche. *Rapport national sur les politiques de recherche et de formations supérieures*, annexe au PLF，2007.

［52］ Ministere de L'instruction publique, *Enquetes et documents relatifs a l'enseignement superieur*, 124 *vols.* Paris：Imprimerie Nationale, 1880 - 1914, vol. XVI.

［53］ OCDE. *Qualite et internationalisation de l'enseignement superieur.* Paris：OCDE，1999.

［54］ Pair, C. *Forces et faiblesses de l'évaluation du système éducatif en France.* Rapportétabli à la demande du Haut Conseil de l'évaluation de l'école, 2001.

［55］ Thomas Kellaghan et Vincent Greaney. *L'evaluation pour ameliorer la qualite de l'enseignement.* Paris. UNESCO：Institut international de planification de l'education. 2002.

[56] Soulas Josette, Descamps Bibiane, Moraux Marie - France, et al. *La mise en place du LMD en France*. Ministère de l'Education nationale de l'enseignement supérieur et de la recherche, Inspection générale de l'administration de l'éducation nationale et de la recherche. Paris. 2005.

2. Articles & Papers

[57] Annie Vinokur: " *La loi relative aux libertés et responsabilités des universités: essai de mise en perspective*", Revue de la régulation, n°2, janvier 2008, Varia, mis en ligne le 28 novembre 2007. URL: http: //regulation. revues. org/document1783. html.

[58] Antoine Compagnon. "*Principes pour l'évaluation des universités*", 2003 http: //www. qsf. fr/Evaluation. html2008 - 10 - 19.

[59] Aubry - Lecomte Marianne. "*L'évaluation des politiques universitaires en France: origines et évolutions*", Parismars 2008, téléchargé du site de l'Observatoire européen des politiques universitaires: http: //oepu. paris - sorbonne. fr/2009 - 03 - 21.

[60] Bernard Perret. "*De l'échec de la rationalisation des choix budgétaire à la loi organique relative aux lois de finances*", Revue françaises d'administration publique, n°117, 2006.

[61] Bernard, H., Postiaux, N., Salcin, A. "*Les paradoxes de l'évaluation de l'enseignement universitaire*". Revue des sciences de l'éducation, XXVI, 3. 2000.

[62] Claudia Gelleni. "*L'évaluation et l'accréditation de l'enseignement supérieur Evolutions récentes en France*", Mai 2008. http: //www. cimea. it/servlets/resources? contentId = 66479&resourceName = Inserisci%20allegato2008 - 12 - 15.

[63] Claudy Jolly. "*Le plan U3M et les bibliothèques des établissements d'enseignement supérieur*", Techniqes et architecture, juin - juillet 2001, No. 454, pp. 80 - 83.

[64] Cytermann Jean - Richard. "*De la loi de 1984 à celle de 2007 - 20 ans d'évolution de* l'université françaises Article paru le 22 février 2008 sur

le site du réseau associatif Prisme: http://www.prismeasso.org/spip.php?article1109

[65] Daniel Renoult, "*Le plan U3M en Ile-de-France*", Perspectives 2000-2006, 2002.

[66] Fave-Bonnet. "*L'évaluation dans les universités en Europe: une décennie de changements*", Revue des Sciences de l'Education (Montréal), Les transformations de l'Université: regards pluriels, Vol XXIX, n°2. 2003.

[67] Fave-Bonnet. M.-F. "*L'évaluation des enseignements à l'Université en France: enjeux, pratiques et déontologie*", 18ème Colloque international de l'Association pour le Développement des Méthodologies d'Evaluation en Education (ADMEE-Europe) : Comment évaluer ? Outils, dispositifs et acteurs, Reims, 24-26 octobre 2005.

[68] Fave-Bonnet. M.-F. "*La difficile mise en oeuvre de l'évaluation des formations dans les universités en France: culture françaises culture universitaire ou cultures disciplinaires ?*" Les Dossiers des Sciences de l'Education n° 13: 《Evaluation et cultures》, Presses Universitaires du Mirail, 2005.

[69] François Luchaire, François Massit-Folléa. "*Le role du Comité national d'évaluation en France*". CRE-Action, n 96, Genève, 1991/4.

[70] Frédéric NEYRAT. "*Enseignement supérieur: la Grande Transformation?*" Mouvements2008/3, N° 55-56.

[71] J. R. Cytermann. "*Universités et grandes écoles*", Problèmes Politiques et Sociaux, n° 936, pp. 95-97 et 99-107.

[72] Jean-Loup Jolivet. "*L'évaluation externe des universités francaises par le Comité national d'évaluation: évolution recente et perspectives*". 14ème colloque du GIDSGUF du 2 au 6 juin 2003 à Paris. http://www.gisguf.org/colloq-form/2003-paris/jolivet.pdf2008-10-18.

[73] Jean-René Brunetière. "*Les indicateurs de la LOLF: une occasion de débat démocratique ?*" Revue françaises d'administration publique, n°117, 2006.

[74] Lintilhac, Eugene. "*La nouvelle Sorbonne*", Revue internationale de l'enseignement, LXVI, July-December 1913.

[75] Sandrine GARCIA. "*L'expert et le profane: qui est juge de la qualité*

universitaire？" 2008/1 N°70. http：//www. cairn. info/article. php? ID_ REVUE = GEN&ID_ NUMPUBLIE = GEN_ 070&ID_ ARTICLE = GEN_ 070_ 00662009 – 10 – 20.

3. Files，Speeches & Net Materials

［76］Discours de Claude Allègre à la CPU，9 juillet 1998.

［77］Claude Allègre. *Lettre du ministre Claude Allègre à Jacques Attali*，le 21 juillet 1998.

［78］Claude Allègre. *Déclaration officielle de Claude Allègre*，dépêche Reuters，15 septembre 1998.

［79］Claude Allègre . *Déclaration officielle de politique générale de Claude Allègre à la Conférence des Présidents d'Universités*. du 20 octobre，1998.

［80］Claude Allègre. *De U2000 à U3M. Discours de Claude Allègre* à la *Sorbonne*. Ministère de l'éducation nationale, de la recherche et de la technologie. 4 décembre1998. ftp：//trf. education. gouv. fr/pub/edutel/actu/1998/04_ 12_ disc_ U3M_ allegre. pdf2008 – 12 – 20.

［81］*Contrat d'établissement 1999 – 2002*，projet au 15 octobre 1998 validé par le CA du 22 octobre.

［82］Daniel Renoult. *La future offre documentaire des bibliotheques universitaires dans le cadre de U3M*. Ministère de l'Enseignement Supérieur et de la Recherche . 2002.

［83］"*Les cinq faiblesses pointées par la Cour des comptes*" . Le Figaro. 8 septembre 2005. http：//www. lefigaro. fr/2005 – 09 – 26.

［84］MONTEIL J. – M. . *Mise en oeuvre du schéma licence – master – doctorat (LMD)，circulaire du 14 novembre 2002*，Ministère de l'éducation nationale，Paris，2002.

［85］Bourdin Joël, André Pierre, Plancade Jean – Pierre . *Placer l'évaluation des politiques publiques au coeur de la réforme de l'Etat*，Les rapports du Sénat. http：//www. senat. fr/rap/r03 – 392/r03 – 39259. html. 2008 – 11 – 19.

［86］Conférence permanente du Conseil National des Universités. *Déclaration de la CP – CNU sur l'AERES* ，28 novembre 2006 . disponible sur le site de l'Université Paris – Diderot.

［87］ *Le ministère de l'Enseignement supérieur et de la Recherche: budget 2009 – 2011*, 2009. http://media.enseignementsup-recherche.gouv.fr/file/2008/38/4/Presentation_ budget_ 2009_ 35384. pdf2010-01-30.

［88］ Ministère de l'Enseignement supérieur et de la Recherche. *Plan pluriannuel pour la réussite en licence*, http://www.nouvelleuniversite.gouv.fr/IMG/pdf/ Document – D – orientation – Licence –. pdf , 2009 – 10 – 30

［89］ J. O n° 185 du 11 août 2007 page 13468 texte n° 2 . *LOI n° 2007-1199 du 10 août 2007 relative aux libertés et responsabilités des universités* (1) NOR: ESRX0757893L.

［90］ *Décret n°2002 – 482 du 8 avril 2002 portant application au système français d'enseignement supérieur de la construction de l'Espace européen de l'enseignement supérieur.* NOR: MENS0200157D.

［91］ *Arrêté du 23 avril 2002 relatif au Etudes Universitaires – Etudes universitaires conduisant au grade de licence.*

［92］ *Arrêté du 25 avril 2002 relatif au diplôme national de master*, NOR: MENS0200982A.

［93］ *Arrêté du 25 avril 2002 relatif aux études doctorales*, NOR: MENS0200984A

［94］ *Loi n° 2007 – 1199 du 10 août 2007 relative aux libertés et responsabilités des universités*, NOR: ESRX0757893.

［95］ *11 Aout 2007 – 1er Janvier 2009: DE LA LOI A L'AUTONOMIE DES 20 PREMIERESUNIVERSITES.* http://media.enseignementsup-recherche.gouv.fr/file/Nouvelle _ universite/78/6/Fiche _ sur _ la _ loi _ autonomie _ 40786. pdf. 2009-01-01.

［96］ AERES. *Le guide de l'évaluation externe des établissements*, Le rapport d'activité 2007 de l'AERES, http://www.aeres-evaluation.fr/IMG/pdf/AERES – Rapportactivite2007. pdf2006 – 10 – 24.

［97］ AERES. *Le rapport d'activité 2007 de l'AERES*, http://www.aeres-evaluation.fr/IMG/pdf/AERES – Rapportactivite2007. pdf2008 – 10 – 24.

［98］ AERES. *Pour L'évaluation des écoles doctorales vague D de contractualisation.* http://www.aeres-evaluation.fr/IMG/pdf/S3 – VagD – ED_

Reperes. pdf2008 – 12 – 30.

［99］AERES. *Règles déontologiques – conflits ou proximité d'intérêts entre évaluateurs et évalués.* Le Rapport d'activité 2007 de l'AERES, http：//www. aeres – evaluation. fr/IMG/pdf/AERES – Rapportactivite2007. pdf 2008 – 12 – 24.

［100］AERES .*Le rapport d'activité 2007 de L'AERES*, http：//www. aeres – evaluation. fr/IMG/pdf/AERES – Rapportactivite2007. pdf2008 – 10 – 24.

［101］Conférence permanente du Conseil National des Universités. *Déclaration de la CP – CNU sur l'AERES*, 28 *novembre* 2006 . disponible sur le site de l'Université Paris – Diderot. http：//dept – info. labri. fr/—sopena/LETTRE – EDMI/LETTRE – 4/D%C3%A9claration%20_ AERES_ CA_ CP – CNU. pdf2009 – 02 – 16.

［102］Ministère de l'Enseignement Supérieuret de la Recherche。*La rentrée 1999 dans l'enseignement supérieur*, Dossier de presse du 14 octobre 1999. ftp：//trf. education. gouv. fr/pub/edutel/actu/1999/14_ 10_ dp_ enseignsup. pdf2009 – 01 – 12.

［103］Ministère de l'Enseignement Supérieuret de la Recherche. *La rentrée* 2005 *dans l'enseignement supérieur en France*, http：//www. auf. org/ communication – information/actualites/la – rentree – 2005 – dans – 1 – enseignement – superieur – en – france. html 14 octobre 2005.

［104］Ministère de l'Enseignement supérieur et de la Recherche. *Chiffres clefs sur la réussite en Licence*, http：//www. nouvelleuniversite. gouv. fr/IMG/ pdf/Document – D – orientation – Licence –. pdf 2009 – 10 – 30.

［105］Ministère de l'Enseignement supérieur et de la Recherche. *Le ministère de l'Enseignement supérieur et de la Recherche à l'oeuvre pour mieux positionner la France dans l'économie de la connaissance*, http：// www. rgpp. modernisation. gouv. fr/index. php? id = 52&tx_ ttnews%5Btt_ news%5D = 268&tx _ ttnews% 5BbackPid% 5D = 43&cHash = 3d260351112009 – 08 – 31.

［106］Other Web Site.

http：//www. cne – evaluation. fr

http：//www. aeres – evaluation. fr

http：//media. education. gouv. fr

http：//www. enseignementsup – recherche. gouv. fr

http：//eacea. ec. europa. eu

http：//www. ambafrance – cn. org

http：//www. lefigaro. fr

http：//www. france – en – chine. fr

二 English Materials

1. Masterpieces & Reports

[1] Alain Bienayme. *Systems of Higher Education：France*, New York：Interbook Inc. 1978.

[2] Brockliss (L. W. B.). *French Higher Education in the Seventeenth and Eighteenth Centuries. A Cultural History*. New York：Clarendon Press of Oxford University Press, 1987.

[3] Christine Musselin. *The Long March Of French Universities*, New York：RoutledgeFalmer, 2004.

[4] Communication From The Commission. *The role of the universities in the Europe of knowledge*, Brussels, 2003.

[5] David Crosier, Lewis Purser & Hanne Smidt. *Trends V：Universities Shaping the European Higher Education Area*. Brussels, Belgium：European University Association, 2007. www. eua. be/fileadmin/user…/Final_ Trends_ Report_ _ May_ 10. pdf2009 – 05 – 06.

[6] Eacea. *Higher Education in Europe* 2009：*Developments in the Bologna Process*, Eurydice, March 2009. http：//www. eurydice. org2009 – 04 – 24.

[7] Eric Ashby. *Universities：British, Indian, African；A Study in the Ecology of Higher Education*. London：The Weldenfeld and Nicolson Press, 1966.

[8] European Commision Directorate – General for Education and Culture. *European Report On The Quality of School Education Sixteen Quality Indicators*. Report based on the work of the Working Committee on Quality Indicators. European Commission Directorate – General for Education and Culture, May, 2000.

[9] European Association for Quality Assurance in Higher Educa-

tion. *Standard and Guidelines of Quality Assurance in European Higher Education Are*. Helsinki, Finland 2005. www.enqa.eu/files/BergenReport210205.pdf 2008 - 10 - 24.

[10] Habiba S. Cohen. *Decade of Change and Crisis: The New French Universities Since* 1968, Boulder: Westview Press, 1979.

[11] Hastings Rashdall. *The Universities of Europe in the Middle Ages* (Volume I). Oxford: Oxford University Press, 1977.

[12] Jallade Gordon Lebea. *Student Mobility within the European Union: A Statistical Analysis*, Paris: European Institute of Education and Social Policy, 1996.

[13] Kerr, Clark. *The Uses of the University*. Cambridge: Harvard University Press, 1982.

[14] Peter Findlay. *European Quality Assurance and the European Standards and Guidelines* (ESG), 2008. http://www.eua.be/fileadmin/user_upload/files/Publications/EUA_ Trends_ V_ for_ web. pdf2008 - 11 - 19.

[15] Pollitt, C. &Bouckaert, G.. *Public Management Reform: A Comparative Analysis*, Oxford: Oxford University Press, 2000.

[16] UNESCO. *World Statistical Outlook on Higher Education*: 1980 - 1995, World Conference on Higher Education, *Higher Education in the Twenty - first Century: Vision and Action*. Paris: UNESCO, 5 - 9 October 1998.

[17] Warren Treadgold. *Renaissance before the Renaissance*, California: Standford University Press, 1984.

[18] W. R. Fraser. *Reforms and Restraints in Modern French Education*, London: Routledge & Kegan Paul Ltd, 1971.

2. Articles & Papers

[19] Andre Staropoli. "The Comite National d'Evaluation: preliminary results of a French experiment". *European Journal of Education*, Vol. 22, No. 2, 1987.

[20] Andre Staropoli. "The French Comite National d'Evaluation", in Craft, A. (ed.), *Quality Assessment in Higher Education*. London: Falmer, 1991.

［21］Anneliese Dodds. "*British and French Evaluation of International Higher Education Issues: an identical political reality?*" European Journal of Education, Vol. 40, No. 2, 2005.

［22］Andreas Fejes. "*The Bologna process – Governing higher education in Europe through standardization*". Paper presented at the third conference on Knowledge and Politics – the Bologna Process and the Shaping of the Future Knowledge Societies. Norway 18 – 20 May 2005.

［23］Caddick, S. "*Back to Bologna, The long road to European Higher Education Reform*". Science&Society. EMBO reports. Vol 9. No. 1, 2008.

［24］Christine Musselin. "*State/University Relations and How to Change Them: The Case of France and Germany?*" European Journal of Education Vol. 32 (2). 1997.

［25］Crosier D. "*Higher education trends and developments: a European success story?*" EAIE Forum. Spring, 2007.

［26］Danielle Potocki Malicet. "*Evaluation and Self – Evaluation in French Universities*", European Journal of Education, Vol. 32, No. 2, Evaluation and Quality in Higher Education , Jun. , 1997.

［27］Dill, D. D. "*Evaluating the Evaluative State: Implications for Research in Higher Education?* " European Journal of Education Vol. 33 (3). 1998.

［28］Egbert de Weert. "*A Macro – Analysis of Quality Assessment in Higher Education*". Higher Education, Vol. 19, No. 1, 1990.

［29］El – Khawas, E. "*Who's in charge of quality? The governance issues in quality assurance*", Tertiary Education and Management, Vol. 7, No. 2. 2001.

［30］FÁTIMA ANTUNES, "*Globalisation and Europeification of Education Policies: routes, processes and metamorphoses*", European Educational Research Journal, Volume 5, Number 1, 2006.

［31］Frans A. van Vught and Don F. Westerheijden. "*Towards a General Model of Quality Assessment in Higher Education*". Higher Education, Vol. 28, No. 3, Oct. 1994.

［32］Harman. "*Description of the CNE as Autonomous*", 1998.

［33］Jacques Guin. "*The Reawakening of Higher Education in France*".

European Journal of Education, Vol. 25, No. 2, Recent Trends in European Higher Education, 1990.

[34] Janne Parri. "*Quality in Higher Education*", VADYBA / MANAGEMENT. m. Nr. 2 (11), 2006.

[35] Jean – Claude Eicher. "*The Recent Evolution of Higher Education in France: Growth and Dilemmas*". *European Journal of Education*, Vol. 32, No. 2, *Evaluation and Quality in Higher Education*, Jun. 1997.

[36] Jeanne Lamoure Rontopoulou and Jean Lamoure. "*French University Education: A Brief Overview, 1984 – 1987*". *European Journal of Education*, Vol. 23, No. 1/2, 1988.

[37] Lorenz C. F. G. "*Will the universities survive the European integration? Higher education policies in the EU and in the Netherlands before and after the Bologna Declaration*". See *Sociologia Internationalis*, Berlin: Duncker & Humblot, 2006.

[38] Neave Guy. "*On the Road to Silicon Valley? The Changing Relationship between Higher Education and Government in Western Europe*". *European Journal of Education*, Vol. 19, No. 2, *Review of New Trends in European Higher Education*, 1984.

[39] Neave Guy. "*On the Cultivation of Quality, Efficiency and Enterprise: An Overview of Recent Trends in Higher Education in Western Europe, 1986 – 1988*". *European Journal of Education*, Vol. 23, No. 1/2, 1988.

[40] Neave Guy. "*Higher Education in a Period of Consolidation: 1975 – 1985*". European Journal of Education, Vol. 20, No. 2/3, *Ten Years on: Changing Issues in Education, 1975 – 1985. European Institute of Education and Social Policy Tenth Anniversary Issue*, 1985.

[41] Neave Guy. "*Strategic planning, reform and governance in French higher education*", *Studies in Higher Education*, 10, 1985.

[42] Neave Guy. "*The Politics of Quality: Developments in Higher Education in Western Europe 1992 – 1994*". *European Journal of Education*, Vol. 29, No. 2, *Trends in Higher Education: The Politics of Quality Assurance*, 1994.

[43] Neave Guy. "*The Bologna Declaration: Some of the Historic Dilemmas Posed by the Reconstruction of the Community in Europe's Systems of*

Higher Education", *EDUCATIONAL POLICY*, Vol. 17 No. 1, January and March 2003.

[44] Van Vught, F. *"New Autonomy in Higher Education"*, in Kells, H. p. and van Vught, F. (eds.), *Self – Regulation, Self – Evaluation and Program Review.* Utrecht: Lema, 1988.

[45] Van Vught, F. and Westerheijden, D. *"Quality Management and Quality Assurance in European Higher Education: Methods and mechanisms"* . Brussels: Commission of the European Communities, 1993.

[46] *"Realising the European Higher Education Area"*, Communiqué of the Conference of Ministers responsible for Higher Education in Berlin on 19 September 2003. www. eua. be/…/OFFDOC_ BP_ Berlin_ communique_ final. 1066741468366. pdf2008 – 10 – 24.

后　　记

　　本书是在我的博士论文的基础上，吸收论文评阅及答辩的各位专家学者的宝贵意见修改而成的。值此文稿付梓之际，回首我在华东师范大学攻读博士学位期间的学习生活，感恩之心和歉疚之意再次充满心间。

　　五年前玉兰花开的季节，我有幸成为王保星老师的首届博士研究生。王老师亦师亦友般的关爱，温和而又威严的性格给了我深刻的影响。王老师淡泊以明志、宁静以致远的学者风范总给我如沐春风的感觉。从日常学习，到论文选题、撰写，到结构调整和最后定稿，我的每一点进步都凝聚了王老师太多的期待与厚爱。王老师宽阔的视野、严谨的治学、深邃的启迪、精深的点拨和宽厚的待人使我在求学、求知的同时也学会了如何做人，引导我如同学步的孩童，一步步走上学术研究之路。

　　在本书的写作和文稿修改过程中，我有幸得到外国教育史学界前辈吴式颖先生的勉励与亲自指导。吴先生八十多岁高龄，逐字逐句为我审阅书稿，提出详细的修改意见。吴先生的谆谆教诲让我体会到真正大师的学术风范与人格魅力，坚定了我致力于法国高等教育史研究的信念。

　　感谢曾经为我传道、授业、解惑的杜成宪教授、陆有铨教授、李政涛教授、李文英教授和杨学新教授，他们渊博的学识、精彩的授课和严谨的治学精神让我受益匪浅。感谢刘世清老师、周旭老师、杨光富老师以及各位同学、师弟师妹在我求学写作期间给予我的关心与帮助。此外，还要特别感谢我在博士学位答辩时各位评委老师及评阅人在百忙之中对我的论文的指导。

　　感谢华东师范大学为我提供了接受国家留学基金委"建设高水平大学"资助赴法国联合培养学习的机会。巴黎高等师范学校—国家教育研究院教育史研究中心的 Emmanuelle Picard, Henri, Vincent, Eric 和 Casp-

后　记

ard 为我在法期间的学习与生活提供了大力支持与帮助，让我顺利地度过了这段美好的留学时光，为我完成本书的写作打下了良好的基础。留学法国期间，中国驻法国大使馆教育处公使衔教育参赞朱小玉、一等秘书刘京玉等各位老师对我在法期间的学习给予了大力指导与帮助。朱公参将其多年来对法国文化、教育的认识与感悟悉心告知与我，并指导我如何查询、阅读法文资料；刘京玉老师通过身体力行为我在做人做事方面树立了榜样，让我时时感受到家人般的呵护与关爱。在我的论文选题、写作过程中，国家教育部基础教育一司司长王定华博士以其宽阔的国际视野、丰富的研究经验和较高的战略眼光，循循善诱地为我讲解国内外高等教育发展的现状与趋势，鼓励我努力学习，争取作出一篇既有学术价值又有现实意义的博士论文。

感谢"联校教育社科医学研究论文奖计划"在本书稿写作过程中给予的鼓励和提供的相应资助，感谢对该计划提供资助和指导的香港圆玄学院、汤伟奇先生和杜祖贻先生。

感谢中国青年政治学院各位领导对我的支持与鼓励，感谢王大良教授、宋立新老师、蒋甫玉老师等领导和同事在文稿修改过程中给予我的无私帮助，鼓励我精益求精、不断进步，使我能够及时完成书稿的修改；感谢中国青年政治学院对本书的出版给予的资助，感谢中国社会科学出版社的编辑在书稿审校过程中的辛苦付出。

最后，感谢我的家人和各位亲朋为我完成学业所提供的精神与物质上的支持，他们的理解与厚爱一直砥砺我前进，没有他们的支持我可能难以如此顺利地完成学业和书稿的修改工作。

人常说，选对教师智慧一生，选对伴侣幸福一生，选对环境快乐一生，选对朋友甜蜜一生，选对行业成就一生，很幸运，我都选对了，因此时时备感温馨和幸福。每当念及今天的收获，我常常心怀感恩之心，感谢师长的教诲与提携，感谢领导的鼓励与支持，感谢亲朋的支持与帮助，感谢家人的理解与陪伴，感谢国家的政策与环境。这本书凝聚了太多人的期盼与智慧，这使我常常心怀歉疚之意。虽然我在法国留学一年，亲历了法国高等教育状况，并接触了一些高等教育方面的专家、学者以及在读大学生，阅读了大量一手史料，但因为本人资质愚钝、学术积累有限，对于法国高等教育质量保障体系这个涉及面很广的题目，在写作中常感水积不深、载舟乏力。本书在对某些问题的研究如高等教育内部质量保障体系、质量文化建设等方面仍有待进一步扩展、深入，并且书中难免还存在疏漏与不足之处，因此内心诚惶诚恐，惴惴不安。真诚希望各位学界同仁予以批评指正！

高迎爽
2012 年 12 月 25 日于北京